论文配图设计与排版从入门到精通

朱七妹　万晨曦 / 编著

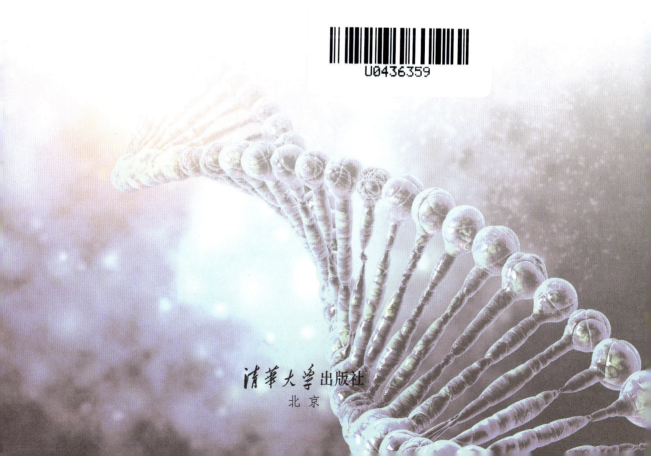

清华大学出版社
北京

内 容 简 介

本书围绕论文的配图设计与内容排版两个方面进行全方位的讲解，同时赠送总时长约290分钟的手机教学视频，以及200个实例的最终效果文件和配套素材文件，帮助读者在制作高质量论文配图的同时，也能掌握论文排版的相关技巧。

本书囊括了120个论文配图与排版实例操作技巧，同时书中有针对性地精选了5大热门软件+5大常见论文类型的搭配组合，具体内容包括PS科技论文配图、AI科研论文绘图、PPT实验论文绘图、Origin职称论文绘图、Word综合论文排版等，通过生动、有趣的实例讲解，引导读者打造属于自己的优质论文作品。

本书结构清晰，案例丰富，兼具美观性与实用性，既适合各大研究机构的科研工作者，也适合需要参与职称评定的各行业工作人员，以及在读的研究生和本科生，帮助他们提高论文的配图质量与排版效果。

本书封面贴有清华大学出版社防伪标签，无标签者不得销售。
版权所有，侵权必究。举报：010-62782989，beiqinquan@tup.tsinghua.edu.cn。

图书在版编目（CIP）数据

论文配图设计与排版从入门到精通 / 朱七妹，万晨曦编著 . —北京：清华大学出版社，2022.8（2023.11重印）
ISBN 978-7-302-61191-2

Ⅰ.①论… Ⅱ.①朱… ②万… Ⅲ.①论文—绘图技术 ②论文—排版 Ⅳ.① H152.3

中国版本图书馆CIP数据核字（2022）第117036号

责任编辑：贾旭龙　贾小红
封面设计：长沙鑫途文化传媒
版式设计：文森时代
责任校对：马军令
责任印制：宋　林

出版发行：清华大学出版社
网　　址：https://www.tup.com.cn，https://www.wqxuetang.com
地　　址：北京清华大学学研大厦A座　　邮　　编：100084
社 总 机：010-83470000　　邮　　购：010-62786544
投稿与读者服务：010-62776969，c-service@tup.tsinghua.edu.cn
质量反馈：010-62772015，zhiliang@tup.tsinghua.edu.cn

印 装 者：三河市铭诚印务有限公司
经　　销：全国新华书店
开　　本：185mm×260mm　　印　张：19.5　　字　数：518千字
版　　次：2022年10月第1版　　印　次：2023年11月第2次印刷
定　　价：99.80元

产品编号：095336-01

推荐序 PREFACE

《论文配图设计与排版从入门到精通》一书正式出版了,这本书对于数量庞大的需要发表论文的科研工作者和学生来说,无疑是个福音。

近年来,科技发展日新月异,新的成果不断涌现。对于科研工作者来说,通过发表论文,可以将自己的科研成果呈现给同行和用户,实现科研价值;对于学生来说,通过发表论文,可以为顺利毕业打下坚实基础。

然而,发表论文并不是一件容易的事,它也不仅仅是学术上的事,有时候即使你的工作做得很出色,但因为论文的表达和呈现方式等问题,也可能被审稿人或编辑拒稿。有人说,好酒不怕巷子深,但现代社会里你必须学会在做出优异成果的同时,把成果以最佳的形式呈现出来,这样才能为更多受众所识别、所接受。

本书的两位作者在相关领域深耕多年,不但理论基础扎实,而且有非常丰富的实践经验。两位作者的丰富经历为本书兼具高水准和实用性奠定了基础。

通读本书,我觉得它有以下几个特点:

一是简单、易上手。科研工作者和学生都很忙,主要精力肯定都放在业务工作上,而且他们绝大多数也不是计算机和设计相关专业的毕业生,没有时间也没有能力钻研论文配图设计和内容排版的大部头书。本书结构清晰、材料丰富,可以让初学者迅速上手,解决手边的问题。对于那种特别忙的学者,可以把本书放在案头,根据需要随时抱抱佛脚。

二是内容全面。本书包括论文配图设计和内容排版两个方面,可以解决从一篇粗糙原稿到精美文章的全部需求,无须再四处寻觅其他资料,可为读者提供"一站式"全方位服务。

三是案例和素材丰富。这是本书的一个重要特点,因为一本具有工具特点的书如果学习起来感觉顺手,一定要有大量案例和相关的配套素材,这样容易让读者迅速掌握相关技巧。

四是适应性强。本书适合各类科研工作者、各行业需要参与职称评定的工作人员,以及在读的学生等任何需要写论文的人群。无论是遇到问题临时抱佛脚,还是想系统学习论文配图设计与排版,都可以在本书中找到自己所需要的东西。

五是延展性好，可以举一反三。任何一本书也不可能穷尽所有的方法和应用场景，更何况科研工作在发展，论文的表达形式、相关软硬件技术也在发展，需要与时俱进。本书非常注意启发读者的思考，引导读者举一反三，这样可以不断提高自己，应对复杂多变的应用场景。

　　总之，我觉得这是一本有价值的好书，值得科研工作者和学生系统学习或放在案头随时查阅，因此我非常愿意将它推荐给大家，希望对大家有所裨益。

北京大学城市与环境学院教授

王学军

前言 FOREWORD

据悉,"论文"这个关键词在百度的搜索指数已经达到了10亿次。2020年,美国发表的SCI论文达到了57.74万篇,而我国发表的SCI论文也达到了57.13万篇,仅以微弱的差距位居第二位。截至2021年5月,我国2021年被收录的论文数量已超过美国,成为全球第一。

据SCI数据库的数据统计显示,2020年中国科学院收录的SCI论文在60 000篇以上,与2019年相比增幅达36.8%,位居全国第一。

高校老师因为需要评职称,也成了发表论文的重要群体。据教育部的数据显示,2021年我国专职教师达到了1792.18万人。另外,每年的高校毕业生也是论文来源的重要群体,2021年高校毕业生已经多达909万人。

论文是科研课题的中心思想、中心理论、中心实践的"密码箱",是科研成果的呈现方式和推广方式。同时,论文还是展示研究成果与研究能力,以及与国际同行进行交流的重要途径。

国内大多数硕士生和博士生毕业时都需要发表SCI论文,同时论文也是许多高校老师评审职称、晋职加薪的必备条件。在现代科研和教学中,论文配图的水平高低直接影响着论文的质量,进而影响获取留校工作、出国留学或各种奖金的机会。

本书是一本提升读者的论文配图设计与排版水平的实战手册,通过"热门软件+专业技法+一线案例",帮助读者迅速成为论文配图设计达人,做出令人满意的好作品。

本书主要特色如下。

(1)内容更全:从论文的配图设计到排版布局的操作技巧,从图到文面面俱到。

(2)类型更广:从学术论文到毕业论文,再到科研论文、职称论文,一应俱全。

(3)案例更多:列举了大量的范例进行操作讲解,实用性极强,可以边学边做。

另外,随书赠送书中实例的素材文件、最终效果文件及手机教学视频等教学资源,以确保读者学起来轻松,用起来方便,从而达到事半功倍的效果。读者可扫描书中二维码及封底的"文泉云盘"二维码,手机在线观看学习并下载素材文件。

读者在阅读本书时,如发现其中有欠妥之处,欢迎指正,可扫描封底文泉云盘二维码获取作者联系方式,与我们交流沟通。

编 者
2022年8月

目录 CONTENTS

第1篇　PS 科技论文配图

第1章　软件入门——掌握 PS 基本操作　2

1.1　论文图像的基础操作　2
- 1.1.1　新建图像文件　2
- 1.1.2　打开图像文件　3
- 1.1.3　保存图像文件　4
- 1.1.4　关闭图像文件　5
- 1.1.5　撤销图像操作　6
- 1.1.6　置入图像文件　7

1.2　论文图像的编辑操作　8
- 1.2.1　调整图像尺寸　9
- 1.2.2　调整图像分辨率　9
- 1.2.3　裁剪图像文件　10
- 1.2.4　精确裁剪图像　12
- 1.2.5　移动和删除素材　13
- 1.2.6　缩放和旋转图像　15

1.3　辅助工具的基础应用　16
- 1.3.1　显示或隐藏标尺　16
- 1.3.2　运用网格辅助排版　18
- 1.3.3　创建精确参考线　19

1.4　创建并管理图层文件　20
- 1.4.1　创建普通图层　20
- 1.4.2　创建文本图层　22
- 1.4.3　对齐与分布图层　23

1.5　绘制与编辑路径图形　24
- 1.5.1　运用钢笔工具绘制路径　24
- 1.5.2　运用矩形工具绘制矩形　26
- 1.5.3　运用自定形状工具绘图　27

1.6　论文图像的抠图处理　29

1.6.1	运用魔棒工具抠图	29
1.6.2	运用"色彩范围"抠图	30
1.6.3	运用椭圆选框工具抠图	32
1.6.4	运用磁性套索工具抠图	33
1.6.5	运用椭圆工具抠图	35
1.6.6	运用快速蒙版抠图	36

第 2 章 实战案例——PS 科技论文配图设计　39

2.1 科技论文配图设计 1：核酸电泳图　39
- 2.1.1 校正素材图像的角度　39
- 2.1.2 调整图像的画布尺寸　41
- 2.1.3 添加文字和直线标注　43

2.2 科技论文配图设计 2：WB 电泳条带组图　47
- 2.2.1 纠正条带并调整分辨率　48
- 2.2.2 按固定比例裁剪图像　51
- 2.2.3 修补残缺的图像部分　53
- 2.2.4 使用 Photoshop 进行组图　54
- 2.2.5 添加文字标注　58

2.3 科技论文配图设计 3：蛋白酶体　60
- 2.3.1 填充渐变选区　60
- 2.3.2 旋转并复制图形　63
- 2.3.3 制作覆盖效果　65
- 2.3.4 调整图形颜色　68
- 2.3.5 添加阴影效果　71

第 2 篇　AI 科研论文绘图

第 3 章 软件入门——掌握 AI 基本操作　74

3.1 掌握图形文件的基本操作　74
- 3.1.1 打开图形文件　74
- 3.1.2 保存图形文件　75
- 3.1.3 导出图形文件　76
- 3.1.4 切换视图显示模式　77
- 3.1.5 运用标尺和参考线　78

3.2 绘制与编辑图形对象　80
- 3.2.1 绘制直线段形状　81
- 3.2.2 绘制矩形图形　82

3.2.3	绘制椭圆图形	84
3.2.4	绘制光晕图形	85
3.2.5	使用钢笔工具绘图	86
3.2.6	选择与移动图形对象	88
3.2.7	变形与扭曲图形对象	89
3.2.8	运用吸管工具填色	90
3.2.9	使用面板填充渐变色	91

3.3 创建与排序图层对象 93

3.3.1	创建基本图层	94
3.3.2	复制图层对象	94
3.3.3	调整图层顺序	95

3.4 创建蒙版与文字效果 96

3.4.1	创建剪切蒙版	96
3.4.2	创建横排文本对象	98
3.4.3	使用图形样式库	99

3.5 制作常见的图形特效 100

3.5.1	添加"变形"特效	100
3.5.2	添加"模糊"特效	102

第4章 实战案例——AI科研论文绘图设计 104

4.1 科研论文绘图设计1：立体DNA 104

4.1.1	绘制波浪线效果	104
4.1.2	绘制柳叶图形	107
4.1.3	绘制DNA单链	109
4.1.4	绘制DNA双链	111
4.1.5	突出DNA链条	114

4.2 科研论文绘图设计2：线粒体 116

4.2.1	绘制线粒体轮廓	116
4.2.2	添加双描边修改	118
4.2.3	绘制线粒体内膜	119
4.2.4	绘制线粒体的嵴	120
4.2.5	修饰线粒体的嵴	121
4.2.6	添加文字和标注	123

4.3 科研论文绘图设计3：内吞作用 124

4.3.1	绘制囊泡图形	125
4.3.2	快速复制囊泡	127
4.3.3	修改囊泡图形	128
4.3.4	绘制核内体图形	130

4.3.5	添加颜色效果	132
4.3.6	绘制蛋白图形	134
4.3.7	绘制箭头图形	135
4.3.8	绘制细胞膜	137

第3篇　PPT实验论文绘图

第5章　软件入门——掌握PPT基本操作　142

5.1　演示文稿的基本操作　142

5.1.1	创建空白演示文稿	142
5.1.2	保存演示文稿	144
5.1.3	加密保存演示文稿	144
5.1.4	打开任意演示文稿	145

5.2　文本对象的基本操作　146

5.2.1	输入文字内容	147
5.2.2	设置字体格式	148
5.2.3	复制与粘贴文本	148

5.3　图形图表的处理技巧　150

5.3.1	绘制箭头图形	150
5.3.2	复制并对齐图形	151
5.3.3	组合图形对象	152
5.3.4	编辑形状顶点	153
5.3.5	合并形状对象	157
5.3.6	插入符号图标	160
5.3.7	填充渐变色	162
5.3.8	修改图表样式	163
5.3.9	美化图表数据点	164
5.3.10	图片抠图处理	165
5.3.11	绘制SmartArt图形	166
5.3.12	调整SmartArt图形	167

第6章　实战案例——PPT实验论文绘图设计　169

6.1　实验论文绘图设计1：钙钛矿电池示意图　169

6.1.1	绘制三维矩形	169
6.1.2	绘制其他图形	171
6.1.3	添加文字标注	176

6.2　实验论文绘图设计2：细胞核结构图　177

6.2.1	绘制球体图形	178

- 6.2.2 绘制开口形状 …… 179
- 6.2.3 绘制球体内部效果 …… 181
- 6.2.4 绘制核仁图形 …… 183
- 6.2.5 绘制核孔图形 …… 184

6.3 实验论文绘图设计 3：碳纳米管三维图　186

- 6.3.1 绘制单个碳原子 …… 187
- 6.3.2 绘制碳原子链条 …… 189
- 6.3.3 复制并旋转图形 …… 191
- 6.3.4 排列并组合图形 …… 193
- 6.3.5 调整图形的视角 …… 195

第 4 篇　Origin 职称论文绘图

第 7 章　软件入门——掌握 Origin 基本操作　198

7.1 Origin 的基本操作　198

- 7.1.1 认识 Origin 软件 …… 198
- 7.1.2 新建项目文件 …… 199
- 7.1.3 保存项目文件 …… 200
- 7.1.4 设置工作簿名称 …… 202
- 7.1.5 设置工作表数据 …… 203

7.2 图形的绘制与编辑　204

- 7.2.1 绘制二维曲线图 …… 204
- 7.2.2 添加日期和时间 …… 206
- 7.2.3 绘制三维曲面图 …… 208
- 7.2.4 绘制多图层图形 …… 209
- 7.2.5 绘制专业图形效果 …… 210

7.3 Origin 图形的输出技巧　212

- 7.3.1 粘贴图形到其他应用程序 …… 212
- 7.3.2 嵌入 Origin 图形窗口文件 …… 213
- 7.3.3 创建 Origin 中的图形链接 …… 214
- 7.3.4 直接导出 Origin 图形文件 …… 216
- 7.3.5 发送图形到 PowerPoint …… 217
- 7.3.6 在 Origin 中放映幻灯片 …… 218

第 8 章　实战案例——Origin 职称论文绘图设计　220

8.1 职称论文绘图设计 1：百分比堆积面积图　220

- 8.1.1 导入数据并添加自定义参数 …… 221

	8.1.2	创建百分比堆积面积图	223
	8.1.3	设置线条颜色和填充颜色	226
	8.1.4	设置图例的外观样式效果	229
	8.1.5	添加图形标题文字效果	231

8.2 职称论文绘图设计 2：堆积柱状图　232

	8.2.1	设置数据并创建堆积柱状图	233
	8.2.2	设置堆积柱状图的坐标轴样式	236
	8.2.3	设置堆积柱状图的图形样式	237
	8.2.4	设置堆积柱状图的标签样式	240
	8.2.5	设置堆积柱状图的图例和字体	241

8.3 职称论文绘图设计 3：XYY 3D 条状图　243

	8.3.1	导入数据并创建 XYY 3D 条状图	244
	8.3.2	设置 XYY 3D 条状图的图形样式	245
	8.3.3	在 XYY 3D 条状图中添加连接线	247
	8.3.4	设置 XYY 3D 条状图的坐标轴	249
	8.3.5	设置文字格式和图例样式效果	253
	8.3.6	添加标题并调整 3D 图形的效果	255

第 5 篇　Word 综合论文排版

第 9 章　软件入门——掌握 Word 基本操作　260

9.1 文本对象的基本操作　260

	9.1.1	输入文本对象	260
	9.1.2	移动文本内容	261
	9.1.3	复制与粘贴文本	262
	9.1.4	查找与替换文本	263

9.2 编辑文字的字体样式　265

	9.2.1	编辑文本字体	265
	9.2.2	编辑文本字号	266
	9.2.3	编辑文本颜色	267
	9.2.4	编辑文本段落行距	268
	9.2.5	添加项目符号	269

9.3 文档的图文排版操作　270

	9.3.1	插入图片对象	270
	9.3.2	绘制图形对象	271
	9.3.3	编辑页边距样式	273
	9.3.4	插入文档页码	274

9.3.5　创建文档目录 …………………………………………… 275

第10章　实战案例——Word论文排版设计　276

10.1　论文开头的排版设计　276

10.1.1　设置封面的格式 …………………………………………… 276
10.1.2　设置页眉的格式 …………………………………………… 278
10.1.3　设置中文摘要格式 ………………………………………… 280
10.1.4　设置Abstract的格式 ……………………………………… 281
10.1.5　设置目录的格式 …………………………………………… 282

10.2　论文正文的排版设计　283

10.2.1　设置绪论的格式 …………………………………………… 284
10.2.2　设置论文正文的格式 ……………………………………… 285
10.2.3　设置正文中的编号 ………………………………………… 287
10.2.4　设置正文的引用脚注 ……………………………………… 288
10.2.5　设置论文插图的格式 ……………………………………… 290
10.2.6　设置各章之间的分节符 …………………………………… 291

10.3　论文结尾的排版设计　293

10.3.1　设置结论的格式 …………………………………………… 293
10.3.2　设置参考文献的格式 ……………………………………… 295
10.3.3　设置致谢的格式 …………………………………………… 296

第 1 篇
PS 科技论文配图

软件入门——掌握 PS 基本操作

第 1 章

Photoshop（简称 PS）是 Adobe 公司推出的平面设计软件之一，广泛应用于广告设计、图像处理、图形制作、影像编辑和建筑效果图设计等行业，它以简洁的工作界面及强大的图像编辑功能，深受广大论文作者和图像设计师的青睐。本章主要介绍 PS[①] 的一些基本功能和相关操作技巧，为论文绘图打好基础。

本章重点

- 论文图像的基础操作
- 论文图像的编辑操作
- 辅助工具的基础应用
- 创建并管理图层文件
- 绘制与编辑路径图形
- 论文图像的抠图处理

1.1 论文图像的基础操作

Photoshop 作为一款图像处理软件，绘图和图像处理是它的看家本领。在使用 Photoshop 进行论文绘图之前，需要先了解此软件的一些常用操作，如新建文件、打开文件、保存文件和关闭文件等。熟练掌握各种操作，才能更好、更快地设计论文插图。

1.1.1 新建图像文件

在 Photoshop 中，若想绘制或编辑论文图像，首先需要新建一个空白图像文件，然后才能进行下面的工作。下面介绍新建图像文件的操作方法。

步骤 01 在菜单栏中选择"文件"|"新建"选项，如图 1-1 所示。

步骤 02 弹出"新建文档"对话框，单击"图稿和插图"标签，如图 1-2 所示，切换至"图稿和插图"选项卡。

扫码看视频

图 1-1 选择"新建"选项

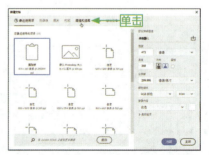

图 1-2 单击"图稿和插图"标签

[①] 本书中也会将 Photoshop 简称为 PS。

步骤 03 选择一种预设模板，如图 1-3 所示。

步骤 04 单击"创建"按钮，即可创建一个空白图像文件，如图 1-4 所示。

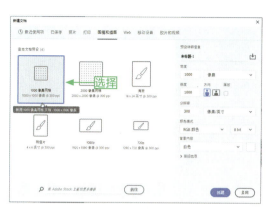

图 1-3 选择一种预设模板

图 1-4 创建一个空白图像文件

专家指点

● "新建文档"对话框中主要选项的基本含义如下。

● 名称：用于设置图像文件的名称，也可以使用默认的文件名。创建文件后，文件名会自动显示在文档窗口的标题栏中。

● 宽度 / 高度：用于设置图像文件的宽度和高度，在右侧列表框中可以选择单位，如像素、英寸、毫米、厘米等。

● 分辨率：用于设置图像文件的分辨率。在右侧的列表框中可以选择分辨率的单位，如像素 / 英寸、像素 / 厘米等。

● 颜色模式：用于设置图像文件的颜色模式，如"位图"模式、"灰度"模式、"RGB 颜色"模式、"CMYK 颜色"模式等。

● 背景内容：用于设置图像文件的背景内容，如"白色""背景色""透明"等。

● 高级选项：单击"高级选项"按钮，可以显示对话框中隐藏的内容，如"颜色配置文件"和"像素长宽比"等选项。

1.1.2 打开图像文件

在 Photoshop 中经常需要打开一个或多个论文图像文件进行编辑和修改，通过它可以同时打开多种文件格式，也可以同时打开多个文件。下面介绍打开图像文件的操作方法。

步骤 01 按 Ctrl + O 组合键，弹出"打开"对话框，选择需要打开的图像文件，如图 1-5 所示。

步骤 02 单击"打开"按钮，即可打开选择的图像文件，如图 1-6 所示。

扫码看视频

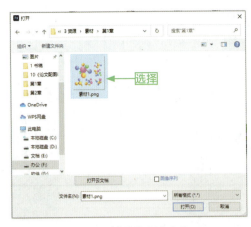
图 1-5 选择要打开的文件

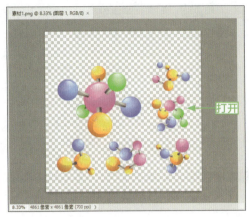
图 1-6 打开图像文件

专家指点

如果要打开一组连续的图像文件，可以在选择第一个图像文件后，按住 Shift 键的同时再选择最后一个要打开的图像文件；如果要打开一组不连续的图像文件，可以在选择第一个图像文件后，按住 Ctrl 键的同时选择其他的图像文件，然后单击"打开"按钮。

1.1.3 保存图像文件

新建图像文件或者对打开的图像文件进行了编辑后，应及时保存图像文件，以免因各种原因而导致文件丢失。Photoshop 可以支持 20 多种图像格式，所以用户可以选择不同的格式存储文件。下面介绍保存图像文件的操作方法。

扫码看视频

步骤 01 按 Ctrl + O 组合键，打开一幅素材图像，如图 1-7 所示。
步骤 02 在菜单栏中选择"文件"|"存储为"选项，如图 1-8 所示。

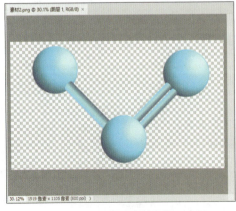
图 1-7 打开素材图像

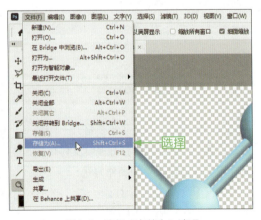
图 1-8 选择"存储为"选项

步骤 03　弹出"保存在您的计算机上或保存到云文档"对话框，单击"保存在您的计算机上"按钮，如图 1-9 所示。

步骤 04　随即弹出"另存为"对话框，❶设置文件名称与保存路径；❷单击"保存"按钮即可，如图 1-10 所示。

图 1-9　单击"保存在您的计算机上"按钮　　　　图 1-10　设置文件名与保存路径

专家指点

除了运用上述方法可以保存图像文件外，还可以按 Ctrl + S 组合键或 Ctrl + Shift + S 组合键保存图像文件。

1.1.4　关闭图像文件

在 Photoshop 中完成图像的编辑后，若不再需要该图像文件，可以采用以下方法关闭文件，以保证计算机的运行速度不受影响。

扫码看视频

步骤 01　在菜单栏中选择"文件"|"关闭"选项，如图 1-11 所示。

步骤 02　执行操作后，即可关闭当前工作的图像文件，如图 1-12 所示。

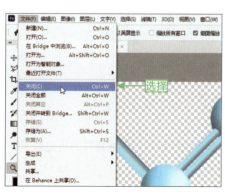
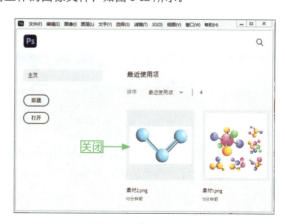

图 1-11　选择"关闭"选项　　　　图 1-12　关闭图像文件

专家指点

除了运用上述方法关闭图像文件外，还有以下 4 种常用的方法。
- 快捷键 1：按 Ctrl + W 组合键，关闭当前文件。
- 快捷键 2：按 Alt + Ctrl + W 组合键，关闭所有文件。
- 快捷键 3：按 Ctrl + Q 组合键，关闭当前文件并退出 Photoshop。
- 按钮：单击图像文件标题栏上的"关闭"按钮 ×。

1.1.5 撤销图像操作

在进行图像处理时，若对创建的效果不满意或出现了失误的操作，可以对该操作进行撤销处理，具体方法如下。

- "还原"与"重做"：选择"编辑"|"还原"选项，可以撤销对图像的最后一次操作，还原至上一步的编辑状态；若需要撤销还原操作，可以选择"编辑"|"重做"选项。
- "前进一步"与"后退一步"：使用"还原"选项只能还原一步操作，如果需要还原更多的操作，可以连续选择"编辑"|"后退一步"选项。

专家指点

"编辑"菜单中的"后退一步"选项是指将当前图像文件中的近期操作进行逐步撤销，默认的最大撤销步骤值为 20 步。"还原"选项是指将当前修改过的文件恢复到最后一次执行的操作。

在进行图像处理的过程中，若对图像处理的效果不满意，可以通过新建快照还原图像。当绘制完重要的效果以后，单击"历史记录"面板中的"创建新快照"按钮 ，将画面的当前状态保存为快照，就可以通过选择这个快照来还原图像效果，如图 1-13 所示。

图 1-13　快照还原图像

"历史记录"面板中的主要选项含义如下。
- 设置历史记录画笔的源：使用历史记录画笔时，该图标所在的位置将作为历史画笔的源图像。
- 快照 1：被记录为快照的图像状态。
- 从当前状态创建新文档：在当前操作步骤中图像的状态创建一个新文件。

- 创建新快照：在当前状态下创建快照。
- 删除当前状态：当选择某个操作步骤后，单击该按钮可将该步骤及后面的操作删除。

另外，在编辑图像的过程中，若对创建的效果不满意，还可以通过菜单栏中的"恢复"选项，将图像文件恢复为初始状态。

1.1.6 置入图像文件

在 Photoshop 中置入图像文件是指将所选择的文件置入当前编辑窗口中，然后进行编辑。Photoshop 所支持的图像格式都能通过"置入嵌入对象"选项将指定的图像文件置入当前编辑的文件中。

扫码看视频

专家指点

在 Photoshop 中可以对视频帧、注释和 WIA 等内容进行编辑，当新建或打开图像文件后，选择"文件"|"导入"选项，可将内容导入图像中。导入文件是因为一些特殊格式无法直接打开，Photoshop 软件无法识别，在导入的过程中，软件会自动把它转换为可识别格式，这样打开的就是软件可以直接识别的文件格式。

下面介绍置入图像文件的操作方法。

步骤 01 按 Ctrl + O 组合键，打开一幅素材图像，如图 1-14 所示。

步骤 02 在菜单栏中选择"文件"|"置入嵌入对象"选项，如图 1-15 所示。

图 1-14 打开素材图像

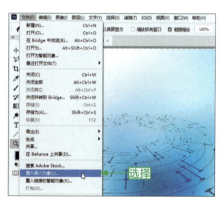
图 1-15 选择"置入嵌入对象"选项

步骤 03 弹出"置入嵌入的对象"对话框，在其中选择要置入的文件，如图 1-16 所示。

步骤 04 单击"置入"按钮，即可置入图像文件，如图 1-17 所示。

专家指点

运用"置入嵌入对象"选项，可以在图像中放置 EPS、AI、PRC 和 PDF 等格式的图像文件，该选项主要用于将一个矢量图像文件转换为位图图像文件。置入一个图像文件后，系统将创建一个新的图层。需要注意的是，对于 CMYK 模式的图像文件，只能置入与其模式相同的图像。

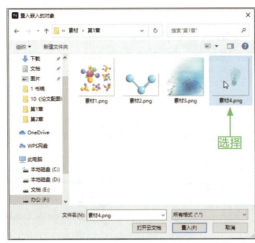

图 1-16　选择要置入的文件

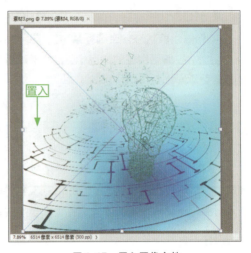

图 1-17　置入图像文件

步骤 05 将鼠标指针移至置入变换控制框上，按住 Shift 键和鼠标左键的同时对其拖曳，可等比例缩小图像，如图 1-18 所示。

步骤 06 执行上述操作后，将鼠标指针移至置入文件上，按住鼠标左键并拖曳，将置入文件移至合适位置处，按 Enter 键确认，得到的最终效果如图 1-19 所示。

图 1-18　等比例缩小图像

图 1-19　最终效果

1.2　论文图像的编辑操作

在 Photoshop 中，可以通过调整图像尺寸、分辨率、裁剪图像和变换图像等操作，来调整与编辑论文图像，以此来优化论文的配图，设计出更好的论文作品。本节主要介绍调整图像尺寸、调整分辨率、裁剪图像、移动素材、缩放和旋转图像等操作方法。

1.2.1 调整图像尺寸

在 Photoshop 中，图像的尺寸越大，所占的空间也越大。更改图像的尺寸，会直接影响图像的显示效果。下面介绍调整图像尺寸的操作方法。

步骤 01 按 Ctrl + O 组合键，打开一幅素材图像，如图 1-20 所示。

步骤 02 在菜单栏中选择"图像"|"图像大小"选项，如图 1-21 所示。

扫码看视频

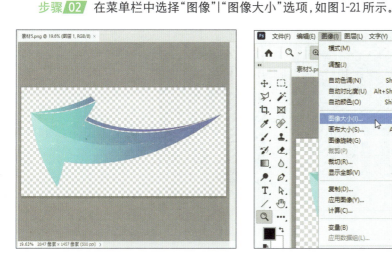

图 1-20 打开素材图像

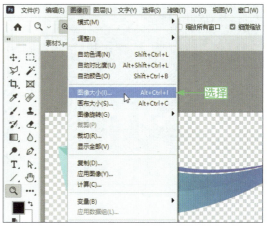

图 1-21 选择"图像大小"选项

步骤 03 弹出"图像大小"对话框，在"调整为"列表框中选择相应的选项，如图 1-22 所示。

步骤 04 单击"确定"按钮，即可完成调整图像大小的操作，效果如图 1-23 所示。

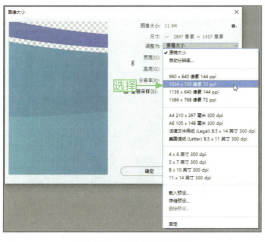

图 1-22 选择相应的选项

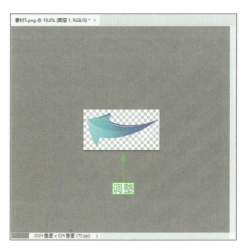

图 1-23 调整图像大小后的效果

1.2.2 调整图像分辨率

扫码看视频

分辨率指的是单位长度上像素的数目，通常用"像素 / 英寸"或"像素 / 厘米"表示。每英寸的像素越多，分辨率越高，则图像印刷出来的质量就越好；反之，每英寸的像素越少，分辨率越低,则印刷出来的图像质量就越差。

下面介绍调整图像分辨率的操作方法。

步骤 01 按 Ctrl + O 组合键,打开一幅素材图像,如图 1-24 所示。

步骤 02 选择"图像"|"图像大小"选项,弹出"图像大小"对话框,可以查看图像的大小、尺寸和分辨率等数据,如图 1-25 所示。

图 1-24　打开素材图像

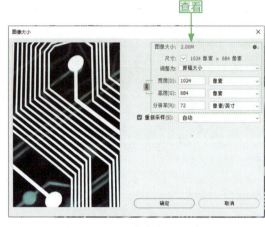
图 1-25　"图像大小"对话框

步骤 03 设置"分辨率"为 300,可以看到图像大小和尺寸等数据都发生了变化,如图 1-26 所示。

步骤 04 单击"确定"按钮,即可调整图像的分辨率,效果如图 1-27 所示。

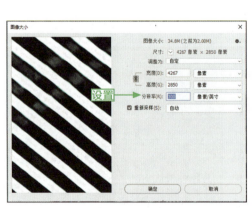
图 1-26　设置"分辨率"参数

图 1-27　调整图像分辨率

1.2.3　裁剪图像文件

扫码看视频

当图像被扫描到计算机中,经常会遇到图像中多出一些不需要的部分的情况,这时就需要对图像进行裁剪操作。在 Photoshop 中,裁剪工具 ㄣ 是一个非常灵活的截取图像的工具,灵活运用裁剪工具可以突出主体图像。

下面介绍裁剪图像文件的操作方法。

步骤 01 按 Ctrl + O 组合键，打开一幅素材图像，如图 1-28 所示。

步骤 02 选取工具箱中的裁剪工具 ，如图 1-29 所示。此时在图像边缘会显示一个裁剪控制框，如图 1-30 所示。

步骤 03 当鼠标呈 形状时，按住鼠标左键并拖曳，即可调整裁剪区域大小，如图 1-31 所示。

图 1-28　打开素材图像

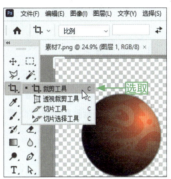
图 1-29　选取裁剪工具

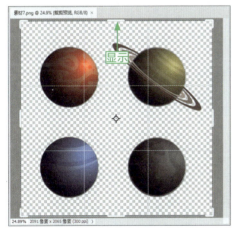
图 1-30　显示裁剪控制框

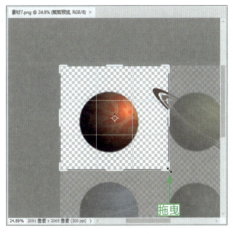
图 1-31　调整裁剪区域大小

专家指点

在裁剪控制框中，可以对裁剪区域进行适当调整。将鼠标指针移动至控制框四周的 8 个控制点上，当指针呈双向箭头 形状时，按住鼠标左键的同时并拖曳，即可放大或缩小裁剪区域；将鼠标指针移动至控制框外，当指针呈 形状时，即可对裁剪区域进行旋转。

步骤 04　将鼠标指针移至裁剪控制框内，按住鼠标左键的同时并拖曳，可调整裁剪控制框的位置，如图 1-32 所示。

步骤 05　按 Enter 键确认，即可完成图像的裁剪，效果如图 1-33 所示。

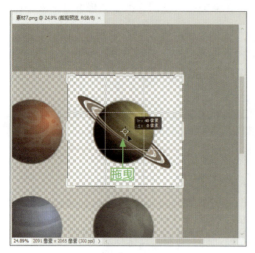
图 1-32　调整裁剪控制框的位置

图 1-33　完成图像的裁剪

1.2.4　精确裁剪图像

在制作等分拼图时需要裁剪，这时就要运用到精确裁剪图像功能，可以在裁剪工具属性栏上设置固定的宽度、高度、分辨率等参数，也可以通过选区工具来控制裁剪范围，从而裁剪出相应大小的图像。下面介绍精确裁剪图像的操作方法。

扫码看视频

步骤 01　按 Ctrl + O 组合键，打开一幅素材图像，如图 1-34 所示。

步骤 02　选取工具箱中的矩形选框工具，在相应图形上按住鼠标左键的同时拖曳，创建一个选区，如图 1-35 所示。

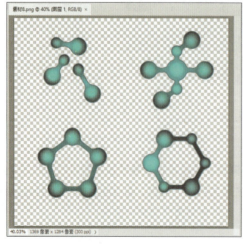
图 1-34　打开素材图像

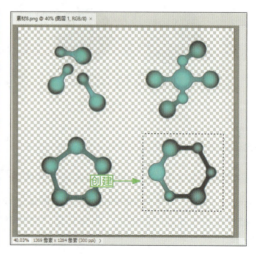
图 1-35　创建一个选区

步骤 03 在菜单栏中选择"图像"|"裁剪"选项，即可裁剪图像，如图 1-36 所示。
步骤 04 按 Ctrl + D 组合键，取消选区，效果如图 1-37 所示。

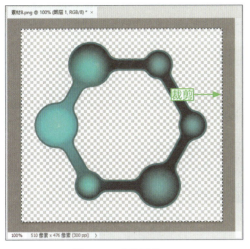
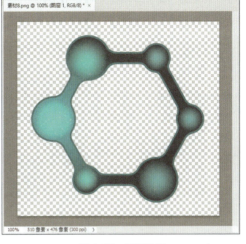

图 1-36　裁剪图像　　　　　　　　　　　图 1-37　取消选区

1.2.5　移动和删除素材

扫码看视频

在 Photoshop 中，移动工具✥是最常用的工具之一，在移动图层或选区内的图像，或者整个图像时，都可以通过移动工具✥进行位置的调整。另外，在制作图像的过程中，会创建许多内容不同的图层或图像，将多余的、不必要的图层或图像删除，不仅可以节省磁盘空间，也可以提高软件的运行速度。

选中移动工具✥后，其工具属性栏的变化如图 1-38 所示。

图 1-38　移动工具属性栏

移动工具✥属性栏中各主要选项的含义如下。

● 自动选择：如果文档中包含多个图层或图层组，可在选中该复选框的同时单击"选择组或图层"按钮，在弹出的列表框中选择要移动的内容。若选择"组"选项，则在图像素材上单击时，可自动选择工具下面包含像素的最顶层图层所在的图层组；选择"图层"选项，使用移动工具✥在画面中单击时，可自动选择工具下面包含像素的最顶层图层。

● 显示变换控件：选中该复选框以后，系统会在选中图层内容的周围显示变换控制框，通过拖曳控制点可以对图像进行变换操作。

● 对齐图层按钮组：在选择了两个或两个以上的图层时，可以单击相应按钮，使所选的图层对齐，包括左对齐▤、水平居中对齐✥、右对齐▥、顶对齐▜、垂直居中对齐✥和底对齐▙。

● 分布图层按钮组：在选择 3 个或 3 个以上的图层时，可单击相应的按钮，使所选图层按照一定的规则进行分布，包括垂直分布▤和水平分布▥等，还可以单击"对齐并分布"按钮⋯选择更多的图层对齐和分布方式。

下面介绍移动和删除图像素材的操作方法。

步骤 01　按 Ctrl + O 组合键，打开一幅素材图像，如图 1-39 所示。

步骤 02　选取工具箱中的移动工具 ⊕，将鼠标指针移至蓝色的分子图像上，按住鼠标左键的同时拖曳，即可移动图像，如图 1-40 所示。

 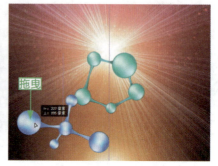

图 1-39　打开素材图像　　　　　　图 1-40　移动图像

步骤 03　将鼠标指针移至需要删除的图像上，单击鼠标右键，在弹出的快捷菜单中选择"图层 2"选项，如图 1-41 所示。

步骤 04　执行上述操作后，"图层 2"图层处于被选中的状态，将鼠标指针移至"图层 2"图层上，按住鼠标左键的同时将其拖曳至"图层"面板下方的"删除图层"按钮 🗑 上，如图 1-42 所示。

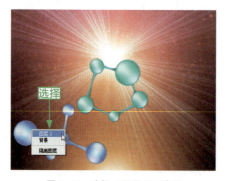 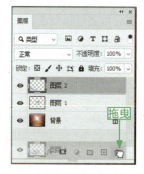

图 1-41　选择"图层 2"选项　　　　图 1-42　拖曳至"删除图层"按钮上

步骤 05　释放鼠标左键，即可删除"图层 2"图层，如图 1-43 所示。

步骤 06　与此同时，图像编辑窗口中的对应素材也会被删除，效果如图 1-44 所示。

 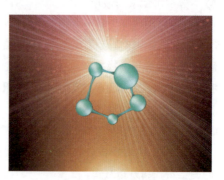

图 1-43　删除"图层 2"图层　　　　图 1-44　对应素材被删除

专家指点

在编辑图像的过程中,按 Ctrl + + 组合键,可以逐级放大图像;按 Ctrl + - 组合键,可以逐级缩小图像;按"Ctrl + 空格"组合键,当鼠标指针呈带加号的放大镜形状🔍时,单击鼠标左键,即可放大图像。

1.2.6 缩放和旋转图像

在设计图形或调入图像时,图像角度的改变可能会影响整幅图像的效果,利用缩放或旋转图像功能,能使平面图像显示独特的视角,同时也可以将倾斜的图像纠正过来。下面介绍缩放和旋转图像的操作方法。

扫码看视频

步骤 01 按 Ctrl + O 组合键,打开一幅素材图像,如图 1-45 所示。

步骤 02 选中"图层 1"图层,选择"编辑"|"变换"|"缩放"选项,如图 1-46 所示。

图 1-45 打开素材图像

图 1-46 选择"缩放"选项

步骤 03 将鼠标指针移至变换控制框右上方的控制柄上,当鼠标指针呈双向箭头形状↗时,按住鼠标左键的同时向右上方拖曳,即可放大图像,如图 1-47 所示。

步骤 04 将鼠标指针移至变换控制框内的同时,单击鼠标右键,在弹出的快捷菜单中选择"旋转"选项,如图 1-48 所示。

步骤 05 将鼠标指针移至变换控制框右上方的控制柄外,当鼠标指针呈↻形状时,按住鼠标左键的同时向逆时针方向旋转拖曳,如图 1-49 所示。

步骤 06 按 Enter 键确认,即可旋转图像,效果如图 1-50 所示。

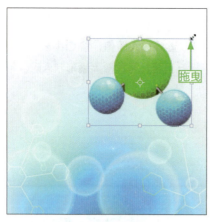
图 1-47 放大图像

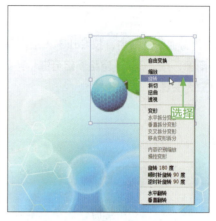
图 1-48 选择"旋转"选项

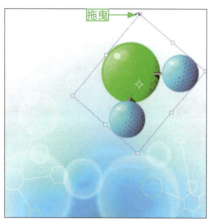
图 1-49 旋转图像

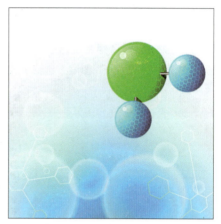
图 1-50 旋转图像后的效果

1.3 辅助工具的基础应用

在 Photoshop 中处理论文配图时，经常会用到标尺、网格和参考线等辅助工具，这些辅助工具虽不能用来直接编辑图像，但可以帮助用户更好地完成图像的选择、定位和排版等操作。本节主要介绍图像辅助工具的基础应用技巧。

1.3.1 显示或隐藏标尺

在 Photoshop 中，标尺可以帮助用户确定图像或元素的位置，用户可根据需要对标尺进行显示或隐藏操作。下面介绍显示或隐藏标尺的操作方法。

扫码看视频

步骤 01 按 Ctrl + O 组合键，打开一幅素材图像，如图 1-51 所示。

步骤 02 在菜单栏中选择"视图"｜"标尺"选项，如图 1-52 所示。

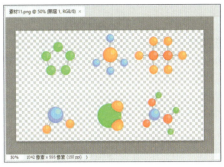
图 1-51　打开素材图像

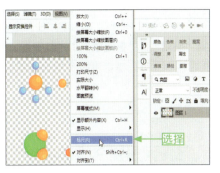
图 1-52　选择"标尺"选项

步骤 03　执行上述操作后,即可显示标尺,如图 1-53 所示。

步骤 04　移动鼠标指针至水平标尺上,按住鼠标左键的同时向下拖曳,即可创建水平参考线,如图 1-54 所示。

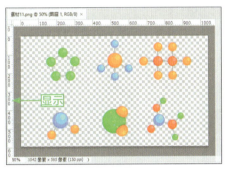
图 1-53　显示标尺

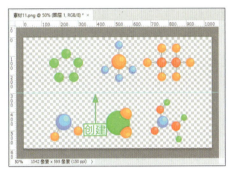
图 1-54　创建水平参考线

专家指点

除了运用上述方法可以显示标尺外,还可以按 Ctrl + R 组合键,在图像编辑窗口中隐藏或显示标尺。

步骤 05　移动鼠标指针至垂直标尺上,按住鼠标左键的同时向右侧拖曳,即可创建垂直参考线,如图 1-55 所示。

步骤 06　再次选择"视图"｜"标尺"选项,即可隐藏标尺,如图 1-56 所示。

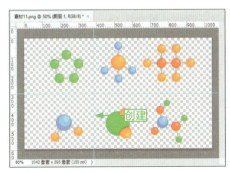
图 1-55　创建垂直参考线

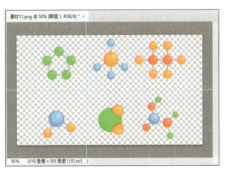
图 1-56　隐藏标尺

专家指点

选择"编辑"|"首选项"|"参考线、网格和切片"选项,弹出"首选项"对话框,在"参考线"选项区中,可以随意更改参考线的颜色属性。

1.3.2 运用网格辅助排版

在 Photoshop 中,网格是由一连串的水平点和垂直点组成,在绘制图像时常用来协助对齐窗口中的任意对象。用户可以根据需要显示网格或隐藏网格,在绘制图像时可使用网格来进行辅助排版操作,下面介绍具体的操作方法。

扫码看视频

步骤 01 按 Ctrl + O 组合键,打开一幅素材图像,如图 1-57 所示。

步骤 02 在菜单栏中选择"视图"|"显示"|"网格"选项,如图 1-58 所示。

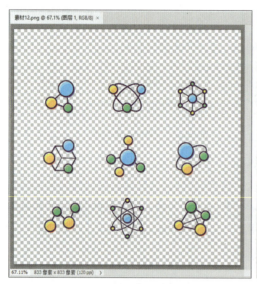

图 1-57 打开素材图像

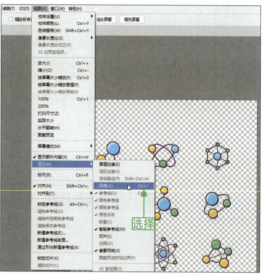

图 1-58 选择"网格"选项

专家指点

除了使用选项外,按 Ctrl + ' 组合键也可以显示网格;再次按 Ctrl + ' 组合键,则可以隐藏网格。

步骤 03 执行操作后,即可显示网格,如图 1-59 所示。

步骤 04 运用移动工具✥调整素材图像的位置,此时即可使用网格进行辅助排版,如图 1-60 所示。

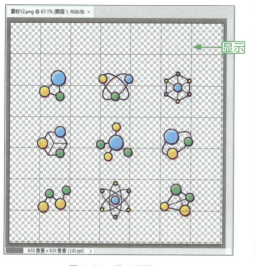
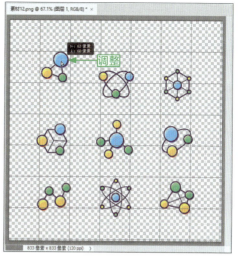

图 1-59　显示网格　　　　　　　图 1-60　调整素材图像的位置

1.3.3　创建精确参考线

参考线主要用于协助对象的对齐和定位操作,它是浮在整个图像上而不能被打印的直线。参考线与网格一样,也可以用于对齐对象,但是它比网格更方便,用户可以将参考线创建在图像的任意位置。下面介绍创建精确参考线的操作方法。

扫码看视频

步骤 01　按 Ctrl + O 组合键,打开一幅素材图像,如图 1-61 所示。

步骤 02　在菜单栏中选择"视图"|"新建参考线"选项,如图 1-62 所示。

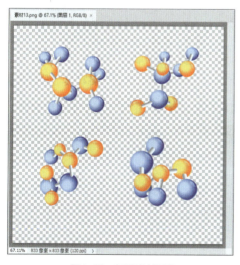

图 1-61　打开素材图像　　　　　　　图 1-62　选择"新建参考线"选项

步骤 03　弹出"新建参考线"对话框,❶选中"水平"单选按钮;❷设置"位置"为 415 像素,如图 1-63 所示。

步骤 04　单击"确定"按钮,即可创建水平参考线,如图 1-64 所示。

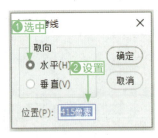
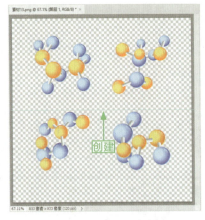

图 1-63　设置相应选项　　　图 1-64　创建水平参考线

步骤 05　选择"视图"|"新建参考线"选项,弹出"新建参考线"对话框,❶选中"垂直"单选按钮;❷设置"位置"为 415 像素,如图 1-65 所示。

步骤 06　单击"确定"按钮,即可创建垂直参考线,如图 1-66 所示。

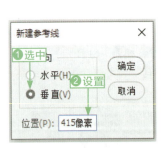
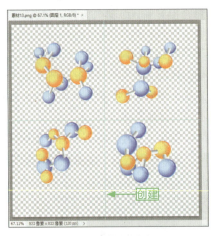

图 1-65　设置相应选项　　　图 1-66　创建垂直参考线

1.4　创建并管理图层文件

图层作为 Photoshop 的核心功能,其强大的作用自然不言而喻,它可用于创建图层的不透明度、混合模式,以及快速创建特殊效果的图层样式等,为论文图像的编辑操作带来了极大的便利。本节主要介绍创建与管理图层文件的常用操作方法。

扫码看视频

1.4.1　创建普通图层

普通图层是 Photoshop 最基本的图层,在创建和编辑图像时,新建的图层都是普通图层。下面介绍创建普通图层的操作方法。

步骤 01 按 Ctrl + O 组合键，打开一幅素材图像，如图 1-67 所示。

步骤 02 ❶单击"图层"面板中的"创建新图层"按钮 ; ❷新建"图层 3"图层，如图 1-68 所示。

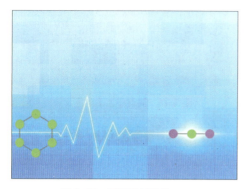
图 1-67 打开素材图像

图 1-68 新建图层

专家指点

新建图层的方法有 6 种，分别如下。

● 选项：选择"图层"|"新建"|"图层"选项，弹出"新建图层"对话框，单击"确定"按钮，即可创建新图层。

● 面板菜单：单击"图层"面板右上角的菜单按钮 ，在弹出的面板菜单中选择"新建图层"选项。

● 快捷键 + 按钮 1：按住 Alt 键的同时，单击"图层"面板底部的"创建新图层"按钮 ，可以弹出"新建图层"对话框。

● 快捷键 + 按钮 2：按住 Ctrl 键的同时，单击"图层"面板底部的"创建新图层"按钮 ，可在当前图层的下方新建一个图层。

● 快捷键 1：按 Shift + Ctrl + N 组合键。

● 快捷键 2：按 Alt + Shift + Ctrl + N 组合键，可以在当前图层对象的上方添加一个图层。

步骤 03 单击"图层 1"图层前面的"指示图层可见性"图标 ，该眼睛图标即会被隐藏，如图 1-69 所示。

步骤 04 执行上述操作后，即可隐藏"图层 1"图层中的图像，效果如图 1-70 所示。

专家指点

在编辑图像文件时，经常会创建多个图层，占用的磁盘空间也随之增加。因此对于没必要分开的图层，可以将它们合并，这样有助于减少图像文件对磁盘空间的占用率，同时也可以提高系统的处理速度。在"图层"面板中，选择要合并的多个图层，选择"图层"|"合并图层"选项，即可合并所选的图层对象。

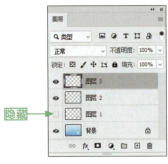
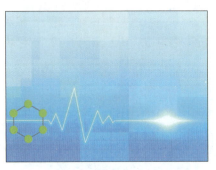

图 1-69　隐藏"图层 1"图层　　　　图 1-70　隐藏图层后的显示效果

1.4.2　创建文本图层

使用工具箱中的文字工具,在图像编辑窗口中确认插入点时,系统将自动生成一个新的文字图层。下面介绍创建文本图层的操作方法。

扫码看视频

步骤 01　按 Ctrl + O 组合键,打开一幅素材图像,如图 1-71 所示。

步骤 02　选取工具箱中的横排文字工具 T,移动鼠标指针至图像编辑窗口中,单击鼠标左键,确定文字插入点,此时系统会自动生成一个新的文字图层,如图 1-72 所示。

图 1-71　打开素材图像　　　　图 1-72　生成文字图层

步骤 03　在工具属性栏中设置"字体"为"黑体"、"字体大小"为 15 点、"颜色"为黑色(R、G、B 参数值均为 0),在图像上输入相应文字,如图 1-73 所示。

步骤 04　执行上述操作后,文字图层将自动以输入内容命名,如图 1-74 所示。

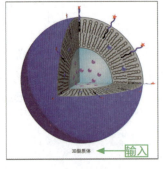

图 1-73　输入文字　　　　图 1-74　以输入内容命名的文字图层

1.4.3 对齐与分布图层

对齐图层是将图像文件中包含的图层按照指定的方式（沿水平或垂直方向）对齐；分布图层是将图像文件中的几个图层中的内容按照指定的方式（沿水平或垂直方向）平均分布，将当前选择的多个图层或链接图层进行等距排列。下面介绍对齐与分布图层的操作方法。

扫码看视频

步骤 01 按 Ctrl + O 组合键，打开一幅素材图像，如图 1-75 所示。
步骤 02 展开"图层"面板，选择需要进行对齐操作的图层，如图 1-76 所示。

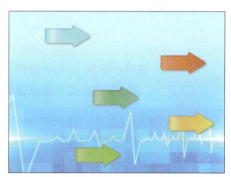
图 1-75 打开素材图像

图 1-76 选择图层

步骤 03 在菜单栏中选择"图层"|"对齐"|"左边"选项，如图 1-77 所示。
步骤 04 执行操作后，即可左边对齐图层，效果如图 1-78 所示。

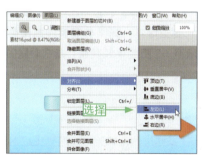
图 1-77 选择"左边"选项

图 1-78 左边对齐效果

步骤 05 在菜单栏中选择"图层"|"分布"|"垂直居中"选项，如图 1-79 所示。
步骤 06 执行上述操作后，即可垂直居中分布图层中的对象，效果如图 1-80 所示。

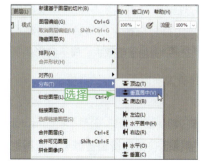
图 1-79 选择"垂直居中"选项

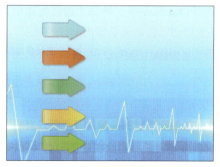
图 1-80 垂直居中分布效果

1.5 绘制与编辑路径图形

Photoshop 是一个以位图设计为主的软件，但它也包含了较强的矢量绘图功能。软件本身提供了非常丰富的线条形状绘制工具，如钢笔工具、矩形工具、自定义形状工具等。本节主要介绍利用这些工具绘制与编辑路径图形的基本操作方法。

1.5.1 运用钢笔工具绘制路径

钢笔工具是最常用的路径绘制工具，可以创建直线和平滑流畅的曲线，形状的轮廓称为路径，通过编辑路径的锚点，可以很方便地改变路径的形状。选取工具箱中的钢笔工具后，其工具属性栏如图1-81所示。

扫码看视频

图1-81 钢笔工具属性栏

钢笔工具属性栏中各主要选项的含义如下。
- 路径：该列表框中包括"形状""路径"和"像素"3个选项。
- 建立：该选项区中包括"选区""蒙板"和"形状"3个按钮，单击相应的按钮可以创建选区、蒙板和形状。
- 路径操作：单击该按钮，在弹出的列表框中，有"新建图层""合并形状""减去顶层形状""与形状区域相交""排除重叠形状"以及"合并形状组件"6种路径操作选项，可以选择相应的选项，对路径进行组合操作。
- 路径对齐方式：单击该按钮，在弹出的列表框中可以选择相应的选项以对齐和分布路径对象。
- 路径排列方式：单击该按钮，在弹出的列表框中，有"将形状置为顶层""将形状前移一层""将形状后移一层"以及"将形状置为底层"4种排列方式，可以选择相应的选项排列路径。
- 自动添加/删除：选中该复选框后，可以增加和删除锚点。

专家指点

路径是 Photoshop 中一种强大的绘图功能，它是基于"贝塞尔"曲线建立的矢量图形，所有使用矢量绘图软件或矢量绘图制作的线条，原则上都可以被称为路径。路径是通过钢笔工具或形状工具创建出来的直线和曲线，因此无论将路径缩小还是放大，都不会影响其分辨率，并保持原样。

下面介绍运用钢笔工具绘制路径的操作方法。

步骤 01 按 Ctrl + O 组合键，打开一幅素材图像，如图1-82所示。

步骤 02 选取工具箱中的钢笔工具 ，如图 1-83 所示。

图 1-82 打开素材图像

图 1-83 选取钢笔工具

步骤 03 将鼠标指针移至图像编辑窗口的合适位置,单击鼠标左键,绘制路径的第 1 个锚点,如图 1-84 所示。

步骤 04 将鼠标指针移至另一个位置,单击鼠标左键,绘制第 2 个锚点,如图 1-85 所示。

图 1-84 绘制路径的第 1 个锚点

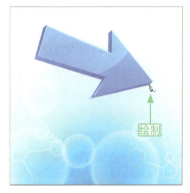

图 1-85 绘制路径的第 2 个锚点

步骤 05 按住 Alt 键,单击第 2 个锚点,再次将鼠标指针移至合适位置,单击鼠标左键,绘制路径的第 3 个锚点,如图 1-86 所示。

步骤 06 使用相同的操作方法,依次单击鼠标左键,创建多个锚点,完成闭合路径的绘制,隐藏"图层 1"图层,效果如图 1-87 所示。

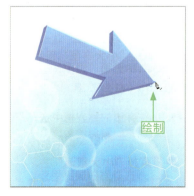

图 1-86 绘制路径的第 3 个锚点

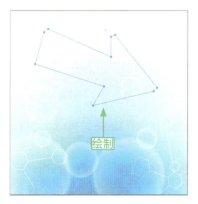

图 1-87 绘制闭合路径

专家指点

在路径被选中的情况下，运用添加锚点工具 直接单击要增加锚点的位置，即可增加一个锚点；运用删除锚点工具 ，选择需要删除的锚点，单击鼠标左键即可删除此锚点。

1.5.2 运用矩形工具绘制矩形

扫码看视频

运用矩形工具 可以绘制矩形形状、矩形路径或矩形像素，可在工具属性栏上设置矩形的尺寸、固定宽高比例等。矩形工具 属性栏如图 1-88 所示。

图 1-88　矩形工具属性栏

矩形工具 属性栏中各主要选项的含义如下。

- 工具预设 ：单击该按钮，在弹出的下拉面板中可以定义工具预设。
- 选择工具模式：该列表框中包含"形状""路径"和"像素"3 个选项，可创建不同属性的图形。
- 填充：单击该按钮，在弹出的下拉面板中可以设置填充颜色。
- 描边：在该选项区中可以设置创建图形的边缘颜色和宽度等。
- W：用于设置矩形的宽度。
- H：用于设置矩形的高度。

下面介绍运用矩形工具 绘制矩形图形的操作方法。

步骤 01　按 Ctrl + O 组合键，打开一幅素材图像，如图 1-89 所示。

步骤 02　选取工具箱中的矩形工具 ，如图 1-90 所示。

图 1-89　打开素材图像

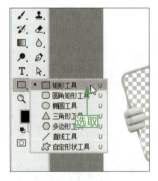
图 1-90　选取矩形工具

步骤 03　在工具属性栏中单击"选择工具模式"按钮，在弹出的列表框中选择"形状"选项，如图 1-91 所示。

步骤 04　在"图层"面板中选择"背景"图层，如图 1-92 所示。

图 1-91 选择"形状"选项

图 1-92 选择"背景"图层

步骤 05 在工具箱底部单击前景色色块■，弹出"拾色器（前景色）"对话框，设置前景色为灰色（R、G、B 参数值均为 190），如图 1-93 所示。

步骤 06 移动鼠标指针至图像编辑窗口中的合适位置处，按住鼠标左键并拖曳，创建一个矩形形状，效果如图 1-94 所示。

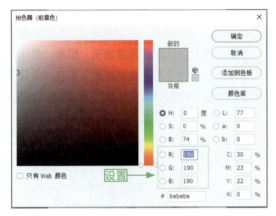
图 1-93 设置前景色为灰色

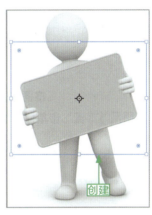
图 1-94 创建矩形形状

1.5.3 运用自定形状工具绘图

在 Photoshop 中，使用自定形状工具 可以通过设置不同的形状来绘制形状路径或图形，在"自定形状"拾色器中有大量的特殊形状可供选择。下面介绍运用自定形状工具 绘图的操作方法。

扫码看视频

步骤 01 按 Ctrl + O 组合键，打开一幅素材图像，如图 1-95 所示。

步骤 02 选取工具箱中的自定形状工具 ，在"图层"面板中新建"图层 1"图层，如图 1-96 所示。

步骤 03 在工具属性栏中，单击"选择工具模式"按钮，在弹出的列表框中选择"路径"选项，❶单击"形状"选项右侧的下拉按钮；❷在弹出的"自定形状"拾色器中选择"花卉"|"形状 53"选项，如图 1-97 所示。

步骤 04 在图像编辑窗口中，按住 Shift 键的同时按住鼠标左键并拖曳，绘制一个花卉路径，如图 1-98 所示。

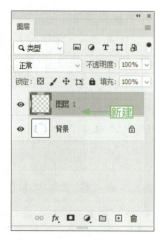

图 1-95　打开素材图像　　　　图 1-96　新建"图层 1"图层

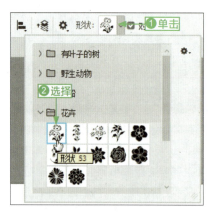
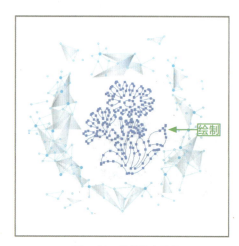

图 1-97　选择"形状 53"选项　　　　图 1-98　绘制花卉路径

步骤 05　按 Ctrl + Enter 组合键，将路径转换为选区，如图 1-99 所示。

步骤 06　设置前景色为浅蓝色（R、G、B 参数值分别为 149、179、208），按 Alt + Delete 组合键填充前景色，并取消选区，效果如图 1-100 所示。

图 1-99　将路径转换为选区　　　　图 1-100　填充前景色

专家指点

如果所需要的形状未显示在"形状"面板中,可单击其右上角的设置图标按钮 ✱.,在弹出的面板菜单中选择"导入形状"选项,在弹出的"载入"对话框中选择所需要载入的形状,单击"载入"按钮,即可载入所需要的形状。

1.6 论文图像的抠图处理

在绘制科技论文图像时,经常需要调用各种素材元素,很多素材是有背景的,此时就需要用到 Photoshop 的抠图功能进行处理。通过本节的学习,用户可以掌握一系列的 PS 抠图技巧,快速对论文图像进行合成操作,从而制作丰富多彩的图像效果。

1.6.1 运用魔棒工具抠图

魔棒工具 ✦ 是建立选区的工具之一,其作用是在一定的容差值范围内(默认值为 32)将颜色相同的区域同时选中,建立选区以达到抠取图像的目的。魔棒工具 ✦ 是用来创建与图像颜色相近或相同的像素选区,在颜色相近的图像上单击鼠标左键,即可选取到相近的颜色范围。选取魔棒工具 ✦ 后,其工具属性栏的变化如图 1-101 所示。

图 1-101 魔棒工具属性栏

魔棒工具 ✦ 属性栏中各主要选项的含义如下。

- 容差:用来控制创建选区范围的大小。数值越小,所要求的颜色越相近;数值越大,则颜色相差越大。
- 消除锯齿:用来模糊羽化边缘的像素,使选区与背景像素产生颜色的过渡,从而消除边缘处明显的锯齿。
- 连续:选中该复选框后,只选取与鼠标单击处相连接的相近颜色。
- 对所有图层取样:在有多个图层的文件中,选中该复选框后,能选取文件中所有图层中相近颜色的区域;不选中该复选框时,只能选取当前图层中相近颜色的区域。

下面介绍运用魔棒工具 ✦ 抠图的操作方法。

步骤 01 按 Ctrl + O 组合键,打开一幅素材图像,如图 1-102 所示。

步骤 02 选取工具箱中的魔棒工具 ✦,设置"容差"为 10,在背景区域单击鼠标左键,即可选中背景区域,如图 1-103 所示。

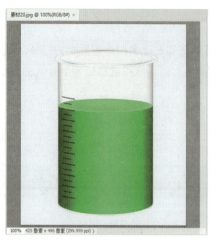

图 1-102　打开素材图像

图 1-103　选中背景区域

步骤 03　选择"选择"|"反选"选项，反选选区，如图 1-104 所示。

步骤 04　按 Ctrl + J 组合键，拷贝选区内的图像，并隐藏"背景"图层，即可完成抠图，效果如图 1-105 所示。

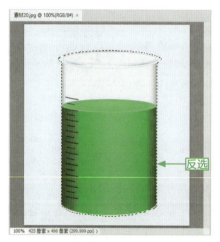

图 1-104　反选选区

图 1-105　完成抠图

1.6.2　运用"色彩范围"抠图

使用"色彩范围"选项可以快速创建选区，其原理是以颜色作为依据，类似于魔棒工具，但是其功能比魔棒工具更加强大。下面介绍运用"色彩范围"选项抠图的操作方法。

扫码看视频

步骤 01　按 Ctrl + O 组合键，打开一幅素材图像，如图 1-106 所示。

步骤 02　选择"选择"|"色彩范围"选项，弹出"色彩范围"对话框，运用"添加到取样工具"在绿色球形上多次单击，吸取颜色，如图 1-107 所示。

图 1-106　打开素材图像　　　　　　图 1-107　吸取颜色

专家指点

应用"色彩范围"选项指定颜色范围时,通过"选区预览"选项可以设置预览方式,包括"无""灰度""黑色杂边""白色杂边"和"快速蒙版"5 种预览方式。

步骤 **03** 设置"颜色容差"为 50,单击"确定"按钮,即可创建选区,如图 1-108 所示。

步骤 **04** 按 Ctrl + J 组合键拷贝一个新图层,并隐藏"背景"图层,如图 1-109 所示。

 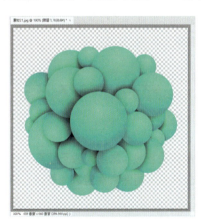

图 1-108　创建选区　　　　　　图 1-109　抠图效果

专家指点

"色彩范围"对话框中各主要选项的基本含义如下。

● 选择:用来设置选区的创建方式。选择"取样颜色"选项时,可将鼠标指针放在图像编辑窗口中的图像上,或在"色彩范围"对话框中的预览图像上单击,对颜色进行取样。 为添加到取样, 为从取样中减去。

● 检测人脸:选中"检测人脸"复选框,可获得更好的人像轮廓。

● 本地化颜色簇:选中该复选框后,拖曳"范围"滑块可以控制要包含在蒙版中的颜色与取样的最大和最小距离。

- 颜色容差：用来控制颜色的选择范围，该值越大，包含的颜色就越多。
- 选区预览图：包含两个选项，选中"选择范围"单选按钮时，预览区的图像中呈白色的范围代表被选择的区域；选中"图像"单选按钮时，预览区会出现彩色的图像。
- 选区预览：设置文档的选区预览方式。选择"无"选项，表示不在窗口中显示选区；选择"灰度"选项，可以按照选区在灰度通道中的外观来进行显示；选择"黑色杂边"选项，可在未选择的区域覆盖一层黑色；选择"白色杂边"选项，可在未选择的区域覆盖一层白色；选择"快速蒙版"选项，可以显示选区在快速蒙版状态下的效果，此时未选择的区域会被覆盖一层红色。
- 载入/存储：单击"存储"按钮，可将当前的设置保存为选区预设；单击"载入"按钮，可以载入存储的选区预设文件。
- 反相：选中该复选框，可以反转选区。

1.6.3　运用椭圆选框工具抠图

扫码看视频

椭圆选框工具 ○ 主要用于创建椭圆或正圆选区，用户还可以在工具属性栏上进行相应选项的设置，如图 1-110 所示。

图 1-110　椭圆选框工具属性栏

椭圆选框工具 ○ 属性栏中的主要选项基本含义如下。

- 羽化：用于设置选区的羽化范围。
- 样式：用于设置创建选区的方法。选择"正常"选项，可以通过拖曳鼠标的方式创建任意大小的选区；选择"固定比例"选项，可在右侧设置选区的"宽度"和"高度"；选择"固定比例"选项，可在右侧设置选区的"宽度"和"高度"的比例。单击 ⇄ 按钮，可以切换"宽度"和"高度"值。
- 选择并遮住：这是一个非常实用的抠图功能，能够自动识别所选颜色，并且把相关的颜色保留下来，同时自动减去不相关的颜色。

下面介绍运用椭圆选框工具 ○ 抠图的操作方法。

步骤 01　按 Ctrl + O 组合键，打开一幅素材图像，如图 1-111 所示。

步骤 02　选取工具箱中的椭圆选框工具 ○，在图像编辑窗口中按住鼠标左键并拖曳，创建一个椭圆选区，如图 1-112 所示。

步骤 03　在菜单栏中选择"选择"｜"变换选区"选项，调出变换控制框，适当调整选区的大小和位置，如图 1-113 所示。

步骤 04　按 Enter 键确认，按 Ctrl + J 组合键拷贝选区内的图像，并隐藏"背景"图层，即可完成抠图，效果如图 1-114 所示。

图 1-111 打开素材图像

图 1-112 创建椭圆选区

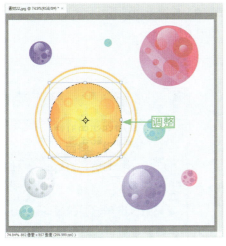
图 1-113 调整选区的大小和位置

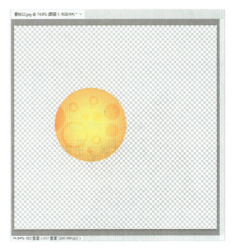
图 1-114 抠图效果

专家指点

与创建椭圆选区有关的操作技巧如下。

- 按 Shift + M 组合键，可快速选取椭圆选框工具 ○。
- 按 Shift 键，可创建正圆选区。
- 按 Alt 键，可创建以起点为中心的椭圆选区。
- 按 Alt + Shift 组合键，可创建以起点为中心的正圆选区。

1.6.4 运用磁性套索工具抠图

扫码看视频

磁性套索工具 ♾ 用于快速选择与背景对比强烈并且边缘复杂的对象，它可以沿着图像的边缘生成选区。选取磁性套索工具后，其工具属性栏的变化如图1-115所示。

图1-115　磁性套索工具属性栏

磁性套索工具属性栏中的主要选项基本含义如下。

● 宽度：指以鼠标光标中心点为准，其周围有多少个像素能够被工具检测到，如果对象的边界不是特别清晰，需要使用较小的"宽度"值。

● 对比度：用来设置工作感应图像边缘的灵敏度。如果图像的边缘清晰，可将该数值设置得高一些；反之，则设置得低一些。

● 频率：用来设置创建选区时生成锚点的数量。

● 使用绘图板压力以更改钢笔宽度：在计算机配置有数位板和压感笔时，单击此按钮，Photoshop会根据压感笔的压力自动调整工具的检测范围。

下面介绍运用磁性套索工具抠图的操作方法。

步骤 01 按Ctrl + O组合键，打开一幅素材图像，如图1-116所示。

步骤 02 选取工具箱中的磁性套索工具，如图1-117所示。

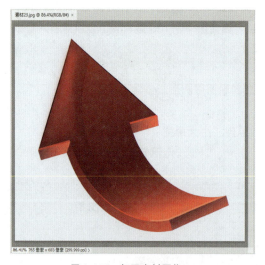

图1-116　打开素材图像

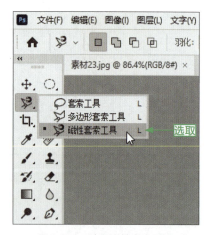

图1-117　选取磁性套索工具

步骤 03 在图像编辑窗口中的合适位置单击鼠标左键，并移动鼠标，对需要抠取的图形进行框选，鼠标经过的地方会生成路径，如图1-118所示。

步骤 04 选取需要抠取的图像部分，在开始路径的锚点上单击鼠标左键，创建不规则选区，如图1-119所示。

步骤 05 按Ctrl + J组合键，拷贝选区内的图像，❶创建一个新图层；❷并隐藏"背景"图层，效果如图1-120所示。

步骤 06 执行操作后，即可完成抠图，效果如图1-121所示。

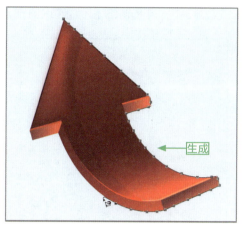
图 1-118 生成路径

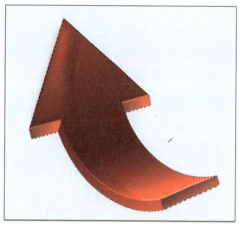
图 1-119 创建不规则选区

图 1-120 创建新图层并隐藏"背景"图层

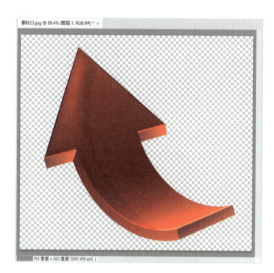
图 1-121 抠图效果

专家指点

若图像边缘轮廓呈直线,则可以使用多边形套索工具 创建直边的选区,其优点是只需要单击就可以选取边界规则的图像,并在两点之间以直线连接。

1.6.5 运用椭圆工具抠图

运用椭圆工具 可以绘制椭圆路径和正圆路径,再将其转换为选区进行抠图,其使用方法与矩形工具一样,不同之处在于几何选项略有区别。

下面介绍运用椭圆工具 抠图的操作方法。

步骤 01 按 Ctrl + O 组合键,打开一幅素材图像,如图 1-122 所示。

扫码看视频

步骤 02　选取工具箱中的椭圆工具〇，在相应位置创建一个椭圆路径，如图 1-123 所示。

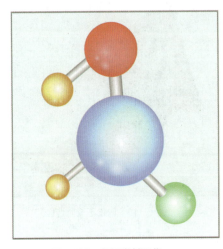

图 1-122　打开素材图像

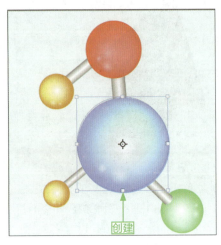

图 1-123　创建椭圆路径

步骤 03　按 Ctrl + T 组合键，对路径进行调整，如图 1-124 所示，按 Enter 键确认。

步骤 04　按 Ctrl + Enter 组合键，将路径转换为选区，按 Ctrl + J 组合键，拷贝选区内的图像，建立一个新图层，并隐藏"背景"图层，即可完成抠图，效果如图 1-125 所示。

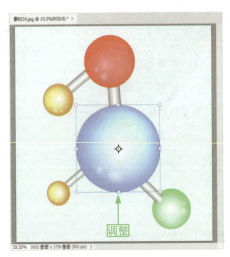

图 1-124　调整椭圆路径

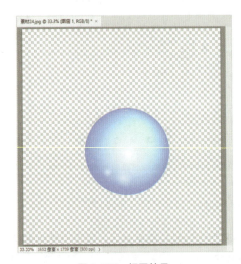

图 1-125　抠图效果

1.6.6　运用快速蒙版抠图

一般使用快速蒙版都是从选区开始的，然后添加或者减去选区，以建立蒙版。使用快速蒙版抠图时可以通过绘图工具进行调整，以便创建复杂的选区。下面介绍运用快速蒙版抠图的操作方法。

扫码看视频

步骤 01　按 Ctrl + O 组合键，打开一幅素材图像，如图 1-126 所示。

步骤 02　在"路径"面板中选择"工作路径"选项，如图 1-127 所示。

图 1-126　打开素材图像　　　　　图 1-127　选择"工作路径"选项

专家指点

快速蒙版的特点是需要与绘图工具结合起来创建选区，比较适用于对选区要求并不是很高的情况。

在编辑快速蒙版时，可以使用黑色、白色或者灰色等颜色来编辑蒙版选区范围。一般常用的修改蒙版的工具为画笔工具和橡皮擦工具。使用橡皮擦工具修改蒙版时，前景色与背景色的设置与画笔工具正好相反。

步骤 03　执行操作后，即可在图像编辑窗口中显示路径，如图 1-128 所示。

步骤 04　按 Ctrl + Enter 组合键，将路径转换为选区，如图 1-129 所示。

图 1-128　显示路径　　　　　图 1-129　将路径转换为选区

步骤 05　在工具箱底部单击"以快速蒙版模式编辑"按钮，启用快速蒙版，如图 1-130 所示。

步骤 06　运用黑色的画笔工具涂抹图像，增加红色蒙版区域的范围，如图 1-131 所示。

专家指点

此外，按 Q 键也可以快速启用或者退出快速蒙版模式。

图 1-130　启用快速蒙版　　　　　　　图 1-131　增加蒙版区域

步骤 07 运用白色的画笔工具 涂抹图像,擦除相应的区域,以减选红色蒙版区域,如图 1-132 所示。

步骤 08 在工具箱底部单击"以标准模式编辑"按钮 ,退出快速蒙版模式,按 Ctrl + J 组合键,拷贝一个新图层,并隐藏"背景"图层,抠图效果如图 1-133 所示。

图 1-132　擦除相应的区域　　　　　　图 1-133　抠图效果

实战案例——PS 科技论文配图设计 | 第 2 章

Photoshop 拥有众多的编辑与绘图工具，在功能方面更侧重于修图。用户在创作科技论文时，其拍摄的图片都可以非常方便地使用 Photoshop 进行后期处理，同时还可以用它进行一些简单的绘图操作。本章主要介绍使用 Photoshop 进行科技论文配图设计的相关操作技巧。

本章重点

- 科技论文配图设计 1：核酸电泳图
- 科技论文配图设计 2：WB 电泳条带组图
- 科技论文配图设计 3：蛋白酶体

2.1 科技论文配图设计 1：核酸电泳图

在进行核酸研究时，核酸电泳是一种极其重要的手段，是核酸探针、核酸扩增和序列分析等技术不可或缺的组成部分。对于生命科学和生物工程技术等专业的学生来说，电泳图是论文中比较常用的一种图片，而且处理这种图片的频率非常高。本节主要介绍使用 Photoshop 处理核酸电泳图的操作方法，最终效果如图 2-1 所示。

扫码看视频

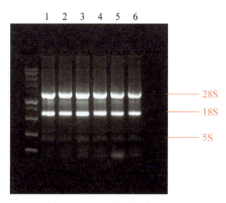

图 2-1 核酸电泳图

2.1.1 校正素材图像的角度

下面主要通过手动自由调整裁剪控制框的方式，校正图像的角度并裁剪多余的背景图像部分，具体操作方法如下。

步骤 01 按 Ctrl + O 组合键，打开一幅素材图像，如图 2-2 所示。

步骤 02 选取工具箱中的裁剪工具 口，调出裁剪控制框，如图 2-3 所示。

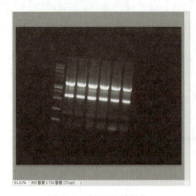

图 2-2　打开素材图像　　　　图 2-3　调出裁剪控制框

步骤 03 将鼠标指针移至裁剪控制框的右上角，鼠标变成 形状（与裁剪控制框保持一定距离），如图 2-4 所示。

步骤 04 按住鼠标左键的同时拖曳，借助裁剪控制框中的辅助线校正图像的角度，如图 2-5 所示。执行操作后，即可旋转图形。

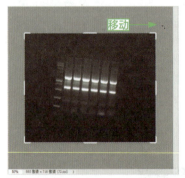 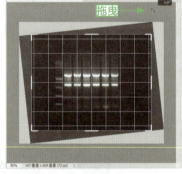

图 2-4　移动鼠标指针　　　　图 2-5　校正图像的角度

步骤 05 将鼠标指针移至裁剪控制框的右上角，鼠标变成 形状（挨着裁剪控制框），如图 2-6 所示。

步骤 06 按住鼠标左键的同时拖曳，即可调整裁剪区域的大小，如图 2-7 所示。

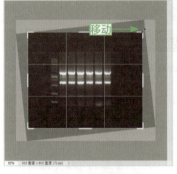 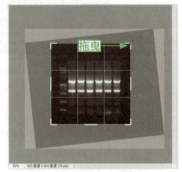

图 2-6　移动鼠标指针　　　　图 2-7　调整裁剪区域的大小

步骤 07 将鼠标指针移至裁剪控制框的下边线的中间位置处,鼠标变成形状(挨着裁剪控制框),如图2-8所示。

步骤 08 按住鼠标左键的同时拖曳,即可调整裁剪区域的高度,如图2-9所示。

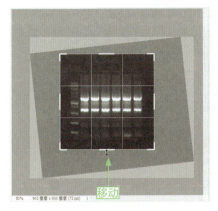 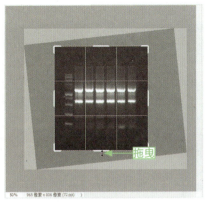

图 2-8　移动鼠标指针　　　　　　图 2-9　调整裁剪区域的高度

步骤 09 将鼠标指针移至裁剪控制框的左右边线的中间位置处,当鼠标变成形状时,按住鼠标左键的同时拖曳,适当调整裁剪区域的宽度,如图2-10所示。

步骤 10 按Enter键确认,即可完成图像的裁剪,效果如图2-11所示。

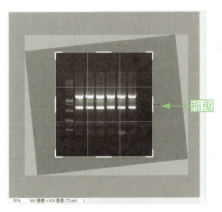 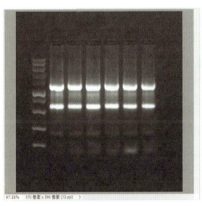

图 2-10　调整裁剪区域的宽度　　　　　　图 2-11　完成图像的裁剪

2.1.2　调整图像的画布尺寸

下面主要运用"画布大小"选项增加图像的可编辑区域,为文字标注留下足够的空间,具体操作方法如下。

步骤 01 在菜单栏中选择"图像"|"画布大小"选项,如图2-12所示。

步骤 02 执行操作后,弹出"画布大小"对话框,在"当前大小"选项区中可以看到图像的分辨率大小,如图2-13所示。

步骤 03 在"新建大小"选项区中,❶选中"相对"复选框;❷在"定位"选项区中单击左下角的九宫格方块,设置现有图像在新画布上的位置,如图2-14所示。

步骤 04 在"新建大小"选项区中,设置"宽度"为200像素、"高度"为80像素,如图2-15所示。

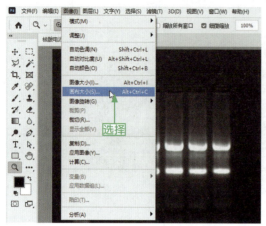

图2-12 选择"画布大小"选项

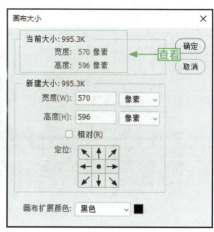

图2-13 "画布大小"对话框

图2-14 设置"定位"区域

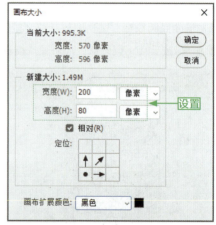

图2-15 设置相应参数值

专家指点

Photoshop中的画布大小指的是图像的完全可编辑区域,用户可以通过"画布大小"选项增大或减小图像的画布大小。

- 增大图像的画布大小,会在现有图像周围添加空间。
- 减小图像的画布大小,会适当裁剪图像。
- 增大带有透明背景的图像的画布大小,添加的画布是透明的。
- 增大没有透明背景的图像的画布大小,添加的画布的颜色将由"画布扩展颜色"选项决定。

在"宽度"和"高度"数值框中输入一个正数,将为画布添加一部分区域,而输入一个负数,则将从画布中减去一部分区域。

步骤 05 在"画布扩展颜色"列表框中选择"白色"选项,如图2-16所示。

步骤 06 单击"确定"按钮，即可完成调整图像画布大小的操作，效果如图 2-17 所示。

图 2-16 选择"白色"选项

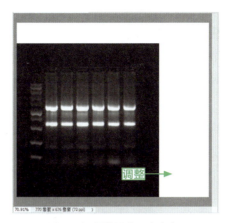
图 2-17 调整图像画布大小

专家指点

用户可以从"画布扩展颜色"列表框中选择一个选项来指定扩展画布的颜色。
- "前景"选项：用当前的前景颜色填充新画布。
- "背景"选项：用当前的背景颜色填充新画布。
- "白色""黑色"或"灰色"选项：用所选颜色填充新画布。
- "其它"[①]选项：使用拾色器选择新画布的颜色。也可以单击"画布扩展颜色"菜单右侧的白色方块□打开拾色器。

2.1.3　添加文字和直线标注

在 Photoshop 中处理图像时，可以在输入字符之前设置文字属性，也可以先输入文字，然后重新设置属性，以更改文字图层中所选字符的外观。不过，在设置各个字符的格式之前，必须先选择这些字符，可以运用相应的文字工具选择一个字符、一系列字符或所有字符。

专家指点

要选择一种文字图层，可执行下列操作之一。
- 运用移动工具 ✥ 在画布上双击文字图层。
- 选取横排文字工具 T 或直排文字工具 ⵊT，在"图层"面板中选择相应文字图层，或者单击文本流以自动选择文字图层。

下面介绍为核酸电泳图添加文字和直线标注的具体操作方法。
步骤 01 选取工具箱中的横排文字工具 T，在"字符"面板中设置"字体"为 Times

---
① "其它"同"其他"。

New Roman、"字体大小"为 36 点、"颜色"为黑色（R、G、B 参数值均为 0），如图 2-18 所示。

步骤 02 将鼠标指针移动至图像编辑窗口中的合适位置处，单击鼠标左键，输入相应文字，如图 2-19 所示。

 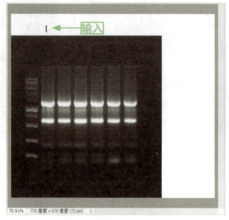

图 2-18 设置字符属性　　　　图 2-19 输入相应文字

专家指点

在菜单栏中，选择"文字"|"转换为段落文本"选项，可以将点文字转换为段落文字，以便在外框内调整字符排列。或者选择"文字"|"转换为点文本"选项，将段落文字转换为点文字，以便使各文本行彼此独立地排列。

需要注意的是，如果将段落文字转换为点文字，则在每个文字行的末尾（最后一行除外）都会自动添加一个回车符。

步骤 03 按住 Alt 键的同时，用鼠标左键按住相应文字并向右拖曳，如图 2-20 所示。
步骤 04 释放鼠标左键后，即可快速复制文字，效果如图 2-21 所示。

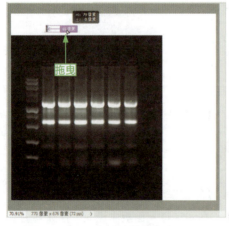 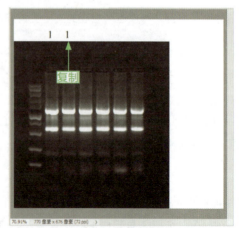

图 2-20 向右拖曳文字　　　　图 2-21 快速复制文字

步骤 05 运用横排文字工具 T 选择文字，并适当修改其内容，如图 2-22 所示。

步骤 06 使用相同的操作方法，输入其他的文字，效果如图 2-23 所示。

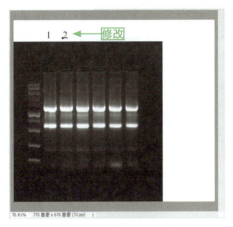 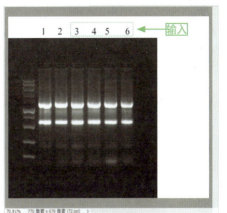

图 2-22 修改文字内容　　　　图 2-23 输入其他的文字

步骤 07 在"图层"面板中同时选中所有文字图层，如图 2-24 所示。

步骤 08 选取移动工具 ，在工具属性栏中，❶单击"对齐并分布"按钮 ；❷在弹出的面板中单击"水平居中分布"按钮 ，如图 2-25 所示。

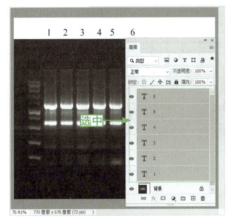 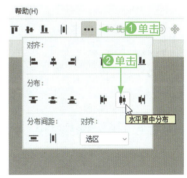

图 2-24 选中所有文字图层　　　　图 2-25 单击"水平居中分布"按钮

专家指点

在图像编辑窗口中创建文字后，在"图层"面板中会添加一个相应的文字图层。创建文字图层后，便可以编辑文字并对其执行各种图层命令。不过，在对文字图层进行了栅格化的处理后，Photoshop 会将文字转换为像素，此时文字便失去了矢量轮廓的属性，而且再也不能执行相关的文字编辑操作。

步骤 09 执行操作后，即可调整各文字间的间距，效果如图 2-26 所示。

步骤 10 选取工具箱中的直线工具 ，绘制一个直线形状，如图 2-27 所示。

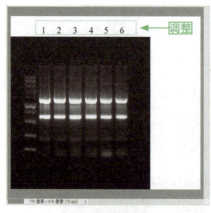
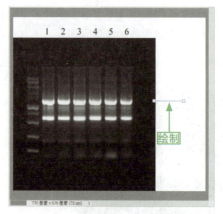

图 2-26　调整各文字间的间距　　　　图 2-27　绘制一个直线形状

步骤 11　在"属性"面板的"外观"选项区中,设置"填色"为"无颜色"、"描边"为红色(R、G、B 参数值分别为 255、0、0)、"设置形状描边宽度"为 2 像素,如图 2-28 所示。

步骤 12　执行操作后,即可改变直线形状的外观,效果如图 2-29 所示。

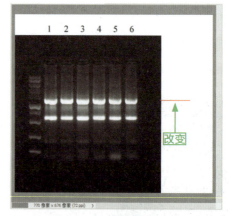

图 2-28　设置直线形状的属性　　　　图 2-29　改变直线形状的外观

专家指点

可以运用直线工具 ╱ 在画布上以两点为端点绘制一条直线,直线可用来绘制矢量形状、路径或像素。若想绘制一条不会遭到损坏且可缩放的直线以便日后编辑,可在工具属性栏中选择"形状"模式;若要处理栅格化的内容,可选择"像素"模式。另外,可以使用工具属性栏中的"描边"和"设置形状描边宽度"选项,快速调整线段形状的粗细。

步骤 13　复制多个直线形状,并适当调整其位置,效果如图 2-30 所示。

步骤 14　选取工具箱中的横排文字工具 T,在"字符"面板中设置"字体"为 Times New Roman、"字体大小"为 36 点、"颜色"为红色(R、G、B 参数值分别为 255、0、0),如图 2-31 所示。

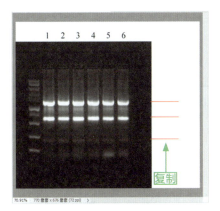

图 2-30 复制多个直线形状

图 2-31 设置字符属性

步骤 15 在直线形状的右侧输入相应的文字内容，如图 2-32 所示。

步骤 16 复制文字并修改其内容，适当调整各文字的位置，效果如图 2-33 所示。

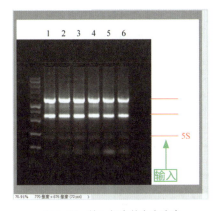

图 2-32 输入相应的文字内容

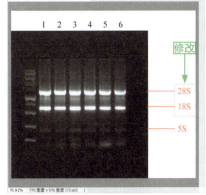

图 2-33 复制文字并修改其内容

专家指点

运用文字工具在图像编辑窗口中单击，即可将文字工具置于编辑模式，此时便可输入并编辑字符，还可以从"文字"菜单中选择一些相关的选项。但是，某些操作会要求用户先单击工具属性栏中的"提交"按钮 ✓，将更改提交到文字图层。

2.2 科技论文配图设计 2：WB 电泳条带组图

WB（Western Blot，蛋白印迹法）电泳条带图可以说是生物学专业的学生们需要掌握的一个最基本的实验技能，主要用于检测细胞或组织提取物中的蛋白质表达水平。不过，很多时候，直接从成像仪中获取的原始 WB 电泳条带图存在不少问题，如条带倾斜或者显示区域多余部

扫码看视频

分太多等，如图 2-34 所示，在组图时便需要使用 Photoshop 进行后期处理。

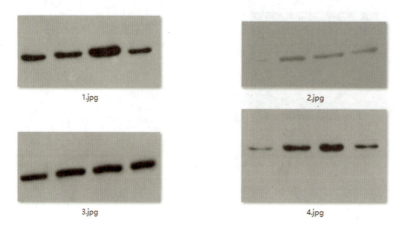

图 2-34　WB 电泳条带素材

组图是指科技论文中的图片排列组合方式，当获得了一系列的图片后，这些图片都经过了一定的后期处理，但其大小可能不一样，需要对其进行一些调整，最后将其组合成一张大图，此时就需要进行组图处理了。

本节主要介绍使用 Photoshop 处理 WB 电泳图的操作方法，从而获得一张符合 SCI（Science Citation Index，科学引文索引）论文发表要求的图片，最终效果如图 2-35 所示。

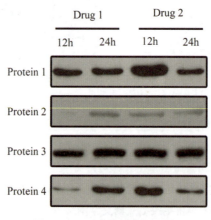

图 2-35　WB 电泳条带组图效果

2.2.1　纠正条带并调整分辨率

下面先运用参考线和变换控制框纠正电泳条带的水平角度，然后运用"图像大小"选项调整图像的分辨率，提高图像质量，具体操作方法如下。

步骤 01　按 Ctrl + O 组合键，打开多幅素材图像，如图 2-36 所示。

步骤 02　在 1.jpg 图像编辑窗口中选择"视图"|"标尺"选项，显示标尺工具，如图 2-37 所示。

步骤 03　移动鼠标指针至水平标尺上，按住鼠标左键的同时向下拖曳，如图 2-38 所示。

步骤 04　释放鼠标左键，即可创建水平参考线，如图 2-39 所示。

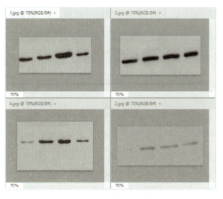

图 2-36　打开多幅素材图像

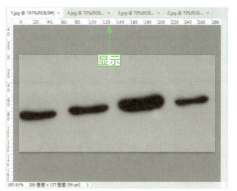

图 2-37　显示标尺工具

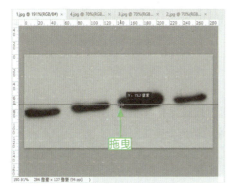

图 2-38　拖曳水平标尺

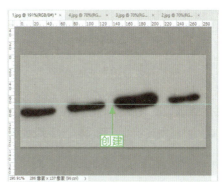

图 2-39　创建水平参考线

专家指点

按住 Alt 键的同时单击或拖曳参考线，可将参考线在水平与垂直之间进行切换。按住 Shift 键的同时拖曳参考线，可使参考线与标尺上的刻度对齐。如果开启了网格功能，并选择了"视图"|"对齐到"|"网格"选项，则拖曳参考线时将自动对齐网格。

步骤 05　在"图层"面板中单击"背景"图层右侧的"指示图层部分锁定"图标，如图 2-40 所示。

步骤 06　执行操作后，即可将"背景"图层转换为可编辑的普通图层，如图 2-41 所示。

图 2-40　单击"指示图层部分锁定"图标

图 2-41　转换为可编辑的普通图层

步骤 07 在菜单栏中选择"编辑"|"变换"|"旋转"选项,调出变换控制框,如图2-42所示。

步骤 08 移动鼠标指针至控制框右上方的控制柄外,光标呈↻形状时,按住鼠标左键并拖曳,旋转至合适位置后释放鼠标左键,按 Enter 键确认旋转,效果如图2-43所示。

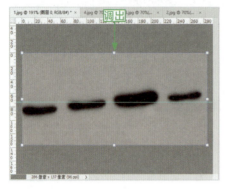
图 2-42　调出变换控制框

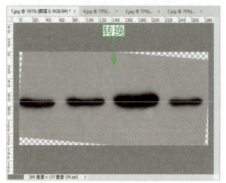
图 2-43　旋转图像

专家指点

对图像进行旋转操作时,按住 Shift 键的同时按住鼠标左键并拖曳,可以将旋转限制为 15°增量。除使用选项外,按 Ctrl + T 组合键,也可调出变换控制框。

步骤 09 运用移动工具适当调整图像的位置,使电泳条带完全显示出来,效果如图2-44所示。

步骤 10 选择"图像"|"图像大小"选项,弹出"图像大小"对话框,设置"分辨率"为 300 像素/英寸,如图2-45所示。

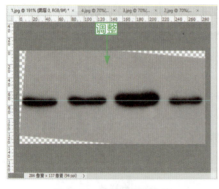
图 2-44　调整图像的位置

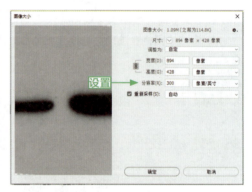
图 2-45　设置"分辨率"参数

专家指点

图像大小是指图像文件的数据大小,基本单位包括千字节(KB)、兆字节(MB)或千兆字节(GB)。图像大小与其像素尺寸成正比,在给定的打印尺寸下,具有更多像素的图像可能会产生更多细节,但占用的磁盘空间也会更多,而且编辑和打印图像时可能会更慢。因此,图像分辨率成了图像质量和文件大小之间的折中方式。

文件格式、颜色位深、图层及通道数量也是影响图像大小的重要因素，即使图像的像素大小相同，但如果这些因素不同，则图像大小的差异也会很大。

步骤 11　单击"确定"按钮，即可调整图像分辨率，效果如图 2-46 所示。
步骤 12　使用相同的操作方法，对其他素材图像进行调整，效果如图 2-47 所示。

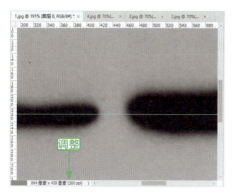
图 2-46　调整图像分辨率效果

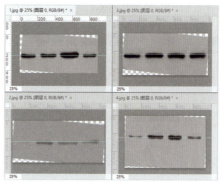
图 2-47　调整其他的素材图像

专家指点

需要注意的是，Photoshop 支持的单张图像最大像素尺寸为 300000×300000 像素，因此对图像可用的打印尺寸和分辨率产生了限制。

2.2.2　按固定比例裁剪图像

下面主要运用裁剪工具 ⌶ 的固定比例裁剪功能，对所有素材图像进行裁剪，剪掉多余的灰色背景部分，具体操作方法如下。

步骤 01　选取工具箱中的裁剪工具 ⌶，调出裁剪控制框，如图 2-48 所示。
步骤 02　拖曳裁剪控制框上的各控制柄，适当调整裁剪区域的大小，如图 2-49 所示。

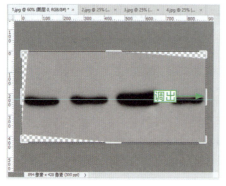
图 2-48　调出裁剪控制框

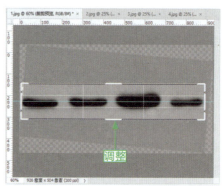
图 2-49　调整裁剪区域的大小

步骤 03 按 Enter 键确认，即可完成图像的裁剪，效果如图 2-50 所示。

步骤 04 选择"图像"|"图像大小"选项，弹出"图像大小"对话框，查看并记住其中的"宽度"和"高度"参数值，如图 2-51 所示。

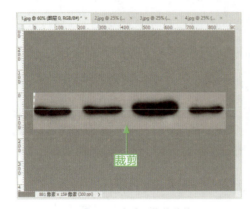 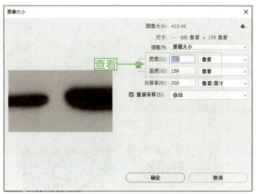

图 2-50 完成图像的裁剪　　　　　　　图 2-51 "图像大小"对话框

专家指点

在"图像大小"对话框中可以设置"重新取样"选项，以便在更改图像的像素大小或分辨率时更改图像数据的数量。如果缩减像素取样，会删除一部分图像信息；如果扩大像素取样，则会添加新的像素。

步骤 05 切换至 2.jpg 图像编辑窗口中，调出裁剪控制框，如图 2-52 所示。

步骤 06 在裁剪工具 的工具属性栏中，选择"宽 × 高 × 分辨率"选项，如图 2-53 所示。

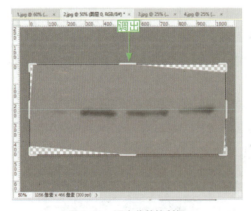 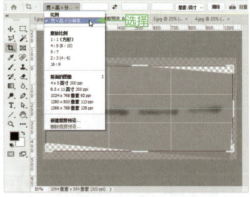

图 2-52 调出裁剪控制框　　　　　　　图 2-53 选择"宽 × 高 × 分辨率"选项

步骤 07 将 1.jpg 图像的"图像大小"对话框中的"宽度""高度"和"分辨率"数据分别填入工具属性栏中的对应数值框中，如图 2-54 所示。

步骤 08 按住 Shift 键的同时拖曳裁剪控制框上的各控制柄，等比例调整裁剪区域的大小，如图 2-55 所示。

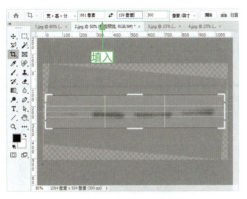
图 2-54 填入相应数值

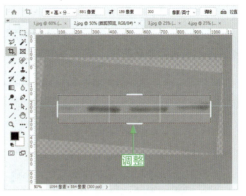
图 2-55 等比例调整裁剪区域的大小

专家指点

在调整裁剪区域时，裁剪工具 ㄣ 属性栏中的选项也会发生变化。当首次选择裁剪工具时，在属性栏中还可以指定宽度、高度和分辨率等参数。

另外，还可以修改裁剪图像的宽度和高度的测量单位，如像素、英寸、厘米、毫米、点和派卡，只需在相应数值框中的数字后面键入单位或单位缩写即可。例如，200px、10in、5 英寸、20cm、100mm、50pt 或 80 派卡等。如果没有在裁剪工具 ㄣ 属性栏中设置宽度和高度的测量单位，则默认单位为英寸。

步骤 09 按 Enter 键确认，即可完成图像的裁剪，效果如图 2-56 所示。

步骤 10 使用相同的操作方法裁剪其他的素材图像，效果如图 2-57 所示。

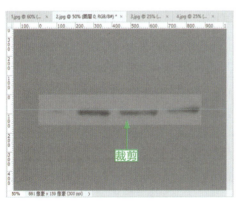
图 2-56 完成图像的裁剪

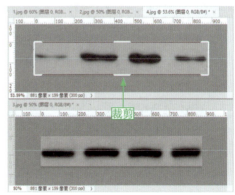
图 2-57 裁剪其他的素材图像

2.2.3 修补残缺的图像部分

下面主要运用污点修复画笔工具 ✐ 对裁剪后的图像中的透明像素进行修复，具体操作方法如下。

步骤 01 切换至 1.jpg 图像编辑窗口中，适当放大图像的显示比例，可以看到图像左侧有一些透明像素，如图 2-58 所示。

步骤 02 选取工具箱中的污点修复画笔工具，在透明像素上按住鼠标左键并拖曳，鼠标涂抹过的区域呈黑色显示，如图 2-59 所示。

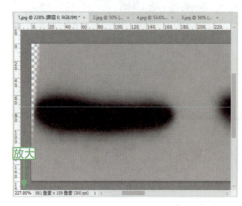 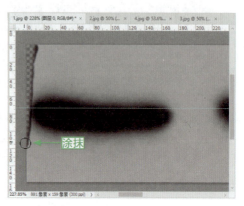

图 2-58 放大图像的显示比例　　　　　图 2-59 涂抹透明像素区域

专家指点

与修复画笔工具的不同之处在于，污点修复画笔工具不要求用户指定样本点，而是会自动从所修饰区域的周围进行取样。如果需要修复大片区域，或者需要更大程度地控制来源取样时，就可以使用修复画笔工具。

步骤 03 释放鼠标左键，即可修复图像，效果如图 2-60 所示。
步骤 04 使用相同的操作方法修复其他的素材图像，效果如图 2-61 所示。

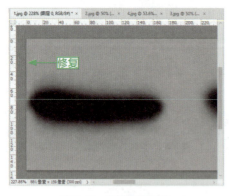 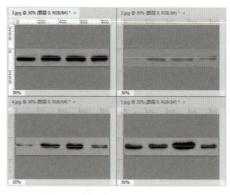

图 2-60 修复图像效果　　　　　　图 2-61 修复其他的素材图像

2.2.4 使用 Photoshop 进行组图

组图就是指将 m×n 张大小相同的原始图片按照一定的顺序进行 m×n 排列，形成一张新图，主要用于科技论文中的实验组和对照组的成组比较。

下面介绍使用 Photoshop 进行组图的操作方法。

步骤 01 在菜单栏中选择"文件"|"新建"选项，弹出"新建文档"对话框，设置"宽度"为 1200 像素、"高度"为 1280 像素、"分辨率"为 300 像素/英寸，如图 2-62 所示。

步骤 02 单击"创建"按钮，即可创建一个空白图像文件，如图 2-63 所示。

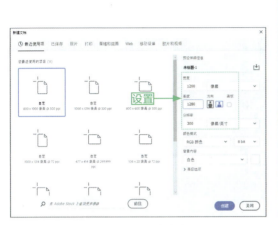 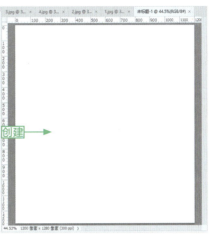

图 2-62　设置相应选项　　　　　　　图 2-63　创建一个空白图像文件

步骤 03 切换至 1.jpg 图像编辑窗口，按 Ctrl + A 组合键全选图像，然后按 Ctrl + C 组合键复制图像，如图 2-64 所示。

步骤 04 切换至新建的图像编辑窗口中，按 Ctrl + V 组合键粘贴图像，并运用移动工具 ✥ 将其调整至合适位置处，如图 2-65 所示。

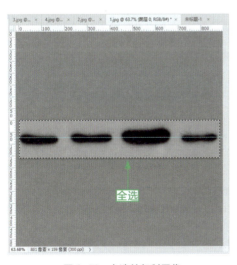 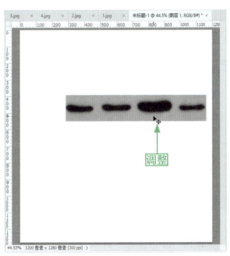

图 2-64　全选并复制图像　　　　　　　图 2-65　粘贴并调整图像

专家指点

在 Photoshop 中，用户在编辑图像时，若图像比较复杂或者需要对整幅图像进行调整，则可以通过"全部"选项来创建图像选区。在菜单栏中选择"选择"|"全部"选项，即可快速全选图像。

步骤 05 使用相同的操作方法，导入其他的图像素材并调整位置，效果如图 2-66 所示。

步骤 06 在"图层"面板中同时选中"图层 1"图层至"图层 4"图层，如图 2-67 所示。

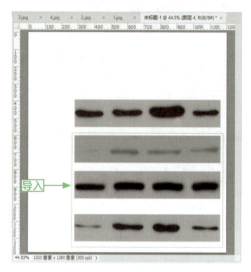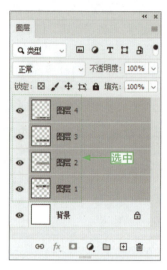

图 2-66 导入其他的图像素材　　　　图 2-67 选中多个图层

步骤 07 在移动工具的属性栏中，❶单击"对齐并分布"按钮；❷在弹出的面板中单击"垂直居中分布"按钮，如图 2-68 所示。

步骤 08 执行操作后，即可对图像素材进行排列并调整位置，效果如图 2-69 所示。

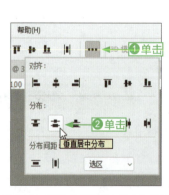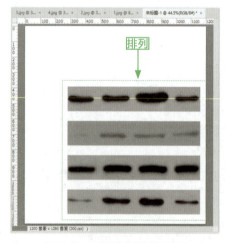

图 2-68 单击"垂直居中分布"按钮　　　　图 2-69 对图像素材进行排列

步骤 09 在"图层"面板中，使用鼠标左键双击"图层 1"图层，如图 2-70 所示。

步骤 10 执行操作后，弹出"图层样式"对话框，❶选中"描边"复选框；❷设置"大小"为 10 像素、"颜色"为黑色（R、G、B 参数值均为 0），如图 2-71 所示。

专家指点

通过复制和粘贴图层样式的操作，可以将当前图层的样式效果完全复制到其他图层上，在工作过程中可以节省大量的操作时间。

当只需要复制原图像中的某个图层样式时，可以在该图层样式上按住 Alt 键和鼠标左键的同时，将其拖曳至目标图层即可。

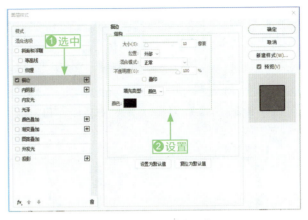

图 2-70 双击"图层 1"图层　　　　图 2-71 设置"描边"选项

步骤 11 单击"确定"按钮，即可应用"描边"图层样式，效果如图 2-72 所示。

步骤 12 在"图层"面板中的"描边"图层样式上单击鼠标右键，在弹出的快捷菜单中选择"拷贝图层样式"选项，如图 2-73 所示。

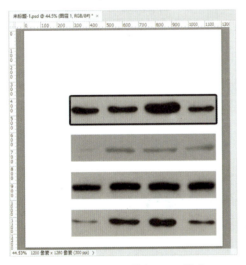 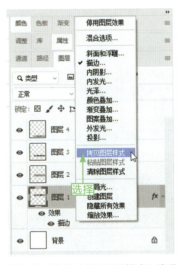

图 2-72 应用"描边"图层样式　　　　图 2-73 选择"拷贝图层样式"选项

步骤 13 在"图层"面板中，❶选择"图层 2"图层，单击鼠标右键；❷在弹出的快捷菜单中选择"粘贴图层样式"选项，效果如图 2-74 所示。

步骤 14 执行操作后，即可将"描边"图层样式拷贝到"图层 2"图层上，如图 2-75 所示。

步骤 15 在图像编辑窗口中可以看到"图层 2"图层中的图像也被添加了"描边"效果，如图 2-76 所示。

步骤 16 使用相同的操作方法，将"描边"图层样式拷贝到其他图层中，图像效果如图 2-77 所示。

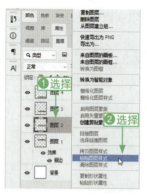
图 2-74 选择"粘贴图层样式"选项

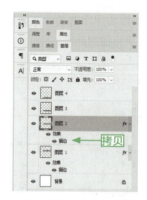
图 2-75 拷贝"描边"图层样式

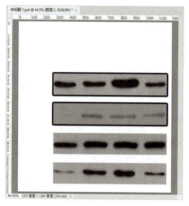
图 2-76 添加"描边"效果

图 2-77 图像效果

2.2.5 添加文字标注

下面主要运用横排文字工具 T 和直线工具 ╱ 为 WB 电泳条带组图添加文字标注效果,具体操作方法如下。

步骤 01 选取工具箱中的横排文字工具 T ,在"字符"面板中设置"字体"为 Times New Roman、"字体大小"为 15 点、"颜色"为黑色(R、G、B 参数值均为 0),如图 2-78 所示。

步骤 02 在最上方的电泳条带图像的左侧输入相应文字,效果如图 2-79 所示。

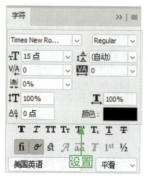
图 2-78 设置字符属性

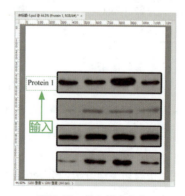
图 2-79 输入相应文字

步骤 03　按住 Alt 键的同时，用鼠标左键按住相应文字并向下拖曳，如图 2-80 所示。
步骤 04　释放鼠标左键后，即可复制文字，并适当修改其内容，效果如图 2-81 所示。

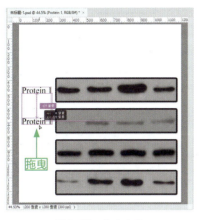
图 2-80　拖曳文字

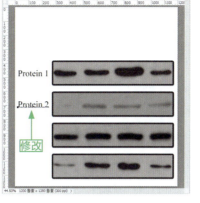
图 2-81　修改文字内容

步骤 05　使用相同的操作方法输入其他的文字，效果如图 2-82 所示。
步骤 06　选取工具箱中的直线工具 ，绘制一个直线形状，效果如图 2-83 所示。

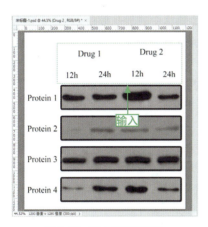
图 2-82　输入其他的文字

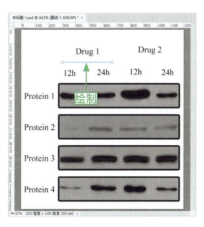
图 2-83　绘制一个直线形状

专家指点

选取相应的绘图工具后，必须先从工具属性栏中选择合适的绘图模式，由此来决定是创建矢量形状，还是创建工作路径，或是创建栅格化形状。如本例所使用的是直线工具 的"形状"模式，因此可以创建"直线"形状图层。

步骤 07　在"属性"面板的"外观"选项区中，设置"填色"为"无颜色"、"描边"为黑色（R、G、B 参数值均为 0）、"设置形状描边宽度"为 10 像素，如图 2-84 所示。
步骤 08　执行操作后，即可改变直线形状的外观样式，复制直线形状并适当调整其位置，效果如图 2-85 所示。

图 2-84 设置形状属性

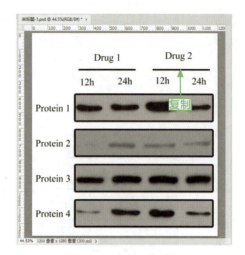
图 2-85 复制直线形状

2.3 科技论文配图设计 3：蛋白酶体

蛋白酶体主要分布于细胞质和细胞核中，对生物体中的某些蛋白质的更新有直接影响，其作用十分重要，其应用领域包括基础医学、生物学、临床医学、食品科学与工程、药学、兽医学、水产、中药学、中西医结合、畜牧学等。因此，蛋白酶体成了很多科技类大学和机构的重要研究课题，而且涉及蛋白酶体的相关科技论文也非常多。本节主要介绍使用 Photoshop 绘制蛋白酶体的操作方法，最终效果如图 2-86 所示。

扫码看视频

图 2-86 蛋白酶体

2.3.1 填充渐变选区

下面先运用椭圆选框工具 ○ 创建一个正圆选区，然后运用渐变工具 ■ 为选区填充双色渐变效果，具体操作方法如下。

步骤 01　在菜单栏中选择"文件"|"新建"选项，弹出"新建文档"对话框，在"最近使用项"下拉列表框中选择"默认 Photoshop 大小"模板，如图 2-87 所示。

步骤 02　单击"创建"按钮，即可创建一个空白图像文件，如图 2-88 所示。

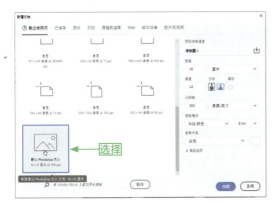
图 2-87　选择"默认 Photoshop 大小"模板

图 2-88　创建一个空白图像文件

步骤 03　展开"图层"面板，❶单击"创建新图层"按钮 ▣；❷新建一个"图层 1"图层，如图 2-89 所示。

步骤 04　选取工具箱中的椭圆选框工具 ○，在图像编辑窗口中按住 Shift 键并拖曳，创建一个正圆选区，如图 2-90 所示。

图 2-89　新建"图层 1"图层

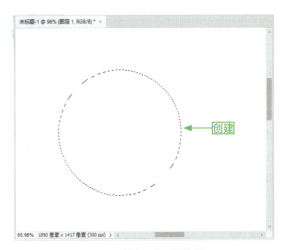
图 2-90　创建一个正圆选区

步骤 05　选择"编辑"|"描边"选项，弹出"描边"对话框，设置"宽度"为 2 像素、"颜色"为黑色（R、G、B 参数值均为 0），如图 2-91 所示。

步骤 06　单击"确定"按钮，即可为选区添加描边效果，如图 2-92 所示。

步骤 07　选取工具箱中的渐变工具 ■，在工具属性栏中单击"点按可编辑渐变"按钮 ▭，即可弹出"渐变编辑器"对话框，使用鼠标左键双击渐变条左侧的色标 ▲，如图 2-93 所示。

步骤 08　弹出"拾色器（色标颜色）"对话框，❶设置 R、G、B 参数值分别为 135、235、99；❷单击"确定"按钮，如图 2-94 所示。

图 2-91 设置相应选项

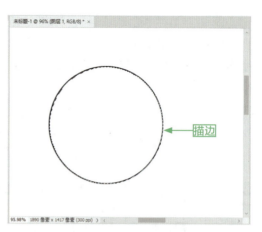

图 2-92 添加描边效果

图 2-93 双击渐变条左侧的色标

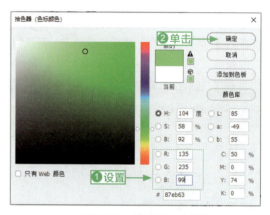

图 2-94 设置 RGB 参数值

步骤 09 使用相同的操作方法，设置渐变条右侧的色标颜色为深绿色（R、G、B 参数值分别为 25、115、18），如图 2-95 所示。

步骤 10 执行操作后，即可完成渐变色的设置，在"渐变编辑器"对话框中单击"确定"按钮，如图 2-96 所示。

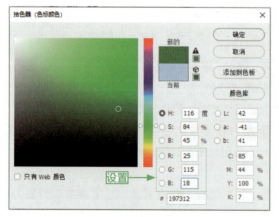

图 2-95 设置渐变条右侧的色标颜色

图 2-96 完成渐变色的设置

步骤 11 在工具属性栏中，❶单击"径向渐变"按钮；❷在正圆选区内按住鼠标左键并拖曳，如图 2-97 所示。

步骤 12 执行操作后，即可为选区填充渐变色，按 Ctrl + D 组合键取消选区，效果如图 2-98 所示。

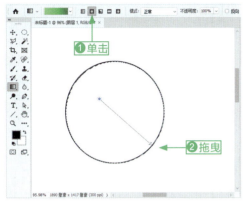

图 2-97 按住鼠标左键并拖曳

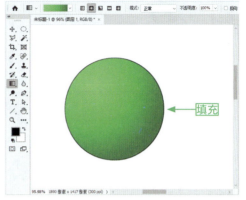

图 2-98 填充渐变色并取消选区

2.3.2 旋转并复制图形

下面主要运用"旋转"变换功能，对正圆图形进行旋转并复制操作，具体操作方法如下。

步骤 01 按 Ctrl + T 组合键调出变换控制框，如图 2-99 所示。

步骤 02 在工具属性栏中选中"切换参考点"复选框，即可显示变换中心点，效果如图 2-100 所示。

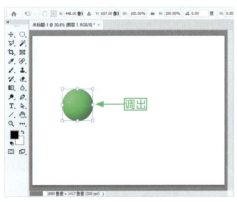

图 2-99 调出变换控制框

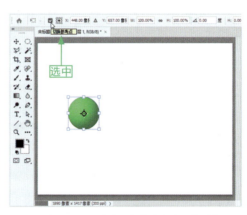

图 2-100 选中"切换参考点"复选框

步骤 03 在图像编辑窗口中，将变换中心点拖曳至相应位置处，如图 2-101 所示。

步骤 04 在工具属性栏中，设置"旋转"为 -20 度，正圆图形会自动旋转，效果如图 2-102 所示。

步骤 05 按 Enter 键，确认旋转变换操作，效果如图 2-103 所示。

步骤 06 按 Ctrl + Alt + Shift + T 组合键，重复上一次的旋转变换操作，即可旋转并复制正圆图形，效果如图 2-104 所示。

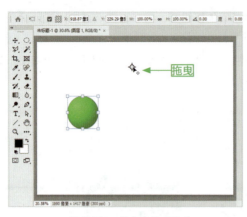
图 2-101 拖曳变换中心点

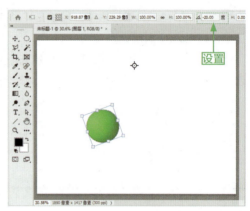
图 2-102 设置"旋转"参数

图 2-103 确认旋转操作

图 2-104 重复旋转变换操作

步骤 07 按 3 次 Ctrl + Alt + Shift + T 组合键，旋转并复制多个正圆图形，效果如图 2-105 所示。

步骤 08 在"图层"面板中，❶同时选中"图层 1"图层及所有的拷贝图层；❷单击"创建新组"按钮，如图 2-106 所示。

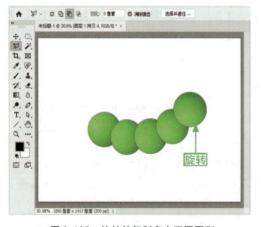
图 2-105 旋转并复制多个正圆图形

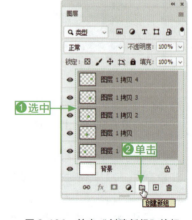
图 2-106 单击"创建新组"按钮

步骤 09 执行操作后，即可创建一个"组 1"图层组，如图 2-107 所示。

步骤 10 选择"组 1"图层组,按 Ctrl + T 组合键,调出变换控制框,对图形的角度进行适当旋转并确认,效果如图 2-108 所示。

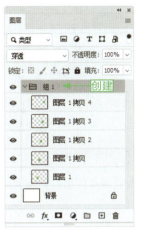

图 2-107 创建"组 1"图层组

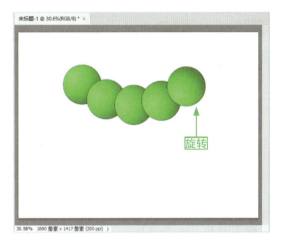

图 2-108 对图形进行适当旋转

2.3.3 制作覆盖效果

下面主要运用移动工具调整各椭圆图形对象的位置,以及通过"图层"面板调整各图形的排列顺序,制作图形的覆盖效果,具体操作方法如下。

步骤 01 选择"组 1"图层组,按 Ctrl + T 组合键,调出变换控制框,对图形的高度进行适当缩小并确认,效果如图 2-109 所示。

步骤 02 ❶选取工具箱中的移动工具;❷在工具属性栏中选择"图层"选项;❸适当调整各椭圆图形的位置,如图 2-110 所示。

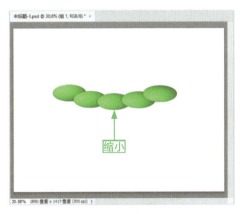

图 2-109 适当缩小图形的高度

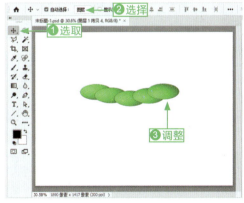

图 2-110 调整各椭圆图形的位置

步骤 03 运用移动工具单击中间的椭圆图形,即可在"图层"面板中自动选中对应的图层,如图 2-111 所示。

步骤 04 将该图层拖曳至"图层"面板的顶部,椭圆图形也同时进行了置顶显示,效果如图 2-112 所示。

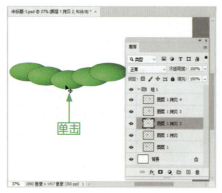 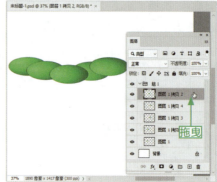

图 2-111　单击中间的椭圆图形　　　　图 2-112　调整图层顺序

步骤 05 使用相同的操作方法，调整其他图层的顺序，改变各椭圆图形的叠放顺序，效果如图 2-113 所示。

步骤 06 复制"组 1"图层组，❶得到"组 1 拷贝"图层组；❷并适当向上拖曳图形，调整其位置，如图 2-114 所示。

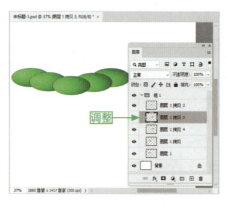 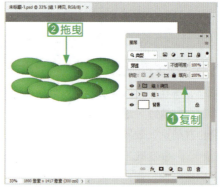

图 2-113　调整其他图层的顺序　　　　图 2-114　复制并调整图形的位置

步骤 07 按 Ctrl + T 组合键，❶调出变换控制框，在其中单击鼠标右键；❷在弹出的快捷菜单中选择"垂直翻转"选项，如图 2-115 所示。

步骤 08 执行操作后，即可垂直翻转图形，效果如图 2-116 所示。

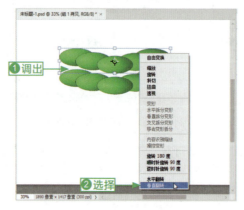 

图 2-115　选择"垂直翻转"选项　　　　图 2-116　垂直翻转图形

步骤 09 运用移动工具 ⊕ 选择两侧多余的椭圆图形，按 Backspace 键将其删除，如图 2-117 所示。

步骤 10 将"组 1 拷贝"图层组拖曳到"组 1"图层组的下方，调整图层组的顺序，如图 2-118 所示。

图 2-117　删除多余的椭圆图形

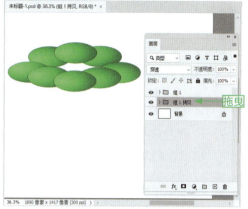

图 2-118　调整图层组的顺序

步骤 11 运用移动工具 ⊕ 适当调整各椭圆图形的位置和排列顺序，使整个图形看上去像一个环状，效果如图 2-119 所示。

步骤 12 选择"组 1"图层组，按住 Alt 键的同时拖曳鼠标，复制多个图形对象并适当调整其位置，效果如图 2-120 所示。

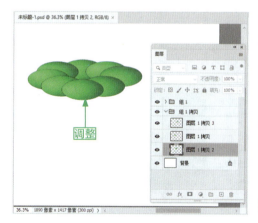

图 2-119　调整各椭圆图形

图 2-120　复制多个图形对象

步骤 13 将"组 1"图层组拖曳至"图层"面板的顶部，调整图层顺序，效果如图 2-121 所示。

步骤 14 选择"组 1 拷贝"图层组，按住 Alt 键的同时拖曳鼠标，复制图形对象并适当调整各椭圆图形的位置，效果如图 2-122 所示。

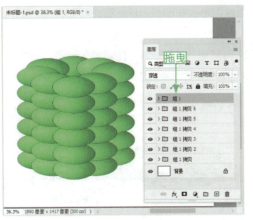

图 2-121　调整图层顺序　　　　　　图 2-122　复制图形对象并调整位置

2.3.4　调整图形颜色

下面主要运用"色相/饱和度"调整图层对各图层组中的图形颜色进行调整，具体操作方法如下。

步骤 01　❶在移动工具 ✥ 的属性栏中选择"组"选项；❷单击相应的图形，选择所在的图层组，效果如图 2-123 所示。

步骤 02　单击"创建新的填充或调整图层"按钮 ⬤，在弹出的列表框中选择"色相/饱和度"选项，效果如图 2-124 所示。

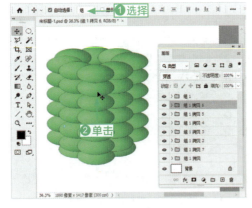

图 2-123　选择相应图层组　　　　　　图 2-124　选择"色相/饱和度"选项

步骤 03　执行操作后，❶即可创建"色相/饱和度 1"调整图层；❷在"属性"面板中设置各选项，如图 2-125 所示。

步骤 04　执行操作后，即可改变"色相/饱和度 1"调整图层下方的所有图层的颜色效果，如图 2-126 所示。

步骤 05　在"色相/饱和度 1"调整图层上单击鼠标右键，在弹出的快捷菜单中选择"创建剪贴蒙版"选项，如图 2-127 所示。

步骤 06 执行操作后，即可创建剪贴蒙版，从而只改变该调整图层下方的图层组中的图形颜色，效果如图2-128所示。

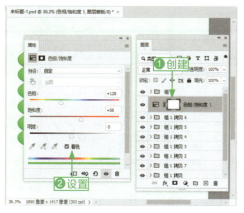

图 2-125 设置"色相/饱和度"选项

图 2-126 改变相应图层的颜色效果

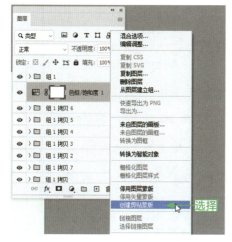

图 2-127 选择"创建剪贴蒙版"选项

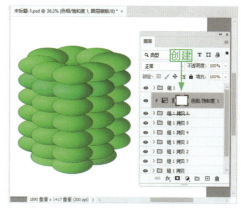

图 2-128 创建剪贴蒙版效果

专家指点

下面介绍一些本案例涉及的Phostoshop相关知识点。

- 图层组：Phostoshop中的图层组类似于文件夹，可以将图层按照类别放在不同的组内，当关闭图层组后，在"图层"面板中就只显示图层组的名称。
- 调整图层：可以对图像进行颜色填充和色调调整等操作，而不会永久地修改图像中的像素，即颜色和色调的更改仅位于调整图层内，该图层像一层透明的膜一样，下层图像及其调整后的效果可以透过它显示出来。

步骤 07 使用同样的操作方法，为其他图层组添加"色相/饱和度"调整图层，并创建剪贴蒙版，改变各图层组中的图形颜色效果，相关参数如图2-129所示。

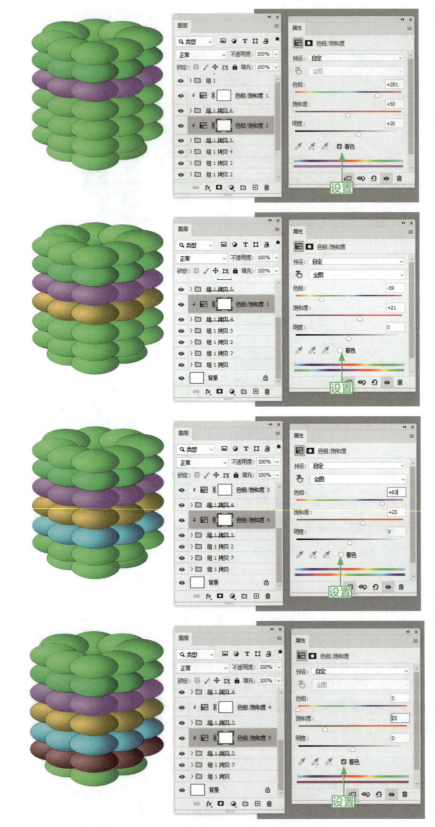

图 2-129 调整其他图层组中的图形颜色

2.3.5 添加阴影效果

下面主要运用画笔工具 ✐ 和"高斯模糊"滤镜为蛋白酶体图形添加阴影效果，具体操作方法如下。

步骤 01 在"图层"面板中新建一个"图层 2"图层，如图 2-130 所示。

步骤 02 选取工具箱中的画笔工具 ✐，在工具属性栏中设置"大小"为 150 像素、"流量"为 35%，如图 2-131 所示。

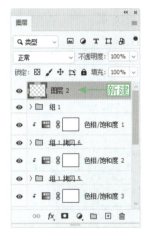
图 2-130　新建"图层 2"图层

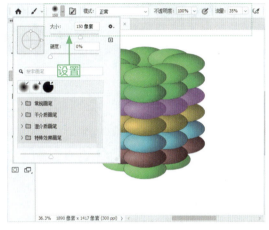
图 2-131　设置画笔工具的属性

步骤 03 运用画笔工具 ✐ 在图形下方进行涂抹，绘制一个黑色阴影效果，如图 2-132 所示。

步骤 04 在"图层"面板中，将"图层 2"图层拖曳至"背景"图层的上方，如图 2-133 所示。

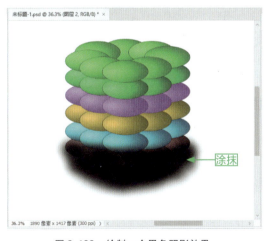
图 2-132　绘制一个黑色阴影效果

图 2-133　调整图层顺序

步骤 05 执行操作后，即可改变图像的显示效果，如图 2-134 所示。

步骤 06 在菜单栏中选择"滤镜"|"模糊"|"高斯模糊"选项，如图 2-135 所示。

步骤 07 执行操作后，弹出"高斯模糊"对话框，在其中设置"半径"为 80 像素，如图 2-136 所示。

步骤 08 单击"确定"按钮，即可添加"高斯模糊"滤镜效果，如图 2-137 所示。

图 2-134 改变图像的显示效果

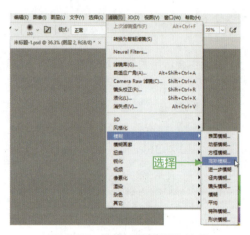

图 2-135 选择"高斯模糊"选项

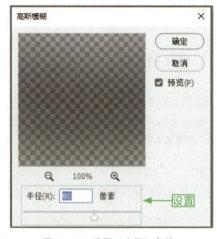

图 2-136 设置"半径"参数

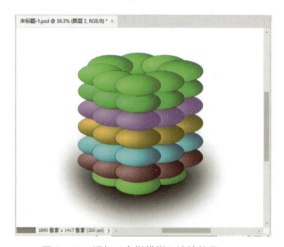

图 2-137 添加"高斯模糊"滤镜效果

专家指点

　　高斯模糊是一种将正态分布（又名高斯分布）应用于图像处理的模糊算法。其中，"半径"参数值越大，模糊效果越强烈。

第 2 篇

AI 科研论文绘图

软件入门——掌握 AI 基本操作

第 3 章

Illustrator（全称为 Adobe Illustrator，简称 AI）[①]是一款非常好用的矢量图形处理软件，不仅具有矢量绘图功能，而且还集成了文字处理和上色等功能。可以通过 AI 设计精美的论文图形来吸引读者，用视觉内容一目了然地讲述自己的观点。本章主要介绍 AI 的基本功能和相关操作技巧，帮助大家为使用 AI 进行论文绘图打好基础。

本章重点

- 掌握图形文件的基本操作
- 绘制与编辑图形对象
- 创建与排序图层对象
- 创建蒙版与文字效果
- 制作常见的图形特效

3.1 掌握图形文件的基本操作

AI 被广泛应用于平面设计和图形设计领域，功能非常强大，无论对新手还是对插画家来说，它都能提供所需的绘图工具，从而获得专业的图像质量效果。本节主要介绍 AI 图形文件的基本操作方法，希望大家熟练掌握。

3.1.1 打开图形文件

*.ai 是 Illustrator 的专用格式，现已成为业界矢量图的标准，可在 Illustrator、CorelDRAW 和 Photoshop 中打开编辑。在 Photoshop 中打开编辑时，将由矢量格式转换为位图格式。下面介绍打开图形文件的操作方法。

扫码看视频

步骤 01 在菜单栏中选择"文件"|"打开"选项，如图 3-1 所示。
步骤 02 弹出"打开"对话框，在其中选择需要打开的 AI 文件，如图 3-2 所示。
步骤 03 单击"打开"按钮，即可打开 AI 文件，如图 3-3 所示。

专家指点

在 AI 中，打开文件通常有 3 种方法，分别如下。
快捷键：按 Ctrl + O 组合键。
选项：选择"文件"|"打开"选项。
按钮：在 AI 欢迎界面中单击"打开"按钮。

---

① 本书也会将 Adobe Illustrator 简写为 AI。

图 3-1 选择"打开"选项　　　　图 3-2 选择需要打开的 AI 文件

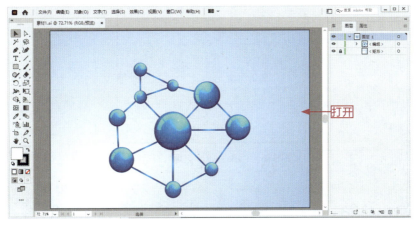

图 3-3 打开 AI 文件

3.1.2 保存图形文件

扫码看视频

保存图形文件就是将绘制好的图形保存在计算机硬盘中，以便日后编辑或使用。下面介绍保存图形文件的操作方法。

步骤 01 完成图形文件的编辑后，按 Shift + Ctrl + S 组合键，或选择"文件"|"存储为"选项，如图 3-4 所示。

步骤 02 弹出"存储为"对话框，输入要保存的文件名，默认保存格式为 Adobe Illustrator（*.AI），如图 3-5 所示。

图 3-4 选择"存储为"选项　　　　图 3-5 "存储为"对话框

75

步骤 03 单击"保存"按钮,弹出"Illustrator 选项"对话框,在此可以选择所要保存的版本,单击"确定"按钮,如图 3-6 所示,即可将文件保存起来。

图 3-6 "Illustrator 选项"对话框

3.1.3 导出图形文件

扫码看视频

AI 能够识别所有通用的文件格式,因此可以将在 AI 中创建的文件导出为不同的格式,以便被其他论文排版程序使用。当使用"文件"|"导出"|"导出为多种屏幕所用格式"选项从文件导出资源时,AI 会在后台运行导出进程。

下面介绍导出图形文件的操作方法。

步骤 01 完成图形文件的编辑后,选择"文件"|"导出"|"导出为"选项,如图 3-7 所示。

步骤 02 弹出"导出"对话框,设置导出文件的"文件名"和"保存类型"选项,如图 3-8 所示。

图 3-7 选择"导出为"选项

图 3-8 "导出"对话框

步骤 03 单击"导出"按钮,弹出"JPEG选项"对话框,保持默认设置即可,单击"确定"按钮,如图3-9所示。

步骤 04 执行操作后,即可将文件导出为JPEG文件格式,如图3-10所示。

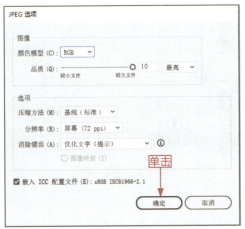

图3-9 单击"确定"按钮

图3-10 导出为JPEG文件

3.1.4 切换视图显示模式

扫码看视频

AI中共有5种视图显示模式供用户使用,它们分别是"轮廓"显示模式、"在CPU上预览"显示模式、"叠印预览"显示模式、"像素预览"显示模式和"裁切视图"显示模式。另外,还可以根据自己所需,创建合适的视图显示模式。

例如,使用"轮廓"显示模式可以观察工作区中对象的层次,让对象的轮廓线一目了然,这样将极大地方便用户清除工作区中多余的且没有添加填充和轮廓属性的轮廓线,并且这种视图显示模式的显示速度和屏幕的刷新速度也是最快的。

下面介绍切换视图显示模式的操作方法。

步骤 01 选择"文件"|"打开"选项,打开一幅素材图形,如图3-11所示。

步骤 02 在菜单栏中选择"视图"|"轮廓"选项,如图3-12所示。

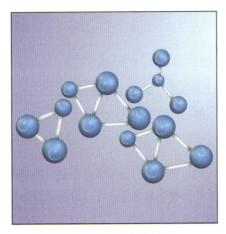

图3-11 打开素材图形

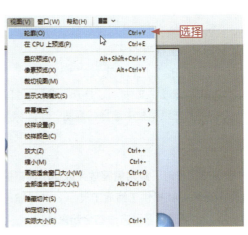

图3-12 选择"轮廓"选项

步骤 03 执行操作后，即可将图形以轮廓线的方式显示，效果如图 3-13 所示。

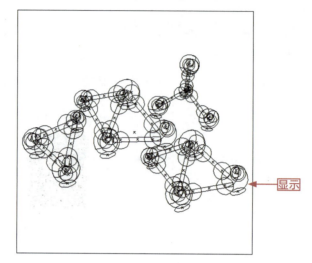

图 3-13 "轮廓"显示模式效果

专家指点

在选择"视图"|"轮廓"选项后，图形以"轮廓"模式显示，若想返回最初的"预览"显示模式，可以选择"视图"|"在 CPU 上预览"选项，将图形或图像以其应用的色彩和填充属性在工作区中显示。

3.1.5 运用标尺和参考线

扫码看视频

AI 中的标尺、参考线和网格等都属于辅助工具，它们不能编辑对象，其用途是帮助用户更好地完成图形的编辑任务。

标尺的用途是为当前图形作参照，用于度量图形的尺寸，同时对图形进行辅助定位，使图形的设置或编辑更加方便与准确。水平标尺与垂直标尺上标有 0 处相交点的位置称为标尺坐标原点，系统默认情况下，标尺坐标原点的位置在工作区的左上角。当然，也可以根据自己需要，自行定义标尺的坐标原点。

下面介绍使用标尺和参考线的操作方法。

步骤 01 选择"文件"|"打开"选项，打开一幅素材图形，如图 3-14 所示。
步骤 02 在菜单栏中选择"视图"|"标尺"|"显示标尺"选项，如图 3-15 所示。

专家指点

在编辑图形时，经常需要放大或缩小窗口的显示比例、移动显示区域，以便更好地观察和处理图形对象。AI 提供了缩放工具、"导航器"面板和各种缩放命令，可以根据需要选择其中的一项，也可以将多种方法结合起来使用。

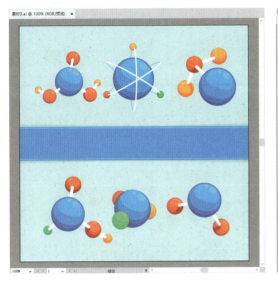
图 3-14 打开素材图形

图 3-15 选择"显示标尺"选项

步骤 03 执行操作后，即可显示标尺，如图 3-16 所示。

步骤 04 移动鼠标指针至水平标尺与垂直标尺的相交处，如图 3-17 所示。

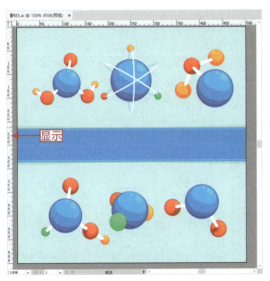
图 3-16 显示标尺

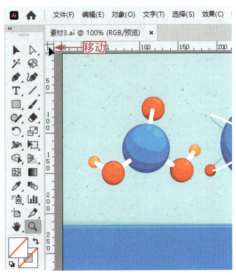
图 3-17 移动鼠标指针

步骤 05 按住鼠标左键并拖曳至图形编辑窗口中的合适位置，如图 3-18 所示。

步骤 06 释放鼠标左键，即可更改标尺的原点位置，如图 3-19 所示。

专家指点

在 AI 中，网格是由一连串的水平和垂直点组成的，在绘制图形时常用来协助对齐窗口中的任意对象。可以根据需要，选择"视图"|"显示网格"或"隐藏网格"选项，显示网格或隐藏网格，在绘制图形时，使用网格进行辅助操作。除了使用选项外，按 Ctrl + ' 组合键也可以显示网格，再次按 Ctrl + ' 组合键，即可隐藏网格。

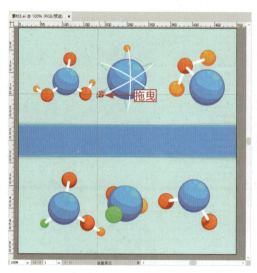

图 3-18 拖曳鼠标至合适位置

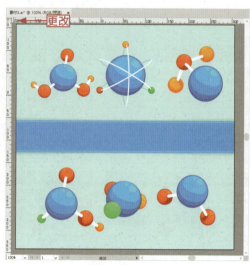

图 3-19 更改标尺的原点位置

步骤 07 在菜单栏中选择"视图"|"参考线"|"显示参考线"选项，如图 3-20 所示。执行操作后，即可显示参考线，如图 3-21 所示。

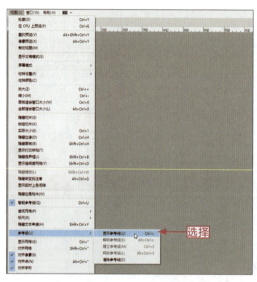

图 3-20 选择"显示参考线"选项

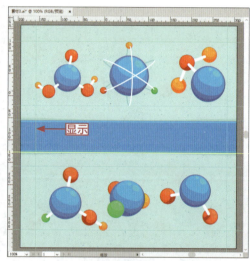

图 3-21 显示参考线

3.2 绘制与编辑图形对象

　　AI 是面向图形绘制的专业绘图软件，提供了丰富的绘图工具，如直线段工具 ╱、矩形工具 ▭、椭圆工具 ◯ 以及各种编辑图形的工具等，熟练掌握各种绘图工具的使用技巧，将能够绘制出精美的论文插图，为论文锦上添花。

3.2.1 绘制直线段形状

使用工具箱中的直线段工具 ╱ 可以在图形窗口中绘制直线段形状。若要绘制精确的线段，可在选取直线段工具 ╱ 的情况下，在图形编辑窗口中单击鼠标左键，此时将弹出"直线段工具选项"对话框，如图 3-22 所示。设置相应的参数后，单击"确定"按钮，即可绘制精确的直线段形状，效果如图 3-23 所示。

扫码看视频

图 3-22 "直线段工具选项"对话框   图 3-23 绘制精确线段的效果

"直线段工具选项"对话框中主要选项的基本含义如下。

- 长度：在右侧的文本框中输入数值，可以精确地绘制一条相应长度的直线段。
- 角度：在右侧的文本框中设置不同的角度，将按照定义的角度在图形编辑窗口中绘制直线段。
- 线段填色：选中该复选框后，当将绘制的直线段改为折线或曲线后，将以设置的前景色填充。

选取工具箱中的直线段工具 ╱ 后，在图形编辑窗口中按住空格键的同时按住鼠标左键并拖曳，可以移动所绘制直线段的位置（该快捷操作对于工具箱中的大多数工具都可使用，因此在其他的工具中将不再赘述）。

下面介绍直线段的 4 种绘制技巧。

- 若按住 Alt 键的同时，在图形编辑窗口中按住鼠标左键并拖曳，可以绘制由鼠标单击点为中心向两边延伸的直线段。
- 若按住 Shift 键的同时，在图形编辑窗口中按住鼠标左键并拖曳，可以绘制以 45°递增的直线段，如图 3-24 所示。

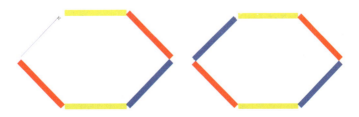

图 3-24 按住 Shift 键的同时绘制的直线段

- 若按住 ~ 键的同时，在图形编辑窗口中按住鼠标左键并拖曳，可以绘制放射式的直线段，如图 3-25 所示。

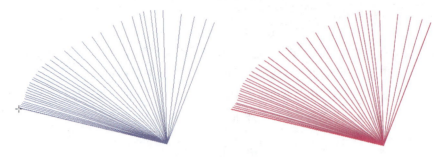

图 3-25　按住～键的同时绘制的放射式直线段

- 若按住 Ctrl 键的同时，在图形编辑窗口中按住鼠标左键并拖曳，可以绘制垂直线段。下面介绍绘制直线段的操作方法。

步骤 01　选择"文件"|"打开"，打开一幅素材图形，如图 3-26 所示。

步骤 02　选取工具箱中的直线段工具，设置"描边"为黑色（R、G、B 参数值均为 0），将鼠标指针移至图形编辑窗口中的合适位置处，按住鼠标左键并拖曳，即可绘制一条直线段，效果如图 3-27 所示。

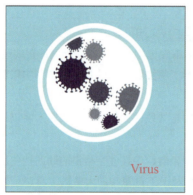
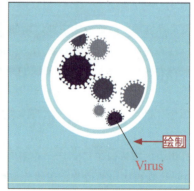

图 3-26　打开素材图形　　　　　图 3-27　绘制直线段

3.2.2　绘制矩形图形

矩形工具 是绘制图形时比较常用的基本绘图工具，可以通过拖曳鼠标的方法绘制矩形。若要绘制精确的矩形图形，可在选取该工具的情况下，在图形编辑窗口中单击鼠标左键，将弹出"矩形"对话框，如图 3-28 所示。

扫码看视频

图 3-28　绘制的矩形图形效果和"矩形"对话框

在"矩形"对话框中,主要选项的基本含义如下。
- 宽度:用于设置绘制矩形的宽度。
- 高度:用于设置绘制矩形的高度。

下面介绍绘制矩形图形的操作方法。

步骤 01 选择"文件"|"打开"选项,打开一幅素材图形,如图 3-29 所示。

步骤 02 选取工具箱中的矩形工具 ▭,设置"填色"为深蓝色(R、G、B 参数值分别为 0、52、85),在图形编辑窗口中的合适位置处按住鼠标左键并拖曳,即可绘制一个矩形图形,效果如图 3-30 所示。

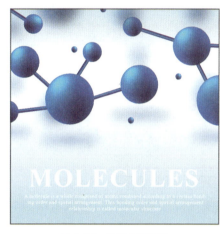
图 3-29 打开素材图形

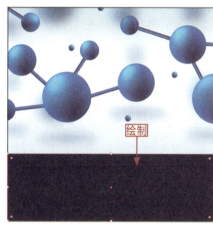
图 3-30 绘制深蓝色矩形

步骤 03 在矩形和背景图像的交接区域绘制一个青色(R、G、B 参数值分别为 116、245、255)的矩形图形,如图 3-31 所示。

步骤 04 使用选择工具 ▶ 选中第一个绘制的矩形图形,按两次 Ctrl + [组合键,将该矩形下移两层,效果如图 3-32 所示。

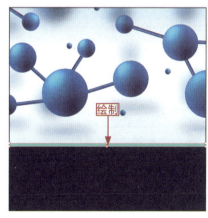
图 3-31 绘制青色矩形

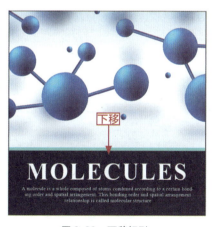
图 3-32 下移矩形

专家指点

在绘制矩形图形时,若按住 Shift 键,可以绘制正方形图形;若按住 Alt 键,可以绘制以起始点为中心向四周延伸的矩形图形；若按住 Alt + Shift 组合键，将以鼠标单击点为中心点向四周延伸，绘制一个正方形图形。

3.2.3 绘制椭圆图形

使用椭圆工具 ⬭ 可以快速地绘制一个任意半径的圆或椭圆。若要精确地绘制椭圆图形，可在选取该工具的情况下，在图形编辑窗口中单击鼠标左键，此时将弹出"椭圆"对话框，如图 3-33 所示。

扫码看视频

图 3-33　绘制的椭圆图形效果和"椭圆"对话框

"椭圆"对话框中的主要选项含义如下。
- 宽度：用于设置绘制的椭圆图形的宽度。
- 高度：用于设置绘制的椭圆图形的高度。

使用工具箱中的椭圆工具 ⬭ 绘制椭圆图形时，若按住 Shift 键，可绘制一个正圆图形；若按住 Alt 键，将以鼠标单击点为中心向四周延伸，绘制一个椭圆图形；若按住 Shift + Alt 组合键，将以鼠标单击点为中心向四周延伸，绘制一个正圆图形；若按住 Alt + ~ 组合键，将以鼠标单击点为中心向四周延伸，绘制多个椭圆图形。

下面介绍绘制椭圆图形的操作方法。

步骤 01 选择"文件"|"打开"选项，打开一幅素材图形，如图 3-34 所示。

步骤 02 选取工具箱中的椭圆工具 ⬭，在"属性"面板的"外观"选项区中设置"填色"为黑色（R、G、B 参数值均为 0）、"不透明度"为 60%，如图 3-35 所示。

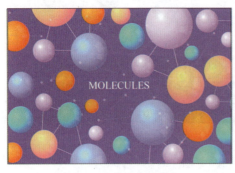 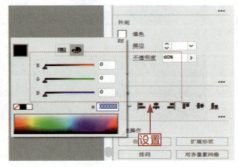

图 3-34　打开素材图形　　　　图 3-35　设置外观选项

步骤 03 在图形编辑窗口中，按住 Shift 键的同时按住鼠标左键并拖曳，绘制一个正圆图形，如图 3-36 所示。

步骤 04 按 Shift + Ctrl + [组合键，将该图形移至文字下方，如图 3-37 所示。

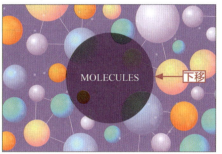

图 3-36 绘制正圆图形　　　　　图 3-37 将图形移至文字下方

专家指点

在工具箱中，若某些工具图标的右下角有一个黑色的小三角形标志，表示该工具中还有其他工具，通常称之为工具组。例如，几何工具组里就包括矩形工具 、圆角矩形工具 、椭圆工具 和星形工具 等。若要进行工具之间的切换，可以按住 Alt 的同时，在该工具图标上单击鼠标左键即可。

3.2.4 绘制光晕图形

使用光晕工具 可以绘制具有光辉闪耀效果的图形，在科研论文插图中常常会用到这种效果。光晕图形具有明亮的中心、晕轮、射线和光圈，若在其他图形对象上使用，会获得类似镜头眩光的特殊效果。下面介绍绘制光晕图形的操作方法。

扫码看视频

步骤 01 选择"文件"|"打开"选项，打开一幅素材图形，如图 3-38 所示。

步骤 02 选取工具箱中的光晕工具 ，将鼠标指针移至图形编辑窗口中，单击鼠标左键，弹出"光晕工具选项"对话框，设置"直径"为 150pt、"不透明度"为 60%、"亮度"为 20%，适当调整光影的大小和亮度，如图 3-39 所示。

图 3-38 打开素材图形　　　　　图 3-39 "光晕工具选项"对话框

专家指点

在"光晕工具选项"对话框中,主要选项的基本含义如下。

- "居中"选项区:该选项区中的"直径"选项用于设置光晕中心点的直径;"不透明度"选项用于设置光晕中心点的不透明度;"亮度"选项用于设置光晕的明暗强弱程度。
- "光晕"选项区:该选项区中的"增大"选项用于设置光晕效果的发光程度;"模糊度"选项用于设置光晕效果中光晕的柔和程度。
- "射线"选项区:该选项区中的"数量"选项用于设置光晕效果中的放射线数量;"最长"选项用于设置放射线的长度;"模糊度"选项用于设置放射线的密度。
- "环形"选项区:该选项区中的"路径"选项用于设置光晕效果中心与末端的距离;"数量"选项用于设置光晕效果中光环的数量;"最大"选项用于设置光晕效果中光环的最大比例;"方向"选项用于设置光晕效果的发射角度。

步骤 03 单击"确定"按钮,即可绘制一个光晕图形,如图 3-40 所示。

步骤 04 运用选择工具 ▶ 选中光晕,适当调整其位置,效果如图 3-41 所示。

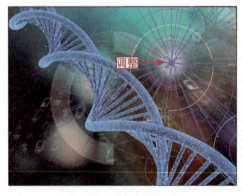
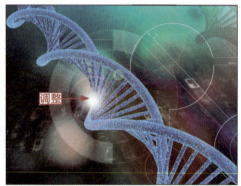

图 3-40 绘制光晕图形　　　　　　图 3-41 调整光晕位置

专家指点

在使用光晕工具 绘制光晕图形效果时,若按 ↑ 键,绘制的光晕效果的放射线数量将增加;若按 ↓ 键,则将逐渐减少光晕效果的放射线数量;若按 Shift 键,则将约束所绘制光晕效果的放射线的角度;若按 Ctrl 键,则将改变所添加光晕效果的中心点与光环之间的距离。

3.2.5 使用钢笔工具绘图

钢笔工具 是绘制路径的主要工具,使用该工具可以很方便地在图形编辑窗口中绘制所需的各种路径,然后形成各种各样的图形效果。下面介绍使用钢笔工具 绘制图形的操作方法。

扫码看视频

步骤 01 选择"文件"|"打开"命令,打开一幅素材图形,如图 3-42 所示。
步骤 02 选取工具箱中的钢笔工具 ,如图 3-43 所示。

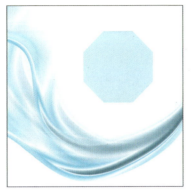

图 3-42 打开素材图形　　　　　图 3-43 选取钢笔工具

步骤 03 在"属性"面板中设置"填色"为"无"、"描边"为白色(R、G、B 参数值均为 255)、描边宽度为 5pt,将鼠标指针移至图形编辑窗口中的合适位置处,如图 3-44 所示。

步骤 04 单击鼠标左键,确认起始点,再移动鼠标指针至图形编辑窗口中的另一个合适位置处,如图 3-45 所示。

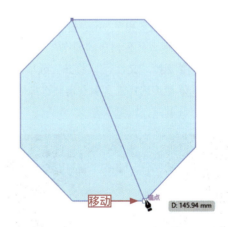

图 3-44 移动鼠标指针　　　　　图 3-45 移动鼠标指针

专家指点

使用钢笔工具 绘制路径的过程中,若按住 Shift 键,所绘制的路径为水平、垂直或以 45°角递增的直线段。另外,在绘制完成一条直线段后,单击一下钢笔工具图标 ,再绘制第二条直线段,否则第二条直线段的第一个节点将与第一条直线段的第二个节点同为一个节点。

步骤 05 单击鼠标左键后,按 Esc 键确认,即可绘制一条白色的直线路径,效果如图 3-46 所示。

步骤 06 使用相同的操作方法绘制其他的直线路径,效果如图 3-47 所示。

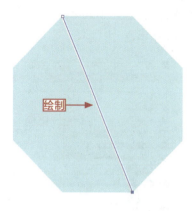
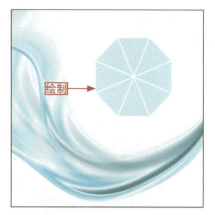

图 3-46 绘制直线路径　　　　　图 3-47 绘制其他的直线路径

3.2.6 选择与移动图形对象

在任何一种绘图软件中，选择和移动图形对象都是使用频率最高的操作之一。在操作过程中，不论是修改对象还是删除对象等，都必须先选择相应的对象，才能对其进行进一步的操作。另外，使用选择工具 ▶ 选择图形对象后，在"属性"面板的"变换"选项区或"变换"面板的 X（代表水平位置）和 Y（代表垂直位置）文本框中输入相应数值，按下回车键即可移动对象。下面介绍选择与移动图形对象的操作方法。

扫码看视频

步骤 01 选择"文件"|"打开"选项，打开一幅素材图形，如图 3-48 所示。

步骤 02 使用选择工具 ▶ 在需要选择的图形上单击鼠标左键，即可选中该对象，如图 3-49 所示。

图 3-48 打开素材图形　　　　　图 3-49 选中图形对象

专家指点

使用选择工具 ▶ 选取对象后，按 ←、↓、→、↑ 键，可以将所选对象沿相应方向轻微移动 1 个像素点的距离。如果同时按住方向键和 Shift 键，则可以移动 10 个像素点的距离。

步骤 03 拖曳鼠标至合适位置后，释放鼠标左键，即可移动所选对象的位置，图像效果如图 3-50 所示。

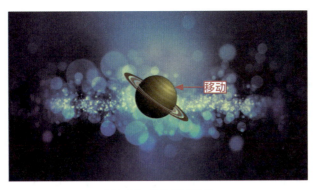

图 3-50　移动图形对象

专家指点

在使用选择工具 ▶ 选择图形时，在选择第一个图形后，若按住 Shift 键，则可以加选图形（选择多个图形）；若需要减选图形，其操作方法是按住 Shift 键的同时单击已经选择的图形，则会将已经选择的图形对象进行取消选择。

另外，若需要选择一个未填充的图形，可以用鼠标左键单击该图形的外框轮廓，将其选中；若选择一个已填充的图形，可直接用鼠标左键在该图形的任意区域单击，以将其选中。

3.2.7　变形与扭曲图形对象

AI 为变形与扭曲图形对象提供了专门的工具，如整形工具 、变形工具 以及倾斜工具 等，部分工具的基本功能如下。

扫码看视频

● 使用整形工具 可以在当前选择的图形或路径中添加锚点或调整锚点的位置，达到改变图形形状的目的。

● 使用变形工具 可以将简单的图形变为复杂的图形。此外，它不仅可以对开放式的路径生效，也可以对闭合式的路径生效。

● 使用倾斜工具 可以对选择的图形进行倾斜变换操作。

● 使用比例缩放工具 可以按一定的比例对选中的图形进行缩放变换操作。

● 使用宽度工具 可以对加宽绘制的路径描边。

下面介绍变形与扭曲图形对象的操作方法。

步骤 01　选择"文件"|"打开"选项，打开一幅素材图形，如图 3-51 所示。

步骤 02　选取工具箱中的直接选择工具 ▶，选中需要调整的图形，如图 3-52 所示。

步骤 03　选取工具箱中的整形工具 ，将鼠标指针移至所选图形的合适位置，鼠标指针呈 形状，单击鼠标左键，即可添加一个路径锚点，如图 3-53 所示。

步骤 04　使用直接选择工具 ▶ 选中所添加的锚点，并调整该锚点的位置，即可改变其形状，效果如图 3-54 所示。

图 3-51 打开素材图形

图 3-52 选中图形对象

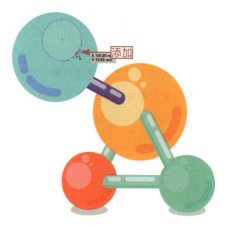

图 3-53 添加锚点

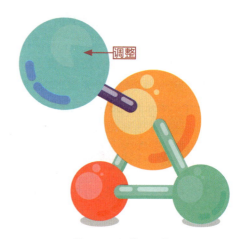

图 3-54 调整图形效果

专家指点

  整形工具 主要用来调整和改变路径形状。当鼠标指针呈 形状时，单击鼠标左键可以添加锚点；当鼠标指针呈 形状时，可以拖曳路径。

  另外，若选择的路径为开放路径，可以直接使用整形工具 对添加的锚点进行拖曳，并改变路径的形状；若选择的路径为闭合路径，则需要使用路径编辑工具才能对所添加的锚点进行独立编辑。

3.2.8 运用吸管工具填色

  在 AI 中，使用吸管工具 可以很方便地将一个对象的属性按照另一个对象的属性进行更新，也相当于对图形颜色的复制。下面介绍运用吸管工具填色的操作方法。

扫码看视频

步骤 01 选择"文件"|"打开"选项，打开一幅素材图形，如图 3-55 所示。
步骤 02 使用选择工具 ▶ 选中需要填充的图形，如图 3-56 所示。

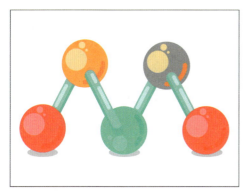

图 3-55 打开素材图形

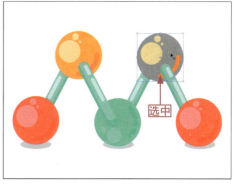

图 3-56 选中图形对象

步骤 03 选取工具箱中的吸管工具 ✎，将鼠标指针移至图形编辑窗口中需要吸取颜色的图形上，如图 3-57 所示。

步骤 04 单击鼠标左键，即可将所选择的图形填充为所吸取的颜色，效果如图 3-58 所示。

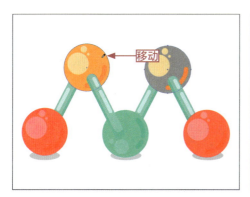

图 3-57 移动鼠标指针

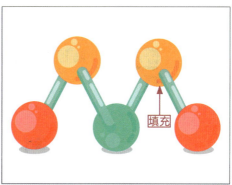

图 3-58 填充吸取的颜色

专家指点

图形的填充主要由填色和描边两部分组成，填色指的是图形中所包含的颜色和图案，而描边指的是包围图形的路径线条。在 AI 中，可以直接在工具箱或"属性"面板中设置填色和描边。只要当前所需要填充的图形处于选中状态，设置好颜色后系统会自动将颜色填充至图形中。

3.2.9 使用面板填充渐变色

在 AI 中，创建渐变填充的方法有两种，一种是使用渐变工具 ■；另一种是使用"渐变"面板。下面介绍为图形填充渐变色的操作方法。

扫码看视频

步骤 01 选择"文件"|"打开"选项,打开一幅素材图形,如图3-59所示。
步骤 02 使用选择工具 ▶ 选中相应的图形对象,如图3-60所示。

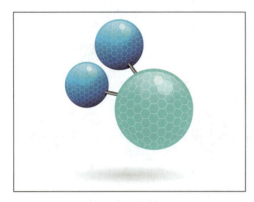
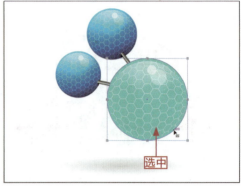

图 3-59 打开素材图形　　　　　图 3-60 选中图形对象

步骤 03 展开"渐变"面板,在"类型"选项区中单击"径向渐变"按钮 ,如图3-61所示。
步骤 04 双击渐变条左侧的渐变滑块 ,在弹出的面板中设置R、G、B参数值分别为255、50、195,如图3-62所示。

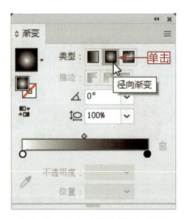
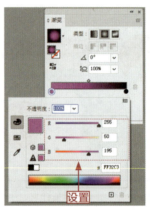

图 3-61 单击"径向渐变"按钮　　　图 3-62 设置 RGB 参数值

专家指点

在"渐变"面板下方,还可以设置渐变滑块 的"不透明度",以及该滑块在渐变条上的位置,从而改变图形的渐变填充效果。

步骤 05 双击渐变条右侧的渐变滑块 ,在弹出的面板中设置R、G、B参数值分别为36、16、15,如图3-63所示。
步骤 06 选取工具箱中的渐变工具 ,如图3-64所示。
步骤 07 在所选图形上,按住鼠标左键从左上方向右下方拖曳,如图3-65所示。
步骤 08 至合适位置后,释放鼠标左键,即可填充径向渐变效果,如图3-66所示。

图 3-63 设置 RGB 参数值

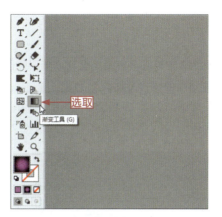
图 3-64 选取渐变工具

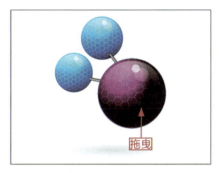
图 3-65 拖曳鼠标

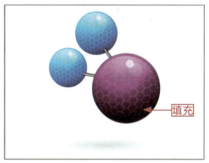
图 3-66 填充径向渐变效果

专家指点

"渐变"面板中包含以下 3 种渐变类型。
- 线性渐变：使颜色从一点到另一点进行直线形混合。
- 径向渐变：使颜色从一点到另一点进行环形混合。
- 任意形状渐变：可在某个形状内使色标形成逐渐过渡的混合，可以是有序混合，也可以是随意混合，以便使混合看起来平滑、自然。

需要注意的是，线性渐变和径向渐变可应用于图形对象的填色和描边，而任意形状渐变则只能应用于对象的填色。

3.3　创建与排序图层对象

图层的概念是指像一叠含有不同图形或图像的透明纸，相互按照一定的顺序叠放在一起，最终形成一幅图形或图像。在 AI 中进行论文绘图的过程中，图层的作用十分重要，可以将创建或编辑的不同图形通过图层进行管理，方便对图形进行编辑，也可以通过图层绘制更加丰富的论文插图效果。本节主要介绍创建与排序图层对象的操作方法。

3.3.1 创建基本图层

AI 中的图层操作与管理主要是通过"图层"面板实现的，下面介绍创建基本图层对象的操作方法。

步骤 01 选择"文件"|"打开"选项，打开一幅素材图形，如图 3-67 所示。

步骤 02 选择"窗口"|"图层"选项，或按 F7 键，即可展开"图层"面板，如图 3-68 所示。

图 3-67　打开素材图形　　　　　图 3-68　展开"图层"面板

步骤 03 将鼠标指针移至面板下方的"创建新图层"按钮上，如图 3-69 所示。单击鼠标即可创建一个新的图层，系统默认的名称为"图层 2"，如图 3-70 所示。

图 3-69　移动鼠标指针　　　　　图 3-70　创建图层

专家指点

在创建新图层时，若按住 Ctrl 键的同时单击"创建新图层"按钮，可以在所有图层的上方新建一个图层；若按住 Alt + Ctrl 组合键的同时单击"创建新图层"按钮，则可以在所选择的图层下方新建一个图层。

3.3.2 复制图层对象

在绘制图形的过程中，如果需要两个一模一样的图形对象，可以通过复制图层的操作达到获取图形的目的。下面介绍复制图层对象的操作方法。

步骤 01 选择"文件"|"打开"选项,打开一幅素材图形,如图 3-71 所示。

步骤 02 选择"窗口"|"图层"选项,展开"图层"面板,如图 3-72 所示。

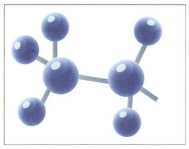

图 3-71　打开素材图形　　　　　图 3-72　展开"图层"面板

步骤 03 选中"图层 2"图层,单击面板右上角的 ≡ 按钮,在弹出的面板菜单中选择"复制'图层 2'"选项,"图层"面板中即可显示复制的图层,如图 3-73 所示。

步骤 04 使用选择工具 ▶ 选中所复制的图形,对其进行适当旋转,并调整其位置,效果如图 3-74 所示。

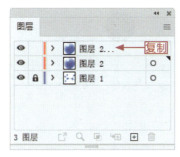
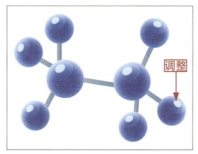

图 3-73　复制图层　　　　　　　图 3-74　调整图形

专家指点

使用"图层"面板复制图层时,可以将原图层中的所有子图层毫无保留地复制到新的图层中。

扫码看视频

3.3.3　调整图层顺序

"图层"面板中的图层是按照一定的顺序进行排列的,图层排列的顺序不同,在图形编辑窗口中所产生的效果也不同。因此,在绘制或编辑图形对象时,经常需要移动图层,按需要调整其排列顺序。下面介绍调整图层顺序的操作方法。

步骤 01 选择"文件"|"打开"选项,打开一幅素材图形,如图 3-75 所示。

步骤 02 展开"图层"面板,选择"图层 2"图层,如图 3-76 所示。

步骤 03 按住鼠标左键并向上拖曳,当拖曳至所需要的位置后,释放鼠标左键,即可调整当前所选图层的排列顺序,如图 3-77 所示。

步骤 04 同时,图形编辑窗口中的图像效果也会随之改变,如图 3-78 所示。

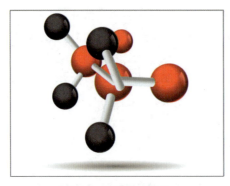

图 3-75　打开素材图形　　　　　图 3-76　选择"图层 2"图层

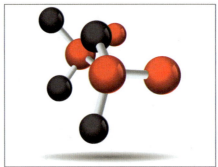

图 3-77　调整图层的排列顺序　　　图 3-78　图像效果

3.4　创建蒙版与文字效果

蒙版的英文是 mask（面具），它的工作原理与面具一样，可以把不想看到的地方遮挡起来，只透过蒙版的形状显示想要看到的部分。更准确地说，使用蒙版可以裁切图形中的部分线稿，从而只有一部分线稿可以透过创建的一个或者多个形状进行显示。

虽然 AI 是一款图形软件，但它的文本操作功能同样非常强大，提供了多种文本工具，使用这些文字输入工具，不仅可以按常规的书写方法输入文本，还可以将文本限制在一个区域内。

本节主要介绍创建剪切蒙版、文本对象与图形样式的操作方法。

3.4.1　创建剪切蒙版

蒙版可以用线条、几何形状及位图图像来创建，也可以通过复合图层和文字来创建。在 Illustrator 中，可通过选择"对象"|"剪切蒙版"|"建立"选项，对图形进行遮挡，从而达到创建蒙版的效果。下面介绍创建剪切蒙版的操作方法。

扫码看视频

步骤 01　选择"文件"|"打开"选项，打开一幅素材图形，可以看到背景图像的大小已经超出了画板，如图 3-79 所示。

步骤 02 运用矩形工具 ▭ 在图形编辑窗口中绘制一个与画板同样大小的矩形,如图3-80所示。

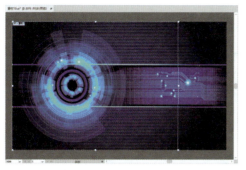
图 3-79 打开素材图形

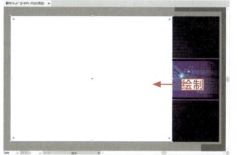
图 3-80 绘制矩形

专家指点

选中图形编辑窗口中的所有图形,展开"透明度"面板,单击面板右上角的 ≡ 按钮,在打开的面板菜单中选择"新建不透明蒙版为剪切蒙版"选项,再次单击面板右上角的 ≡ 按钮,在面板菜单中选择"建立不透明蒙版"选项,即可为图像创建不透明蒙版。

若想创建的不透明蒙版达到良好的图像效果,为所绘制的图形填充为黑白色是最佳选择。若图形的颜色为黑色,则图像呈完全透明状态;若图形的颜色为白色,则图像呈半透明状态。图形的灰色度越高,图像越透明。

步骤 03 ❶同时选中背景图像和矩形,单击鼠标右键;❷在弹出的快捷菜单中选择"建立剪切蒙版"选项,如图 3-81 所示。

步骤 04 执行操作后,即可创建剪切蒙版,并将背景图像裁剪为与画板一样的尺寸,效果如图 3-82 所示。

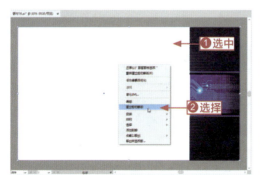
图 3-81 选择"建立剪切蒙版"选项

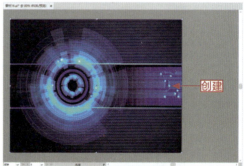
图 3-82 创建剪切蒙版效果

专家指点

若对创建的蒙版位置不满意,首先可使用直接选择工具 ▷ 选择该蒙版,然后将其拖曳至所需的位置即可,而且其下方的对象不会发生变化。

3.4.2 创建横排文本对象

使用工具箱中的文字工具 T 可以在图形编辑窗口中直接输入所需要的文字内容。下面介绍创建横排文本对象的操作方法。

扫码看视频

步骤 01 选择"文件"|"打开"选项,打开一幅素材图形,如图3-83所示。

步骤 02 选取工具箱中的文字工具 T,将鼠标指针移至图形编辑窗口中,此时鼠标指针呈 形状,如图3-84所示。

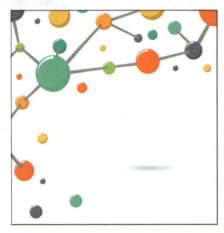

图 3-83 打开素材图形

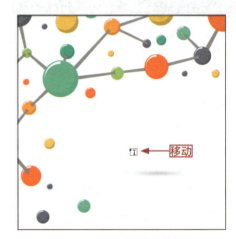

图 3-84 移动鼠标指针

步骤 03 在合适位置单击鼠标左键,确认文字的插入点,如图3-85所示。

步骤 04 插入点呈闪烁的光标状态时,在"属性"面板中设置"填色"为深灰色(R、G、B 参数值均为 51)、"字体系列"为 Times New Roman、"字体大小"为 18pt、"段落"为"居中对齐" ,如图3-86所示。

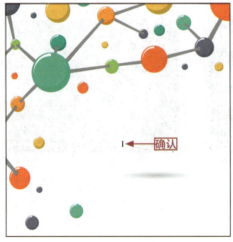

图 3-85 确认文字插入点

图 3-86 设置文字属性

步骤 05 选择一种输入法,输入相应的文字,如图3-87所示。

步骤 06 选中上方的文字,设置"字体大小"为60pt,调整标题文字的尺寸,效果如图3-88所示。

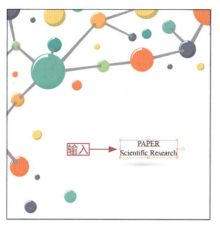

图 3-87　输入相应的文字　　　　　　图 3-88　调整标题文字的尺寸

3.4.3　使用图形样式库

图形样式库是一组预设图形样式的集合，若要打开一个图形样式库，可选择"窗口"|"图形样式库"选项，在其子菜单中选择该样式库，即可将该样式输入当前"图形样式"窗口中。下面介绍使用图形样式库的操作方法。

扫码看视频

步骤 01　选择"文件"|"打开"选项，打开一幅素材图形，如图 3-89 所示。

步骤 02　运用选择工具 ▶ 选中文字对象，如图 3-90 所示。

图 3-89　打开素材图形　　　　　　　图 3-90　选中文字

步骤 03　在"图形样式"面板下方，❶单击"图形样式库菜单"按钮 ，在弹出的列表框中选择"3D 效果"选项，调出"3D 效果"面板；❷在其中选择"3D 效果 8"图形样式，如图 3-91 所示。

步骤 04　执行操作后，即可将该图形样式应用于文字中，效果如图 3-92 所示。

专家指点

无论是开放路径、闭合路径、单个图形还是编组图形，都可以应用"3D 效果"面板中的图形样式，应用 3D 效果后的图形原路径不会改变，只是其效果以 3D 的样式进行了展现。若原图形的颜色与 3D 效果的图形样式有所差别，则某些图形原有的外观属性仍会显示于图形编辑窗口中。

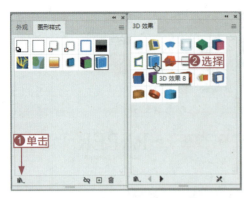
图 3-91　选择相应图形样式

图 3-92　应用图形样式效果

3.5　制作常见的图形特效

AI 的"效果"菜单中包含了多种图形特效，应用不同的功能选项，可以制作风格各异的论文插图效果。本节主要介绍制作常见的图形特效的操作方法。

3.5.1　添加"变形"特效

AI 具有图形变形的功能，在当前图形编辑窗口中选择一个矢量图形，选择"效果"｜"变形"｜"弧形"选项，弹出"变形选项"对话框，如图 3-93 所示。

扫码看视频

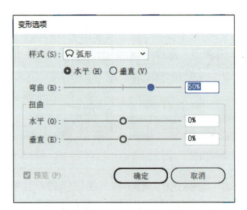

图 3-93　"变形选项"对话框

"变形选项"对话框中的主要选项含义如下。

- 样式：单击其右侧的下拉按钮 ，可在弹出的列表框中选择预设的图形变形效果。
- 弯曲：用于设置图形的弯曲程度。数值越大，弯曲的程度也越大。
- 水平：用于设置图形在水平方向扭曲的程度。数值越大，图形在水平方向上扭曲的程度越大。
- 垂直：用于设置图形在垂直方向扭曲的程度。数值越大，图形在垂直方向上扭曲的程度越大。

运用"变形选项"对话框中"样式"列表框中的部分选项对图形进行变形后的效果如图3-94所示。

图 3-94　图形使用不同变形样式后的效果

下面以"变形"菜单下的"鱼形"为例，介绍为图形制作"鱼形"变形的效果，具体操作方法如下。

步骤 01　选择"文件"|"打开"选项，打开一幅素材图形，如图3-95所示。

步骤 02　运用选择工具▶选中相应图形对象，如图3-96所示。

图 3-95　打开素材图形

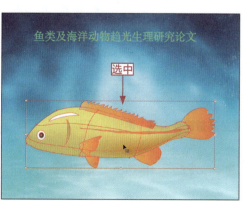

图 3-96　选中相应图形对象

步骤 03 选择"效果"|"变形"|"鱼形"选项,弹出"变形选项"对话框,设置"弯曲"为 40%、"水平"为 10%、"垂直"为 0,如图 3-97 所示。

步骤 04 单击"确定"按钮,即可将设置的"鱼形"效果应用于图形中,如图 3-98 所示。

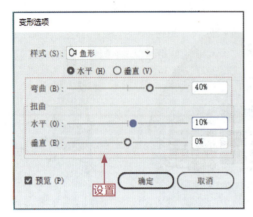 

图 3-97 设置"鱼形"参数　　　　图 3-98 应用"鱼形"效果

3.5.2 添加"模糊"特效

使用"模糊"滤镜组中的滤镜可以对图形进行模糊处理,从而去除图形中的杂色,使图形变得较为柔和平滑,或者通过该选项还可以突出图形中的某一部分。下面介绍添加"模糊"特效的操作方法。

步骤 01 选择"文件"|"打开"选项,打开一幅素材图形,如图 3-99 所示。

步骤 02 运用选择工具 ▶ 选中相应图形对象,如图 3-100 所示。

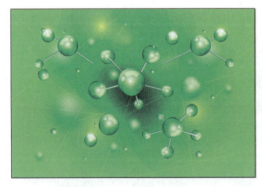 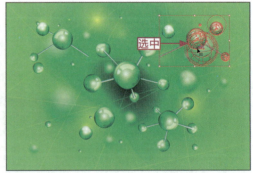

图 3-99 打开素材图形　　　　图 3-100 选中相应图形对象

步骤 03 选择"效果"|"模糊"|"高斯模糊"选项,弹出"高斯模糊"对话框,设置"半径"为 20 像素,如图 3-101 所示。

步骤 04 单击"确定"按钮,即可将所选图形对象变模糊,效果如图 3-102 所示。

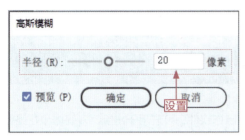
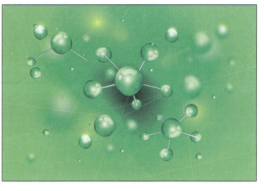

图 3-101 设置"半径"参数　　　　图 3-102 应用"高斯模糊"效果

专家指点

　　运用"高斯模糊"效果可以快速模糊图形或图像，此效果将移去图形或图像中高频出现的细节，并产生一种朦胧的效果。其中，"半径"参数越大，模糊效果越明显。

实战案例——AI 科研论文绘图设计 | 第 4 章

AI 是由 Adobe 公司推出的一款基于矢量图形的制作软件，可应用于出版、多媒体和在线图像的工业标准矢量插画绘制，同时也可以为线稿提供较高的精度和控制。同时，AI 在科研绘图领域中的使用频率也非常高，适用于各种科研论文、课题 / 成果等较高水准插图的绘制。本章主要介绍使用 AI 进行科研论文绘图设计的操作技巧。

本章重点

- 科研论文绘图设计 1：立体 DNA
- 科研论文绘图设计 2：线粒体
- 科研论文绘图设计 3：内吞作用

4.1 科研论文绘图设计 1：立体 DNA

DNA（DeoxyriboNucleic Acid）通常指脱氧核糖核酸，是生物体发育和正常运作必不可少的生物大分子，外形通常为双螺旋结构。本节主要介绍使用 AI 绘制立体 DNA 图形的操作方法，最终效果如图 4-1 所示。

扫码看视频

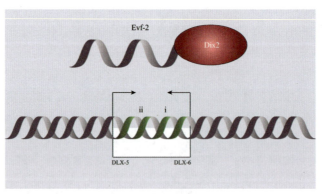

图 4-1　立体 DNA

4.1.1 绘制波浪线效果

下面主要运用直线段工具 ╱ 和"波纹效果"绘制波浪线效果，作为立体 DNA 图形的基本线条元素，具体操作方法如下。

步骤 01 启动 AI 软件，在欢迎界面中单击"新建"按钮，如图 4-2 所示。

步骤 02 弹出"新建文档"对话框，在"图稿和插图"下拉列表框中选择一种预设模板（1920×1080），如图 4-3 所示。

图 4-2 单击"新建"按钮

图 4-3 选择一种预设模板

步骤 03 单击"创建"按钮，即可新建一个相应大小的空白文档，如图 4-4 所示。

步骤 04 选取工具箱中的直线段工具，在图形编辑窗口绘制一个直线形状，如图 4-5 所示。

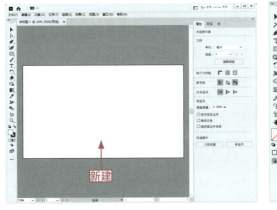

图 4-4 新建空白文档

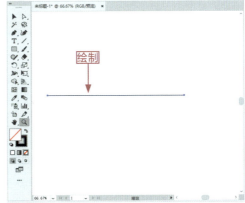

图 4-5 绘制一个直线形状

步骤 05 在"属性"面板的"变换"选项区中，设置"宽"为 100mm，调整直线的长度，效果如图 4-6 所示。

步骤 06 在"属性"面板的"外观"选项区中，设置描边宽度为 2pt，方便操作时进行预览，效果如图 4-7 所示。

步骤 07 在菜单栏中选择"效果"|"扭曲和变换"|"波纹效果"选项，如图 4-8 所示。

步骤 08 弹出"波纹效果"对话框，❶设置"大小"参数为最大值、"每段的隆起数"参数为最小值；❷选中"平滑"单选按钮，如图 4-9 所示。

步骤 09 单击"确定"按钮，即可添加波纹效果，如图 4-10 所示。

步骤 10 选择"窗口"|"描边"选项，弹出"描边"面板，在"端点"选项区中单击"圆头端点"按钮，将平头端点改成圆头端点，如图 4-11 所示。

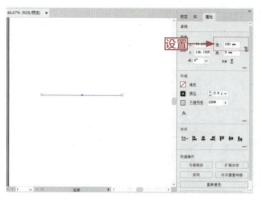

图 4-6 调整直线的长度

图 4-7 设置描边宽度效果

图 4-8 选择"波纹效果"选项

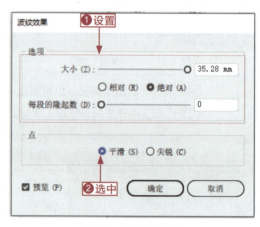

图 4-9 设置相关参数

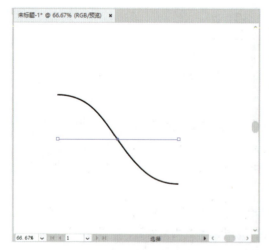

图 4-10 添加波纹效果

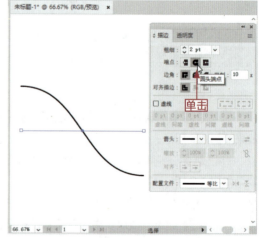

图 4-11 单击"圆头端点"按钮

步骤 11 调出变换控制框，适当调整图形的宽度，效果如图 4-12 所示。

步骤 12 按住 Alt 键的同时单击直线形状，按住鼠标左键的同时向右拖曳，即可复制直线形状，如图 4-13 所示。

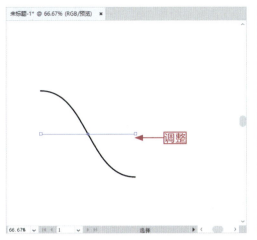
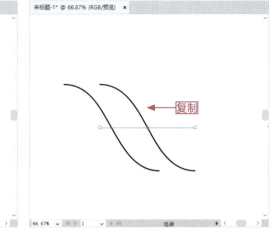

图 4-12　调整图形的宽度　　　　　　图 4-13　复制直线形状

4.1.2　绘制柳叶图形

下面主要运用"连接"功能连接两根波浪线的端点，绘制一个柳叶图形，同时运用渐变工具 ■ 填充渐变色，具体操作方法如下。

步骤 01　在图形编辑窗口中同时选中两根波浪线，如图 4-14 所示。

步骤 02　单击鼠标右键，在弹出的快捷菜单中选择"连接"选项，如图 4-15 所示。

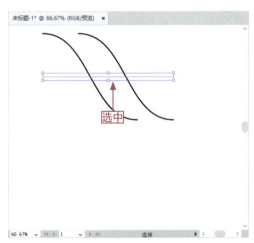

图 4-14　同时选中两根波浪线　　　　　　图 4-15　选择"连接"选项

步骤 03　执行操作后，即可连接两根波浪线上方的端点，效果如图 4-16 所示。

步骤 04　使用相同的操作方法，连接两根波浪线下方的端点，效果如图 4-17 所示。

步骤 05　在菜单栏中选择"对象"|"扩展外观"选项，如图 4-18 所示。

步骤 06　执行操作后，即可绘制一个柳叶图形效果，如图 4-19 所示。

步骤 07　选取工具箱中的渐变工具 ■，在"属性"面板的"渐变"选项区中单击"线性渐变"按钮 ■，如图 4-20 所示。

步骤 08　选择"窗口"|"渐变"选项，弹出"渐变"面板，在渐变条上使用鼠标左键双

击右侧的渐变滑块◉，如图 4-21 所示。

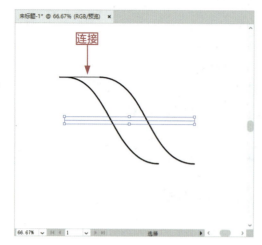

图 4-16　连接两根波浪线上方的端点

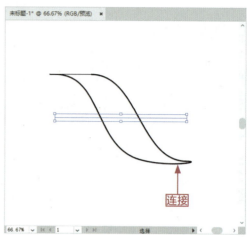

图 4-17　连接两根波浪线下方的端点

图 4-18　选择"扩展外观"选项

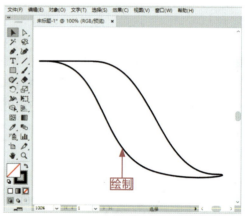

图 4-19　绘制柳叶图形效果

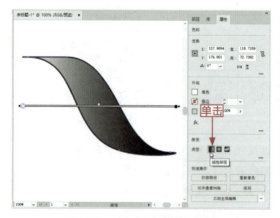

图 4-20　单击"线性渐变"按钮

图 4-21　双击右侧的渐变滑块

步骤 09　在弹出的面板中设置 R、G、B 参数值分别为 95、88、99，如图 4-22 所示。

步骤 10　执行操作后，即可改变渐变效果，如图 4-23 所示。

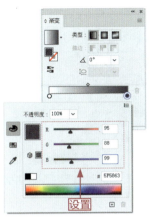
图 4-22 设置 R、G、B 参数值

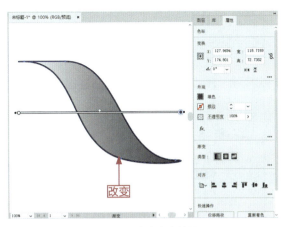
图 4-23 改变渐变效果

4.1.3 绘制 DNA 单链

下面主要运用"镜像"复制和 Ctrl + D 自动复制功能,绘制立体 DNA 的单链效果,具体操作方法如下。

步骤 01 在"属性"面板中,设置柳叶图形的"描边"为"无",效果如图 4-24 所示。

步骤 02 在柳叶图形上单击鼠标右键,在弹出的快捷菜单中选择"变换"|"镜像"选项,如图 4-25 所示。

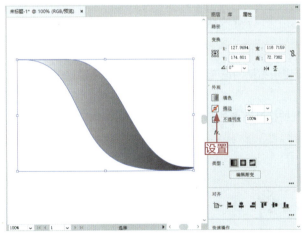
图 4-24 删除描边效果

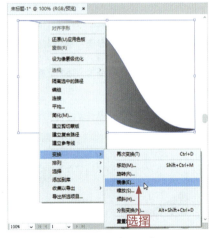
图 4-25 选择"镜像"选项

步骤 03 在弹出的"镜像"对话框中单击"复制"按钮,如图 4-26 所示。

步骤 04 执行操作后,即可镜像复制一个柳叶图形,效果如图 4-27 所示。

步骤 05 在"属性"面板的"渐变"选项区中单击"编辑渐变"按钮,如图 4-28 所示。

步骤 06 在"属性"面板的"渐变"选项区中单击"打开渐变弹出菜单"按钮,如图 4-29 所示。

图 4-26　单击"复制"按钮

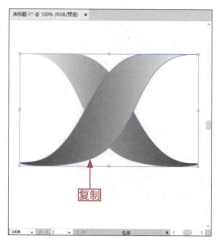
图 4-27　镜像复制一个柳叶图形

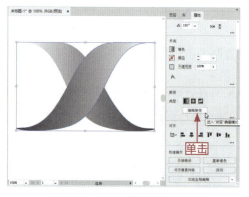
图 4-28　单击"编辑渐变"按钮

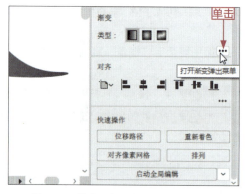
图 4-29　单击"打开渐变弹出菜单"按钮

步骤 07 弹出渐变编辑面板,拖曳渐变条右侧的渐变滑块 ,适当调整其位置（20% 左右）,如图 4-30 所示。

步骤 08 执行操作后,即可改变复制的柳叶图形的渐变填充效果,如图 4-31 所示。

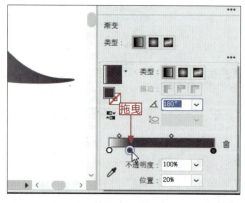
图 4-30　拖曳渐变滑块

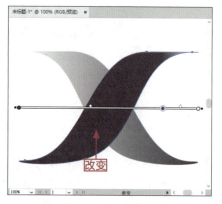
图 4-31　改变渐变填充效果

步骤 09 运用选择工具 拖曳柳叶图形,适当调整其位置,如图 4-32 所示。

步骤 10 同时选中两个柳叶图形,对其进行复制并调整位置,如图 4-33 所示。

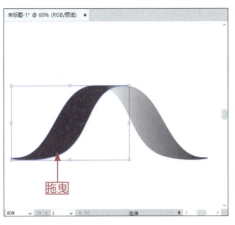
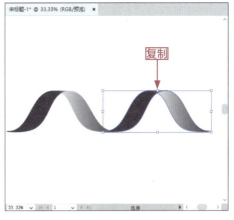

图 4-32　调整柳叶图形的位置　　　　图 4-33　复制两个柳叶图形

步骤 11 按 Ctrl + D 组合键重复上一步操作，即可自动复制并移动相应图形，效果如图 4-34 所示。

步骤 12 同时选中所有的图形，适当调整其大小和位置，即可完成一条 DNA 链条的绘制，效果如图 4-35 所示。

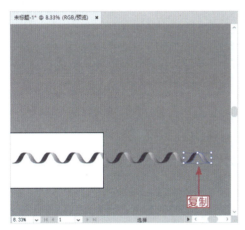
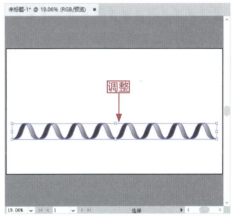

图 4-34　自动复制并移动相应图形　　　　图 4-35　调整其大小和位置

4.1.4　绘制 DNA 双链

下面主要运用魔棒工具 快速选中所有填充颜色相同的图形元素，然后调整其排列顺序，制作 DNA 双螺旋嵌套效果，具体操作方法如下。

步骤 01 在选择的图形上单击鼠标右键，在弹出的快捷菜单中选择"编组"选项，如图 4-36 所示。

步骤 02 执行操作后，即可对所选图形进行编组，如图 4-37 所示。

步骤 03 复制编组后的图形，并调整其位置，与原图形的位置适当错开一下，效果如图 4-38 所示。

步骤 04 ❶同时选中窗口中的所有图形，单击鼠标右键；❷在弹出的快捷菜单中选择"取消编组"选项，如图 4-39 所示。

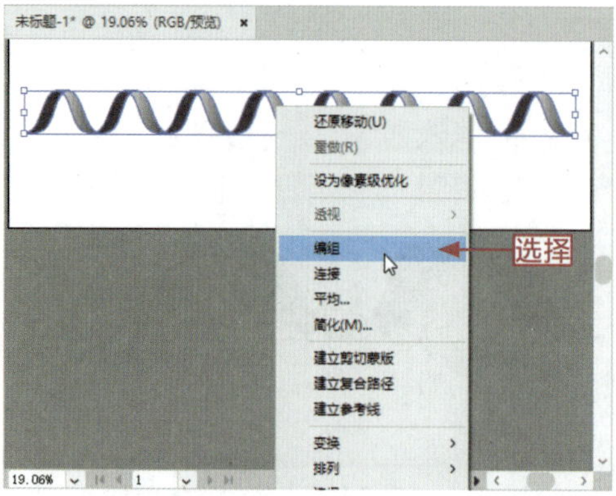

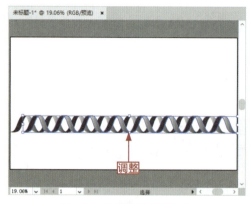

图4-36 选择"编组"选项

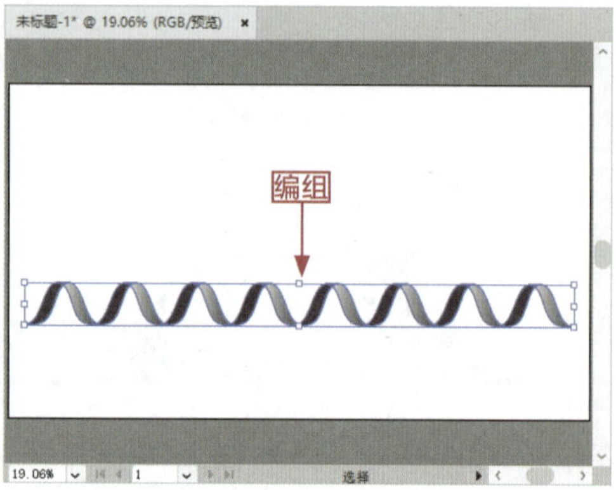

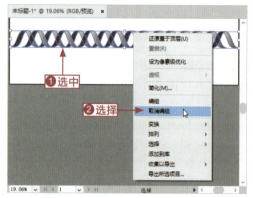

图4-37 对所选图形进行编组

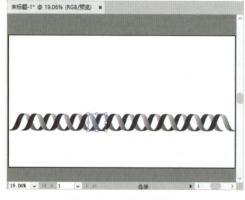

图4-38 复制编组后的图形

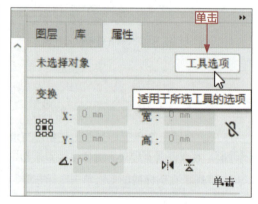

图4-39 选择"取消编组"选项

步骤 05 执行操作后,即可取消图形编组,如图4-40所示。

步骤 06 选取工具箱中的魔棒工具,在"属性"面板中单击"工具选项"按钮,如图4-41所示。

图4-40 取消图形编组

图4-41 单击"工具选项"按钮

步骤 07 弹出"魔棒"面板,选中"填充颜色"复选框,如图4-42所示。

步骤 08 运用魔棒工具单击深色的柳叶图形,如图4-43所示。

图 4-42 选中"填充颜色"复选框

图 4-43 单击深色的柳叶图形

专家指点

使用魔棒工具 可以通过单击对象的方式选择具有相同的填充颜色、描边粗细、描边颜色、不透明度或混合模式的对象。

步骤 09 执行操作后,即可同时选中所有的深色柳叶图形元素,如图 4-44 所示。

步骤 10 在选择的图形上单击鼠标右键,在弹出的快捷菜单中选择"排列"|"置于顶层"选项,如图 4-45 所示。

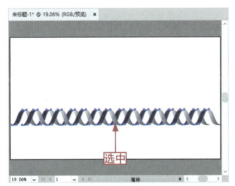

图 4-44 同时选中所有的深色柳叶图形元素   图 4-45 选择"置于顶层"选项

步骤 11 执行操作后,即可将所有深色的柳叶图形置于顶层显示,效果如图 4-46 所示。

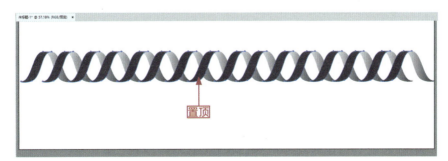

图 4-46 将所有深色的柳叶图形置于顶层显示

4.1.5 突出 DNA 链条

下面主要运用选择工具 ▶ 选中 DNA 链条中的部分图形，并修改其渐变颜色，达到突出显示的效果，最后为其添加背景和文字标注，具体操作方法如下。

步骤 01 按住 Shift 键的同时运用选择工具 ▶ 单击中间的相应图形，同时选中多个图形，如图 4-47 所示。

步骤 02 ❶在"属性"面板的"外观"选项区中单击"填色"按钮；❷在弹出的面板中单击"渐变选项"按钮，如图 4-48 所示。

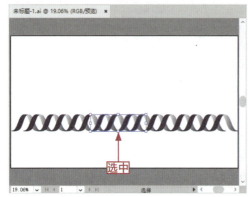

图 4-47　同时选中多个图形

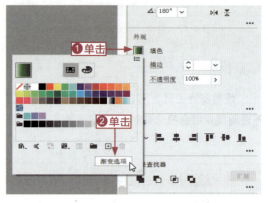

图 4-48　单击"渐变选项"按钮

步骤 03 设置右侧渐变滑块 ◉ 的 R、G、B 参数值分别为 59、127、0，如图 4-49 所示。

步骤 04 设置右侧的渐变滑块 ◉ 的"位置"为 35%，如图 4-50 所示。

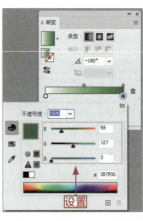
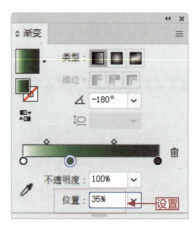

图 4-49　设置 RGB 参数值　　图 4-50　设置渐变滑块的"位置"

步骤 05 执行操作后，即可改变相应图形的渐变填充颜色，效果如图 4-51 所示。

步骤 06 同时选中所有的图形对象，按 Ctrl + G 组合键进行编组，如图 4-52 所示。

步骤 07 ❶新建"图层 2"图层；❷运用矩形工具 ▭ 绘制一个与画布大小相同的矩形形状，如图 4-53 所示。

步骤 08 在"外观"面板中，设置矩形形状的"填色"为灰色（R、G、B 参数值分别为 235、233、245）、"描边"为"无"，效果如图 4-54 所示。

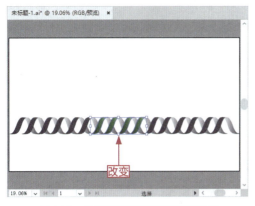

图 4-51 改变相应图形的渐变填充颜色

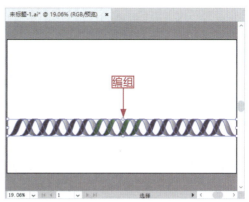

图 4-52 对所有的图形对象进行编组

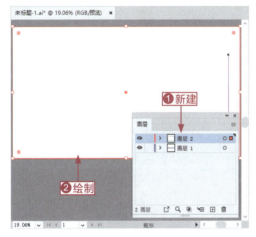

图 4-53 绘制矩形形状

图 4-54 调整矩形形状的外观效果

步骤 09 在"图层"面板中,将"图层 2"图层拖曳至"图层 1"图层的下方,改变图形的排列顺序,效果如图 4-55 所示。

步骤 10 选择"文件"|"打开"选项,打开"标注 1.ai"素材文件,运用选择工具 ▶ 将其拖曳至背景图形编辑窗口中的合适位置处,效果如图 4-56 所示。

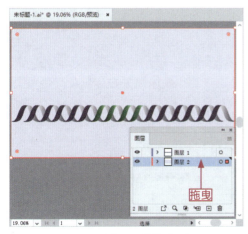

图 4-55 改变图形的排列顺序

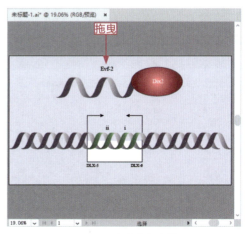

图 4-56 添加文字标注效果

4.2 科研论文绘图设计 2：线粒体

线粒体（mitochondrion）是细胞中制造能量的结构和进行有氧呼吸的主要场所，其外形通常呈圆球状或短棒状。本节主要介绍使用 AI 绘制线粒体图形的操作方法，最终效果如图 4-57 所示。

扫码看视频

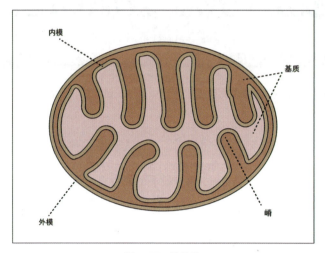

图 4-57　线粒体

4.2.1 绘制线粒体轮廓

下面主要运用椭圆工具 ◯ 绘制线粒体的主体轮廓效果，并为图形设置相应的填充颜色，具体操作方法如下。

步骤 01　启动 AI 软件，选择"文件"|"新建"选项，如图 4-58 所示。

步骤 02　弹出"新建文档"对话框，在"图稿和插图"下拉列表框中选择一种预设模板（800×600），如图 4-59 所示。

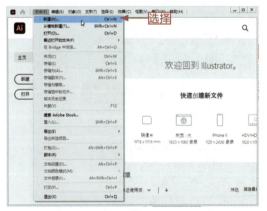

图 4-58　选择"新建"选项

图 4-59　选择一种预设模板

步骤 03　单击"创建"按钮，即可新建一个相应大小的空白文档，如图 4-60 所示。

步骤 04 选取工具箱中的椭圆工具◎，在图形编辑窗口中单击鼠标，弹出"椭圆"对话框，设置"宽度"为210mm、"高度"为150mm，如图4-61所示。

图4-60　新建空白文档　　　　　　　　图4-61　设置"宽度"和"高度"参数

步骤 05 单击"确定"按钮，即可绘制一个椭圆图形，并将其调整至画面的正中央，如图4-62所示。

步骤 06 在"属性"面板的"外观"选项区中，设置"填色"的R、G、B参数值分别为209、150、108，如图4-63所示。

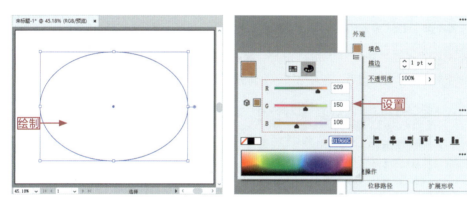

图4-62　绘制一个椭圆图形　　　　　　图4-63　设置"填色"的RGB参数值

步骤 07 执行操作后，即可设置椭圆图形的填充颜色，效果如图4-64所示。

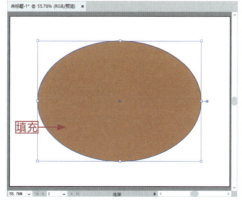

图4-64　设置椭圆图形的填充颜色

4.2.2 添加双描边修改

下面主要运用"外观"面板的"添加新描边"功能,为椭圆图形添加双描边效果,具体操作方法如下。

步骤 01 在"属性"面板的"外观"选项区中,设置"描边"的R、G、B参数值分别为219、190、150,如图4-65所示。

步骤 02 在"属性"面板的"外观"选项区中,设置描边宽度为8pt,为椭圆图形添加描边效果,如图4-66所示。

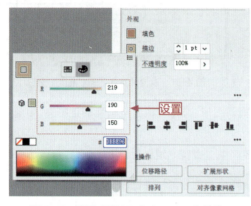

图4-65 设置"描边"的R、G、B参数值　　图4-66 添加描边效果

步骤 03 选择"窗口"|"外观"选项,弹出"外观"面板,单击"添加新描边"按钮,如图4-67所示。执行操作后,即可添加一个新的"描边"属性,如图4-68所示。

 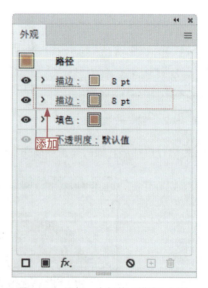

图4-67 单击"添加新描边"按钮　　图4-68 添加一个新的"描边"属性

步骤 04 设置新添加的"描边"颜色为黑色(R、G、B参数值均为0)、"描边粗细"为11pt,如图4-69所示。执行操作后,即可为椭圆图形添加双描边效果,如图4-70所示。

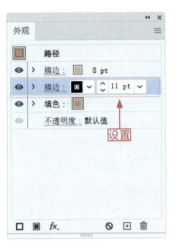
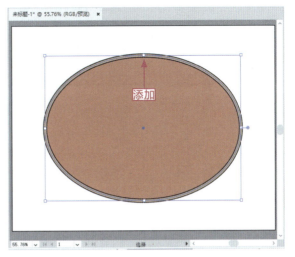

图 4-69　设置"描边"选项　　　　　图 4-70　添加双描边效果

4.2.3　绘制线粒体内膜

下面主要运用"图形样式"选项和"偏移路径"选项,等比例缩小并复制椭圆图形,同时修改其填充颜色,绘制线粒体的内膜效果,具体操作方法如下。

步骤 01 选择"窗口"|"图形样式"选项,弹出"图形样式"面板,单击"新建图形样式"按钮 ,如图 4-71 所示。执行操作后,即可新建一个图形样式,如图 4-72 所示。

图 4-71　单击"新建图形样式"按钮　　　　图 4-72　新建一个图形样式

步骤 02 在菜单栏中选择"对象"|"路径"|"偏移路径"选项,如图 4-73 所示。
步骤 03 在弹出的"偏移路径"对话框中设置"位移"为 -8mm,如图 4-74 所示。
步骤 04 单击"确定"按钮,即可等比例缩小并复制椭圆图形,效果如图 4-75 所示。
步骤 05 在"属性"面板的"外观"选项区中,设置"填色"的 R、G、B 参数值分别为 238、208、210,修改内部椭圆图形的填充颜色,效果如图 4-76 所示。

119

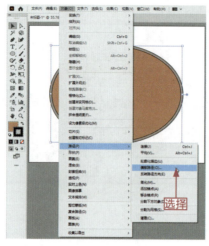
图 4-73 选择"偏移路径"选项

图 4-74 设置"位移"参数

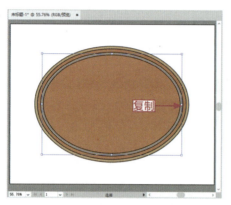
图 4-75 等比例缩小并复制椭圆图形

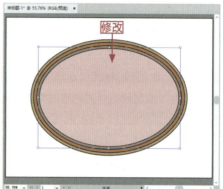
图 4-76 修改椭圆图形的填充颜色

4.2.4 绘制线粒体的嵴

下面主要运用橡皮擦工具 ◆ 绘制线粒体中的嵴结构，具体操作方法如下。

步骤 01 选取工具箱中的橡皮擦工具 ◆，在"属性"面板中单击"工具选项"按钮，如图 4-77 所示。

步骤 02 在弹出的"橡皮擦工具选项"对话框中设置"大小"为 50pt，如图 4-78 所示。

图 4-77 单击"工具选项"按钮

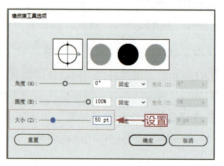
图 4-78 设置"大小"参数

步骤 03 单击"确定"按钮,运用选择工具▶选择内部的椭圆图形,如图4-79所示。

步骤 04 运用橡皮擦工具◆从椭圆图形的边缘处向内部涂抹,如图4-80所示。

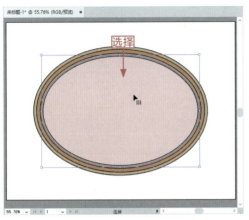 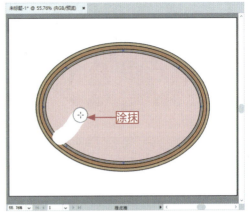

图4-79 选择内部的椭圆形　　　　　图4-80 涂抹椭圆图形

步骤 05 执行操作后,即可绘制一条嵴,效果如图4-81所示。

步骤 06 使用相同的操作方法绘制其他的嵴,效果如图4-82所示。

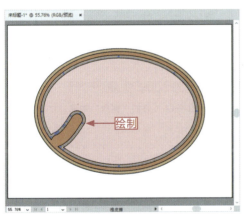 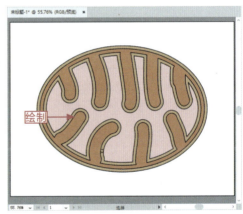

图4-81 绘制一条嵴　　　　　　　　图4-82 绘制其他的嵴

4.2.5 修饰线粒体的嵴

由于嵴结构上的端点位置比较生硬,下面使用"圆角"选项和平滑工具✏对其进行调整,使嵴变得更加平滑一些,具体操作方法如下。

步骤 01 运用选择工具▶选择线粒体内部的图形,如图4-83所示。

步骤 02 在菜单栏中选择"效果"|"风格化"|"圆角"选项,如图4-84所示。

步骤 03 在弹出的"圆角"对话框中设置"半径"为18mm,如图4-85所示。

步骤 04 单击"确定"按钮,即可添加"圆角"效果,让嵴结构上的端点变得更加圆润,如图4-86所示。

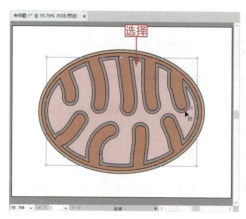

图 4-83 选择线粒体内部的图形

图 4-84 选择"圆角"选项

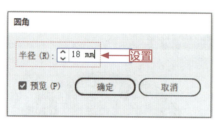

图 4-85 设置"半径"参数

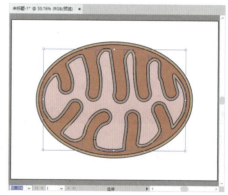

图 4-86 添加"圆角"效果

专家指点

使用"圆角"选项可以调整圆角半径，让图形中的直角变成圆角效果，其快捷键为 Ctrl + Shift + R。

步骤 05 选取工具箱中的平滑工具 ，如图 4-87 所示。在嵴结构的端点上按住鼠标左键并拖曳，如图 4-88 所示。

图 4-87 选取平滑工具

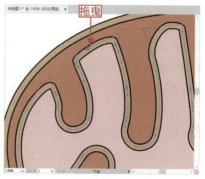

图 4-88 按住鼠标左键并拖曳

专家指点

使用平滑工具 ✏ 可以将生硬的线条变得更平滑且有弧度。使用鼠标双击工具箱中的平滑工具图标 ✏，可以弹出"平滑工具选项"对话框，在其中可以对"保真度"选项进行调整。

步骤 06 执行操作后，即可让端点变得更加平滑，效果如图 4-89 所示。

步骤 07 使用相同的操作方法修饰其他的嵴端点，效果如图 4-90 所示。

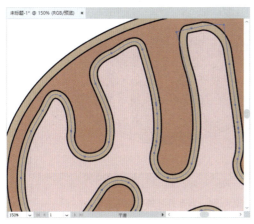
图 4-89 让端点变得更加平滑

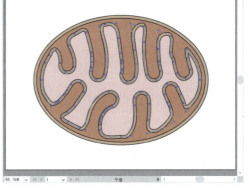
图 4-90 修饰其他的嵴端点

4.2.6 添加文字和标注

下面主要运用直线段工具 ／和文字工具 T 为线粒体图形添加文字和标注效果，具体操作方法如下。

步骤 01 运用直线段工具 ／绘制一条直线，如图 4-91 所示。

步骤 02 在"属性"面板中设置"描边"为黑色（R、G、B 参数值均为 0）、描边宽度为 2pt，修改直线的描边效果，如图 4-92 所示。

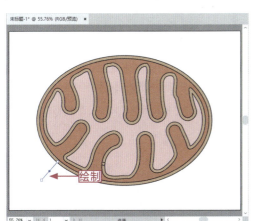
图 4-91 绘制一条直线

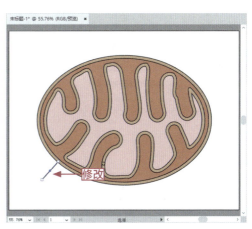
图 4-92 修改描边效果

步骤 03 选择"窗口"|"描边"选项,弹出"描边"面板,❶选中"虚线"复选框;❷设置"虚线"为5pt,如图4-93所示。

步骤 04 执行操作后,即可将直线转换为虚线形态,并适当调整其长度,效果如图4-94所示。

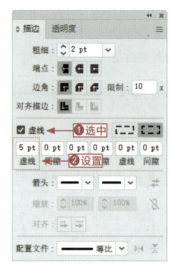 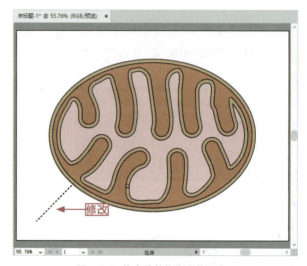

图4-93 设置"虚线"参数　　　　　　　　　图4-94 将直线转换为虚线形态

步骤 05 选取工具箱中的文字工具 T,❶输入相应的文字;❷在"属性"面板中设置"填色"为黑色(R、G、B参数值均为0)、"字体系列"为"黑体"、"字体大小"为20pt,如图4-95所示。

步骤 06 使用相同的操作方法制作其他的文字和直线标注效果,如图4-96所示。

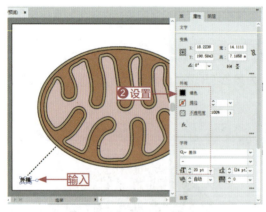 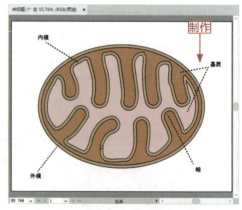

图4-95 输入相应的文字　　　　　　　　　图4-96 制作其他的文字和直线标注效果

4.3　科研论文绘图设计3:内吞作用

扫码看视频

内吞作用(endocytosis)也称为入胞作用或胞吞作用,是通过质膜的变形运动将细胞外物质转入细胞内的过程，是科研论文中经常需要用到的图片。本节主要介绍使用AI绘制内吞作用图形的操作方法，最终效果如图4-97所示。

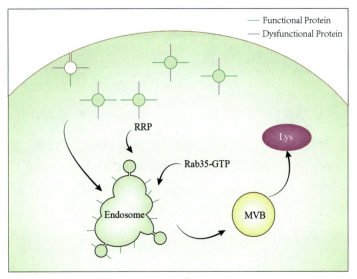

图4-97 内吞作用

4.3.1 绘制囊泡图形

下面主要运用椭圆工具●和直线段工具╱绘制囊泡图形的基本结构，并设置相应的填充和描边颜色，具体操作方法如下。

步骤01 启动AI软件，选择"文件"|"新建"选项，弹出"新建文档"对话框，设置"宽度"为280mm、"高度"为210mm，如图4-98所示。

步骤02 单击"创建"按钮，即可新建一个相应大小的空白文档，如图4-99所示。

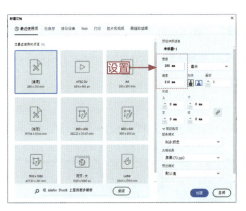

图4-98 设置文档的"宽度"和"高度"参数　　图4-99 新建空白文档

步骤03 选取工具箱中的椭圆工具●，在图形编辑窗口中单击鼠标，弹出"椭圆"对话框，设置"宽度"和"高度"均为10mm，如图4-100所示。

步骤04 单击"确定"按钮，即可绘制一个正圆图形，效果如图4-101所示。

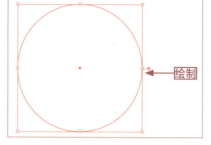

图 4-100 设置"宽度"和"高度"参数　　　图 4-101 绘制一个正圆图形

步骤 05 在"属性"面板的"外观"选项区中设置正圆图形的"描边"为绿色（R、G、B 参数值分别为 57、181、74）、描边宽度为 1pt，效果如图 4-102 所示。

步骤 06 在"属性"面板的"外观"选项区中设置正圆图形的"填色"为浅绿色（R、G、B 参数值分别为 231、255、201），效果如图 4-103 所示。

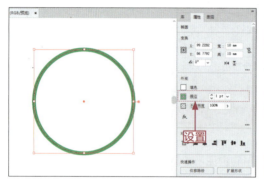
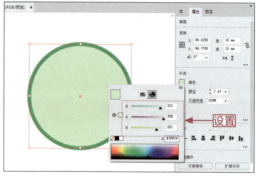

图 4-102 设置"描边"效果　　　　　　　图 4-103 设置"填色"效果

步骤 07 ❶运用直线段工具╱绘制一条直线；❷在"属性"面板中设置"宽"为 10mm、"填色"为"无"、"描边"为绿色（R、G、B 参数值分别为 57、181、74）、描边宽度为 1pt，完成功能蛋白图形的绘制，效果如图 4-104 所示。

步骤 08 复制直线形状，并适当调整其位置，效果如图 4-105 所示。

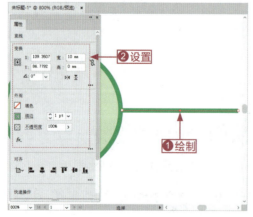
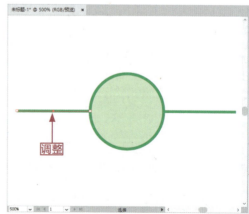

图 4-104 绘制一条直线　　　　　　　　　图 4-105 复制并移动直线形状

步骤 09 再次复制直线形状，并将其旋转 90°，适当调整其位置，效果如图 4-106 所示。
步骤 10 复制垂直的直线形状，适当调整其位置，效果如图 4-107 所示。

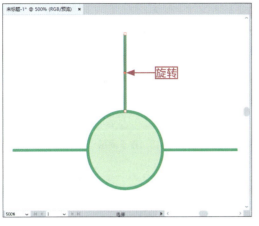

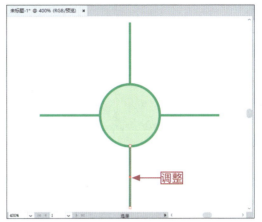

图 4-106　复制并旋转直线形状　　　　　　　图 4-107　复制垂直的直线形状

4.3.2　快速复制囊泡

下面先对垂直直线的颜色进行修改，将其作为功能失调蛋白图形，然后编组所有图形对象，并对其进行快速复制，得到多个囊泡图形，具体操作方法如下。

步骤 01 运用选择工具 ▶ 选中两根垂直的直线形状，如图 4-108 所示。

步骤 02 在"属性"面板的"外观"选项区中，❶单击"描边"按钮；❷在弹出的面板中选择"RGB 洋红"（R、G、B 参数值分别为 255、0、255）选项，如图 4-109 所示。

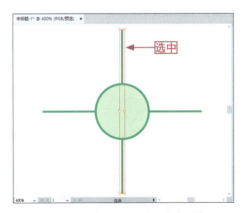

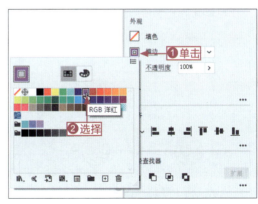

图 4-108　选中两根垂直的直线形状　　　　　　图 4-109　选择"RGB 洋红"选项

步骤 03 执行操作后，即可修改垂直直线形状的颜色，效果如图 4-110 所示。

步骤 04 在垂直直线上单击鼠标右键，在弹出的快捷菜单中选择"排列"|"置于底层"选项，如图 4-111 所示。

步骤 05 ❶选中所有的图形元素，单击鼠标右键；❷在弹出的快捷菜单中选择"编组"选项，如图 4-112 所示。

步骤 06 执行操作后，即可编组所选的图形对象，如图 4-113 所示。

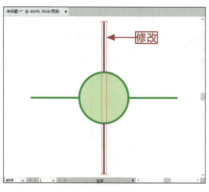

图 4-110 修改垂直直线形状的颜色

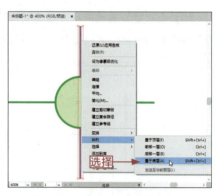

图 4-111 选择"置于底层"选项

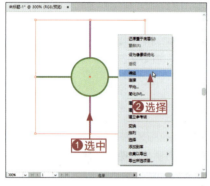

图 4-112 选择"编组"选项

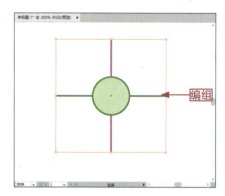

图 4-113 编组所选的图形对象

步骤 07 按住 Alt 键的同时单击囊泡图形，在按住鼠标左键的同时并拖曳，即可复制囊泡图形，如图 4-114 所示。

步骤 08 使用相同的操作方法快速复制多个囊泡图形，如图 4-115 所示。

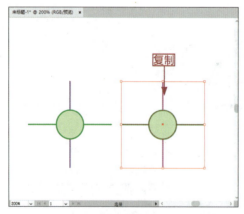

图 4-114 复制囊泡图形

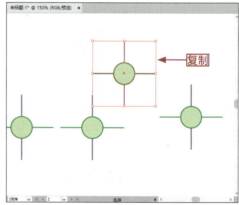

图 4-115 复制多个囊泡图形

4.3.3 修改囊泡图形

下面主要运用矩形工具 和"联集"功能对囊泡图形的外观进行修改，绘制不同的囊泡图形效果，具体操作方法如下。

步骤 01 再次复制一个囊泡图形，❶选择图形后单击鼠标右键；❷在弹出的快捷菜单中选择"变换"|"旋转"选项，如图 4-116 所示。

步骤 02 在弹出的"旋转"对话框中设置"角度"为 90°，如图 4-117 所示。

图 4-116 选择"旋转"选项　　　　图 4-117 设置"角度"参数

步骤 03 单击"确定"按钮，即可旋转囊泡图形，效果如图 4-118 所示。

步骤 04 取消囊泡图形的编组，并删除上方的绿色直线，如图 4-119 所示。

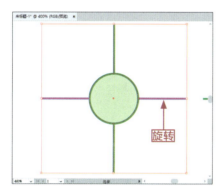 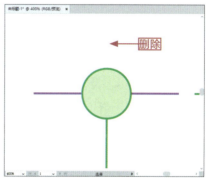

图 4-118 旋转囊泡图形　　　　图 4-119 删除上方的绿色直线

步骤 05 运用矩形工具绘制一个矩形形状，效果如图 4-120 所示。

步骤 06 ❶同时选中正圆形和矩形形状；❷在"属性"面板的"路径查找器"选项区中单击"联集"按钮，如图 4-121 所示。

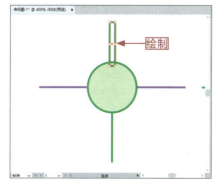 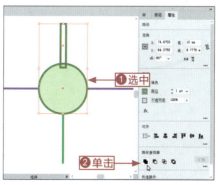

图 4-120 绘制一个矩形形状　　　　图 4-121 单击"联集"按钮

步骤 07 执行操作后,即可合并相应图形对象,效果如图 4-122 所示。

步骤 08 运用直接选择工具选中矩形上方的边,按 Delete 键将其删除,效果如图 4-123 所示。

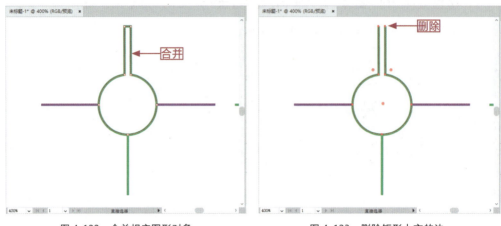

图 4-122　合并相应图形对象　　　　图 4-123　删除矩形上方的边

4.3.4　绘制核内体图形

下面主要运用椭圆工具和"联集"功能绘制一个基本的核内体图形效果,具体操作方法如下。

步骤 01 运用椭圆工具绘制一个椭圆形,设置"描边"为黑色(R、G、B 参数值均为 0)、描边宽度为 1pt,效果如图 4-124 所示。

步骤 02 使用相同的操作方法绘制多个椭圆形,并适当调整其位置、大小和角度,效果如图 4-125 所示。

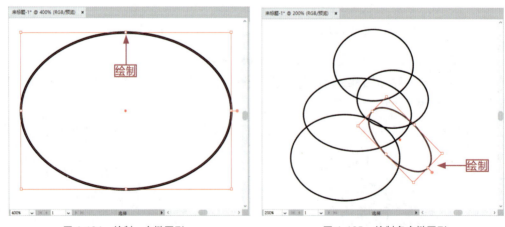

图 4-124　绘制一个椭圆形　　　　图 4-125　绘制多个椭圆形

步骤 03 展开"路径查找器"面板,❶同时选中所有的椭圆形对象;❷单击"联集"按钮,如图 4-126 所示。

步骤 04 执行操作后,即可合并所选的图形对象,效果如图 4-127 所示。

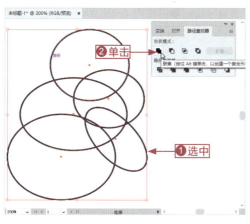

图 4-126　单击"联集"按钮

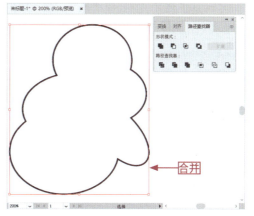

图 4-127　合并所选的图形对象

步骤 05 运用椭圆工具◯绘制一个正圆图形，效果如图 4-128 所示。

步骤 06 运用矩形工具▭绘制一个矩形形状，并适当旋转，效果如图 4-129 所示。

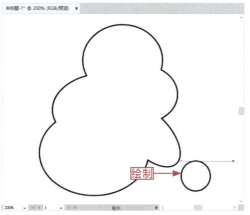

图 4-128　绘制一个正圆图形

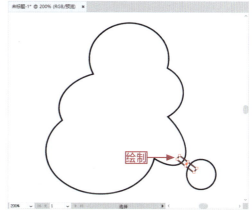

图 4-129　绘制一个矩形形状

步骤 07 多次复制正圆形和矩形，并适当调整其位置和角度，效果如图 4-130 所示。

步骤 08 在图形编辑窗口中同时选中相应的图形对象，如图 4-131 所示。

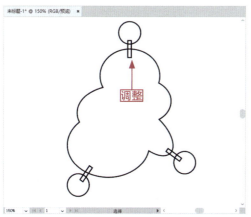

图 4-130　多次复制正圆形和矩形

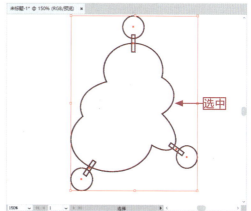

图 4-131　同时选中相应的图形对象

步骤09 展开"路径查找器"面板，单击"联集"按钮，如图4-132所示。执行操作后，即可合并所选的图形对象，效果如图4-133所示。

图4-132 单击"联集"按钮

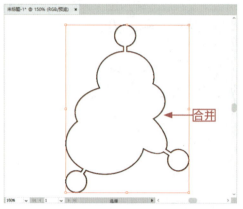

图4-133 合并所选的图形对象

4.3.5 添加颜色效果

下面先运用吸管工具吸取颜色，然后运用"内发光"选项为核内体图形添加发光效果，具体操作方法如下。

步骤01 选择核内体图形，运用吸管工具单击囊泡图形的内部颜色，如图4-134所示。

步骤02 执行操作后即可吸取颜色，并自动填充核内体图形，效果如图4-135所示。

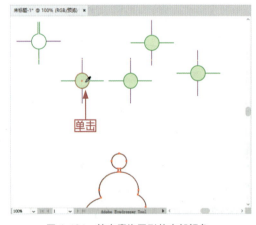

图4-134 单击囊泡图形的内部颜色

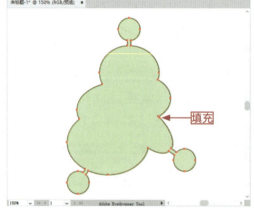

图4-135 填充核内体图形

步骤03 在"属性"面板中，设置"描边"为黑色（R、G、B参数值均为0），效果如图4-136所示。

步骤04 在菜单栏中选择"效果"|"风格化"|"内发光"选项，如图4-137所示。

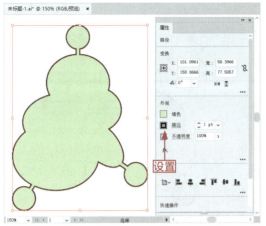
图 4-136 设置"描边"为黑色

图 4-137 选择"内发光"选项

专家指点
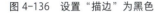

为对象添加一个效果后，该效果会显示在"外观"面板中，可以在此编辑、移动、复制、删除该效果，或者将其存储为图形样式的一部分。

步骤 05 ❶在弹出的"内发光"对话框中选中"中心"单选按钮；❷设置"模糊"为10mm，对白色发光区域的大小进行调整，如图 4-138 所示。

步骤 06 单击"确定"按钮，即可添加"内发光"效果，如图 4-139 所示。

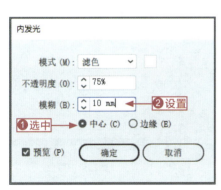
图 4-138 设置"内发光"选项

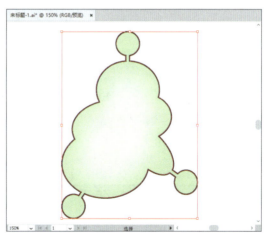
图 4-139 添加"内发光"效果

步骤 07 选择囊泡图形周围的直线，复制并粘贴到核内体图形的周围，并适当调整其位置、长度和角度，如图 4-140 所示。

步骤 08 使用相同的操作方法，在核内体图形的周围添加多根不同颜色的线条，效果如图 4-141 所示。

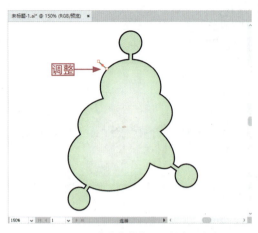 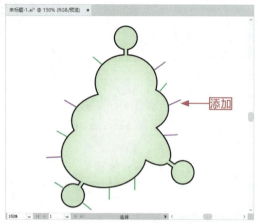

图 4-140　调整直线的位置、长度和角度　　　　图 4-141　添加多根不同颜色的线条

4.3.6 绘制蛋白图形

下面主要运用椭圆工具◯和"应用'内发光'"选项，快速绘制多个蛋白图形效果，具体操作方法如下。

步骤 01 运用椭圆工具◯绘制一个正圆图形，如图 4-142 所示。

步骤 02 在"属性"面板中，设置"填色"为黄色（R、G、B 参数值分别为 250、255、159）、"描边"为深灰色（R、G、B 参数值分别为 96、56、19），效果如图 4-143 所示。

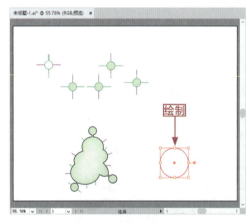 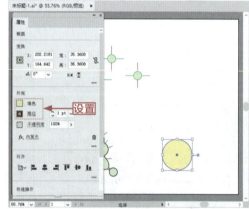

图 4-142　绘制一个正圆图形　　　　　　　图 4-143　设置正圆图形的颜色

步骤 03 在菜单栏中选择"效果"|"应用'内发光'"选项，如图 4-144 所示。执行操作后，即可快速为正圆图形添加"内发光"效果，如图 4-145 所示。

专家指点

在 AI 中，要直接应用上次使用的效果和设置，可选择"效果"|"应用'效果名称'"选项；要应用上次使用的效果并设置其选项，可选择"效果"|"效果名称"选项，即可应用新效果。

图 4-144 选择"应用'内发光'"选项

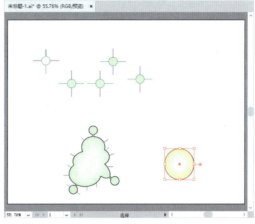
图 4-145 添加"内发光"效果

步骤 04 ❶运用椭圆工具 ◯ 绘制一个椭圆形；❷在"属性"面板中设置"填色"为深红色（R、G、B 参数值分别为 158、0、93）、"描边"为"无"，效果如图 4-146 所示。

步骤 05 选择"效果"|"应用'内发光'"选项，快速为椭圆形添加"内发光"效果，如图 4-147 所示。

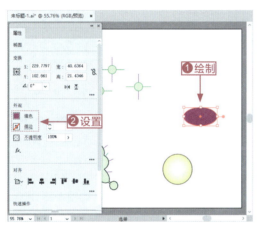
图 4-146 绘制一个椭圆形

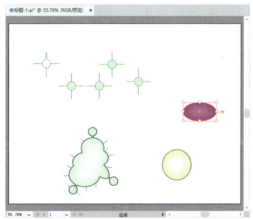
图 4-147 添加"内发光"效果

4.3.7 绘制箭头图形

下面主要运用钢笔工具 ✒ 和"描边"面板绘制尾部线条宽度不均等的箭头效果，具体操作方法如下。

步骤 01 选取工具箱中的钢笔工具 ✒，绘制一条曲线路径，如图 4-148 所示。

步骤 02 在"属性"面板中，设置"填色"为"无"、"描边"为黑色（R、G、B 参数值均为 0）、描边宽度为 3pt，效果如图 4-149 所示。

步骤 03 展开"描边"面板，在"单击可选取要应用于路径终点的箭头"列表框中选择"箭头 5"选项，如图 4-150 所示。

步骤 04 设置"箭头结束处的缩放因子"为 60%，适当缩小箭头，效果如图 4-151 所示。

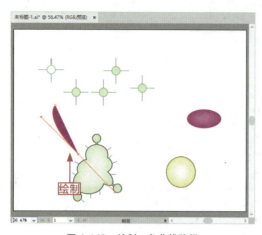

图 4-148 绘制一条曲线路径

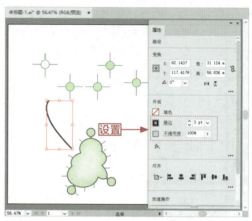

图 4-149 设置描边效果

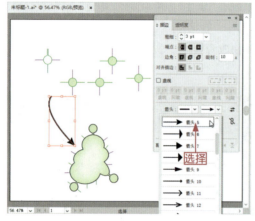

图 4-150 选择"箭头 5"选项

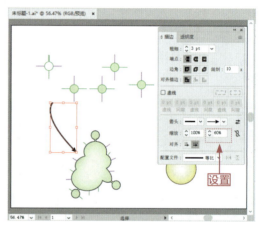

图 4-151 适当缩小箭头

步骤 05 在"配置文件"列表框中选择"宽度配置文件 4"选项，如图 4-152 所示。

步骤 06 单击"纵向翻转"按钮，即可绘制一头粗而另一头细的箭头效果，如图 4-153 所示。

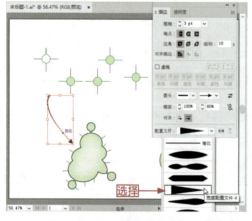

图 4-152 选择"宽度配置文件 4"选项

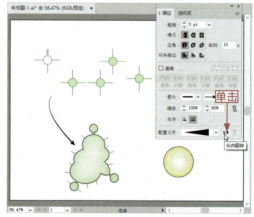

图 4-153 绘制箭头效果

步骤 07 复制箭头形状，适当调整其位置和大小，并使用锚点工具对其形状进行调整，如

图4-154所示。

步骤 08 使用相同的操作方法制作其他的箭头效果，如图4-155所示。

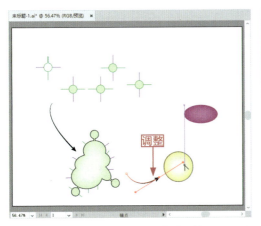

图4-154 复制并调整箭头形状　　　　　　图4-155 制作其他的箭头效果

4.3.8 绘制细胞膜

下面主要运用椭圆工具◯和"应用'内发光'"选项绘制细胞膜图形并设置其填充效果，具体操作方法如下。

步骤 01 运用椭圆工具◯绘制一个较大的椭圆形，如图4-156所示。

步骤 02 在"属性"面板中，设置"填色"为浅绿色（R、G、B参数值分别为231、255、201）、"描边"为绿色（R、G、B参数值分别为57、181、74），效果如图4-157所示。

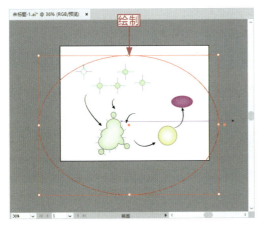 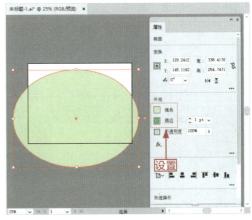

图4-156 绘制椭圆形　　　　　　　　　图4-157 设置颜色效果

步骤 03 选择"效果"|"应用'内发光'"选项，快速为椭圆形添加"内发光"效果，单击"属性"面板中的"内发光"效果名称，如图4-158所示。

步骤 04 在弹出"内发光"对话框中设置"模糊"为50mm，如图4-159所示。

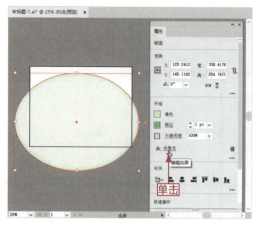
图 4-158 单击"内发光"效果名称

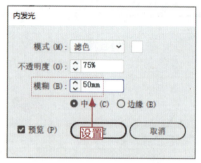
图 4-159 设置"模糊"参数

专家指点

"内发光"属于一种栅格效果，主要用来生成非矢量数据的像素效果，可以将其应用于矢量对象或位图对象。

步骤 05 单击"确定"按钮，即可缩小白色发光区域的显示范围，让椭圆形中的"内发光"效果更加明显，如图 4-160 所示。

步骤 06 在椭圆形上单击鼠标右键，在弹出的快捷菜单中选择"排列"|"置于底层"选项，如图 4-161 所示。执行操作后，即可将椭圆形置于底层显示，效果如图 4-162 所示。

步骤 07 按住 Shift 键的同时，运用选择工具 ▶ 依次单击大椭圆形和白色的囊泡图形，同时选中这两个对象，如图 4-163 所示。

步骤 08 展开"路径查找器"面板，单击"减去顶层"按钮 ，如图 4-164 所示。

步骤 09 执行操作后，即可合并所选的图形对象，效果如图 4-165 所示，并将合并后的图形置于底层显示。

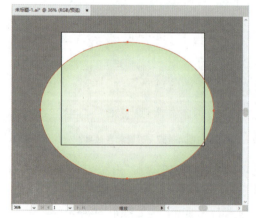
图 4-160 增强"内发光"效果

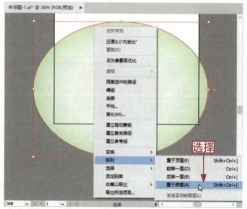
图 4-161 选择"置于底层"选项

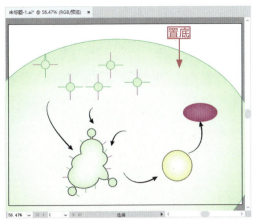
图 4-162 置于底层显示

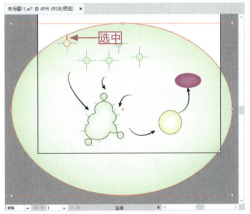
图 4-163 同时选中相应对象

图 4-164 单击"减去顶层"按钮

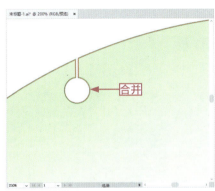
图 4-165 合并所选的图形对象

专家指点

执行"减去顶层" 操作后，即可使用顶部的图形减去它底部的所有图形，同时保留底部图形的填色和描边。

步骤 10 选择"文件"|"打开"选项，打开"标注 2.ai"素材文件，运用选择工具 ▶ 将其拖曳至背景图形编辑窗口中的合适位置处，效果如图 4-166 所示。

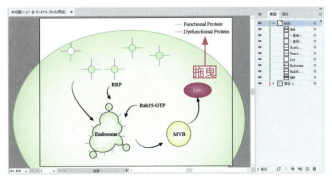
图 4-166 添加文字标注效果

第 3 篇

PPT 实验论文绘图

软件入门——掌握 PPT 基本操作

第 5 章

PowerPoint（简称 PPT）是 Microsoft 推出的一款演示文稿软件，集成在 Office 中。使用 PPT[①] 也可以十分方便地制作各种论文图片，尤其善于制作示意图。相较于 AI 和 PS 等软件，PPT 的操作更加简单易上手，而且做出的图片分辨率和专业程度不亚于其他的专业绘图软件。本章主要介绍 PPT 的一些基本功能和论文绘图的相关操作技巧，希望读者熟练掌握。

本章重点

- 演示文稿的基本操作
- 文本对象的基本操作
- 图形图表的处理技巧

5.1 演示文稿的基本操作

演示文稿是用于介绍和说明某个问题或事件的一组多媒体材料，也是 PPT 生成的文稿形式。学习使用 PPT 进行论文绘图之前，应先从演示文稿的建立开始学起。本节主要介绍创建空白演示文稿、保存演示文稿以及打开演示文稿的操作方法。

5.1.1 创建空白演示文稿

扫码看视频

空白演示文稿即没有任何初始设置的演示文稿，它仅显示一张标题幻灯片，并且标题幻灯片中仅有标题占位符，但是该演示文稿中仍然包含默认的版式，如标题、内容、节标题等，可以使用这些版式快速添加幻灯片。下面介绍创建空白演示文稿的操作方法。

步骤 01 在 PPT 工作界面中选择"文件"选项，进入相应的界面，如图 5-1 所示。
步骤 02 在左侧的橘红色区域中选择"新建"选项，如图 5-2 所示。

图 5-1 进入相应的界面

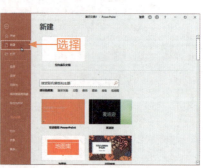

图 5-2 选择"新建"选项

---

① 本书也会将 PowerPoint 简写为 PPT。

步骤 03 在右侧的"新建"选项区中,选择"空白演示文稿"选项,如图5-3所示。执行操作后,即可新建一个空白演示文稿,如图5-4所示。

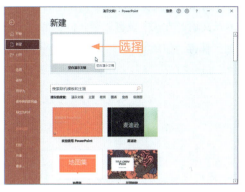 

图5-3 选择"空白演示文稿"选项　　　　图5-4 新建一个空白演示文稿

专家指点

启动PPT软件后,系统将进入"开始"界面,在右侧区域中选择"空白演示文稿"选项,如图5-5所示,即可创建空白演示文稿。单击"更多主题"按钮进入"新建"界面,可以根据已安装的主题模板创建新的演示文稿,如图5-6所示。

图5-5 选择"空白演示文稿"选项　　　　图5-6 "新建"界面

在"新建"界面中,系统提供了诸多演示文稿模板,可以根据需要利用这些模板新建演示文稿,如图5-7所示。

图5-7 演示文稿模板

5.1.2 保存演示文稿

在实际工作中，一定要养成经常保存的习惯。在制作演示文稿的过程中，保存的次数越多，因意外事故造成的损失就越小。在 PPT 中，保存演示文稿的方法主要有以下 3 种。

- 按钮：单击"自定义快速访问工具栏"中的"保存"按钮 。
- 快捷键 1：按 Ctrl + S 组合键。
- 快捷键 2：按 Shift + F12 组合键。

5.1.3 加密保存演示文稿

应用加密的方法保存演示文稿，可以防止其他用户随意打开文稿或修改演示文稿的内容，一般的操作方法就是在保存演示文稿的时候设置权限密码。

扫码看视频

当要打开加密保存过的演示文稿时，此时将弹出"密码"对话框，只有输入正确的密码才能打开该演示文稿。下面介绍加密保存演示文稿的操作方法。

步骤 01 选择"文件"|"另存为"选项，单击"浏览"按钮，在弹出的"另存为"对话框中单击"工具"按钮 ，如图 5-8 所示。

步骤 02 在弹出的列表框中，选择"常规选项"选项，如图 5-9 所示。

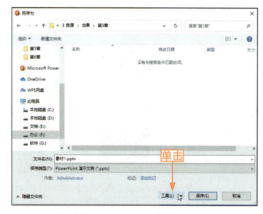

图 5-8 单击"工具"按钮

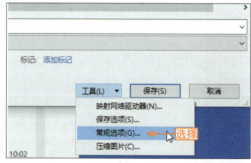

图 5-9 选择"常规选项"选项

步骤 03 在弹出的"常规选项"对话框中，在"打开权限密码"文本框和"修改权限密码"文本框中输入相应密码（123456），如图 5-10 所示。

步骤 04 单击"确定"按钮，弹出"确认密码"对话框，❶重新输入打开权限密码（123456）；❷单击"确定"按钮，如图 5-11 所示。

步骤 05 再次弹出"确认密码"对话框，❶重新输入修改权限密码（123456）；❷单击"确定"按钮，如图 5-12 所示。

步骤 06 返回到"另存为"对话框，❶设置演示文稿的保存位置和文件名；❷单击"保存"按钮，如图 5-13 所示，即可加密保存演示文稿。

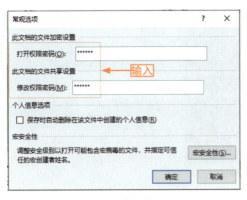

图 5-10 输入密码

图 5-11 重新输入打开权限密码

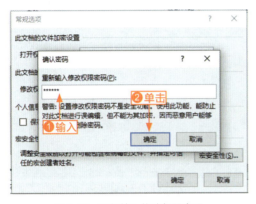

图 5-12 重新输入修改权限密码

图 5-13 设置保存位置和文件名

专家指点

对演示文稿进行加密后，如果密码丢失或遗忘，则无法将其恢复，所以建议在设置密码时要慎重，同时要保存好密码。

"打开权限密码"和"修改权限密码"的功能不同，一个是用于打开演示文稿，另一个是用于修改演示文稿。这两个密码可以同时设置，可以设置为相同的密码，也可以设置为不同的密码。

5.1.4 打开任意演示文稿

如果需要对计算机中的演示文稿进行编辑，首先需要将文件打开。下面介绍打开任意演示文稿的操作方法。

扫码看视频

步骤 01 在 PPT 工作界面中选择"文件"|"打开"选项，如图 5-14 所示。

步骤 02 在"打开"选项区中单击"浏览"按钮，如图 5-15 所示。

步骤 03 执行操作后，弹出"打开"对话框，选择相应的素材文件，如图 5-16 所示。

步骤 04 单击"打开"按钮，即可打开选择的演示文稿，如图 5-17 所示。

图 5-14 选择"打开"选项

图 5-15 单击"浏览"按钮

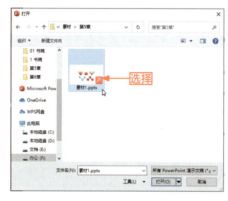
图 5-16 选择素材文件

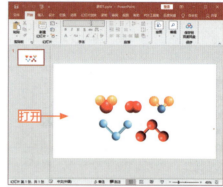
图 5-17 打开演示文稿

专家指点

在 PPT 中,还可以通过以下两种方法打开演示文稿。

按 Ctrl + O 组合键。

按 Ctrl + F12 组合键。

另外,系统还提供了打开最近使用的演示文稿的功能,其具体方法如下。

启动 PPT 软件,进入"开始"界面,在"PowerPoint 最近使用的文档"下方选择相应的演示文稿,即可将其打开。

在打开的演示文稿中选择"文件"|"打开"选项,切换至"打开"选项卡,在中间的"打开"选项区中单击"最近"按钮,在右边的"其他"选项区中显示了最近打开或编辑过的演示文稿,可以在其中选择任意演示文稿,即可将其打开。

5.2 文本对象的基本操作

在 PPT 中绘制论文图片时,经常需要添加各种文字标注,从而更好地说明图片中的各种信息,便于阅读论文的读者能够快速理解。本节主要介绍输入文字内容、设置字体格式、复制与粘贴文本内容等操作方法。

5.2.1 输入文字内容

在 PPT 中使用文本框，可以使文字按不同的方向进行排列，从而灵活地将文字放置到幻灯片中的任意位置。下面介绍使用文本框输入文字内容的操作方法。

扫码看视频

步骤 01 选择"文件"|"打开"选项，打开一个素材文件，如图 5-18 所示。

步骤 02 在"插入"面板的"文本"选项板中，❶单击"文本框"按钮；❷在弹出的列表框中选择"绘制横排文本框"选项，如图 5-19 所示。

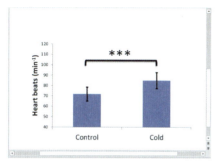
图 5-18 打开素材文件

图 5-19 选择"绘制横排文本框"选项

步骤 03 将鼠标指针移至编辑区内，在空白位置处按住鼠标左键并拖曳，至合适位置后释放鼠标左键，即可插入一个横排文本框，如图 5-20 所示。

> **专家指点**
>
> 如果在"文本框"列表框中选择"竖排文本框"选项，则输入的文本内容将按竖排排列。

步骤 04 在横排文本框中输入相应的文字内容，效果如图 5-21 所示。

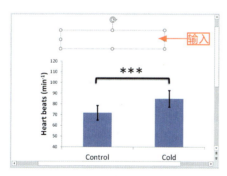
图 5-20 插入文本框

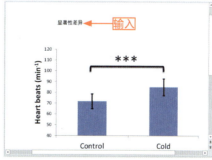
图 5-21 输入文字

> **专家指点**
>
> 在 PPT 中，除了可以直接通过占位符和文本框输入文字内容外，还可以通过"插入"面板中的"对象"选项，快速导入 Word 和记事本中的文字内容。

5.2.2 设置字体格式

PPT 中的文字越多,则越需要进行设计,让内容以最优雅的方式呈现出来。输入文本内容后,还可以设置文本的字体格式,不同的字体可以展现不同的文本效果。下面介绍设置字体格式的操作方法。

扫码看视频

步骤 01 以上一例效果为例,在编辑区中选择需要修改字体的文本对象,如图 5-22 所示。

步骤 02 在"开始"面板的"字体"选项板中,❶单击"字体"选项右侧的下拉按钮▼;❷在弹出的下拉列表框中选择"黑体"选项,如图 5-23 所示。

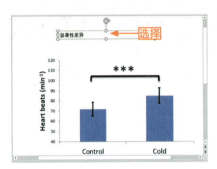
图 5-22 选择文本对象

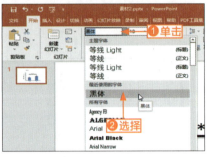
图 5-23 选择"黑体"选项

专家指点

选择需要更改字体的文本对象,在弹出的浮动面板中单击"字体"下拉按钮▼,在弹出的下拉列表框中选择相应的字体选项,也可以对字体进行更改。

步骤 03 在"字体"选项板中,❶设置"字号"为 36;❷在"段落"选项板中单击"居中"按钮 ,如图 5-24 所示。

步骤 04 执行操作后,即可设置文本的字体、字号和段落格式,效果如图 5-25 所示。

图 5-24 设置字号并单击"居中"按钮

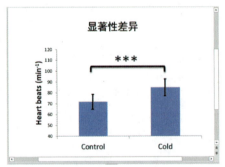
图 5-25 文本效果

5.2.3 复制与粘贴文本

扫码看视频

在 PPT 中,可以将演示文稿中的文本框进行复制与粘贴操作,从而快速输入相应格式的文字内容。下面介绍复制与粘贴文本内容的操作方法。

步骤01 选择"文件"|"打开"选项，打开一个素材文件，如图5-26所示。

步骤02 在编辑区中选择需要复制的文本对象，如图5-27所示。

图5-26 打开素材文件

图5-27 选择文本对象

步骤03 在选择的文本上单击鼠标右键，在弹出的快捷菜单中选择"复制"选项，如图5-28所示。

步骤04 复制文本后，将鼠标指针移至合适位置，再次单击鼠标右键，在弹出的快捷菜单中单击"粘贴选项"选项区中的"使用目标主题"按钮，如图5-29所示。

图5-28 选择"复制"选项

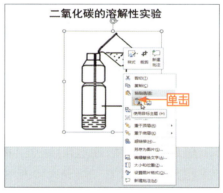
图5-29 单击"使用目标主题"按钮

步骤05 执行上述操作后，即可粘贴文本对象，如图5-30所示。

步骤06 在编辑区中，对部分文字内容进行修改，效果如图5-31所示。

图5-30 粘贴文本对象

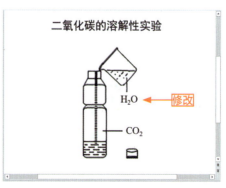
图5-31 修改文字内容

5.3 图形图表的处理技巧

PPT 中包含了丰富的图形图表效果，如流程图、循环图、层次结构图、矩阵图、柱形图、饼图、面积图、树状图、直方图等，每种图形图表都有特定的展示逻辑和演示场合，能够帮助用户更好地表达各种论文信息。本节将介绍 PPT 中的图形图表的处理技巧，从而制作更加精美的论文插图。

5.3.1 绘制箭头图形

在 PPT 中，可以在要制作的论文配图中绘制各种基本图形，以丰富图片内容，使其条理更加清晰、分明。下面介绍绘制箭头图形的操作方法。

扫码看视频

步骤 01 选择"文件"|"打开"选项，打开一个素材文件，如图 5-32 所示。

步骤 02 切换至"插入"面板，在"插图"选项板中，❶单击"形状"按钮；❷在弹出的列表框中选择"箭头：右"选项，如图 5-33 所示。

图 5-32 打开素材文件

图 5-33 选择"箭头：右"选项

步骤 03 在编辑区中，按住鼠标左键并拖曳，即可绘制箭头形状，如图 5-34 所示。

步骤 04 在"绘图工具-形状格式"面板的"形状样式"选项板中单击"其他"按钮，如图 5-35 所示。

图 5-34 绘制图形

图 5-35 单击"其他"按钮

步骤 05 在弹出的列表框的"主题样式"选项区中选择"中等效果-蓝色，强调颜色5"选项，如图 5-36 所示。

步骤 06 执行操作后，即可设置箭头的形状填充样式，最终效果如图 5-37 所示。

图 5-36 选择相应选项

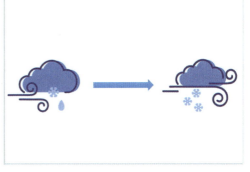
图 5-37 最终效果

5.3.2 复制并对齐图形

在 PPT 中通常会进行很多的重复操作，不过在执行了一个操作后，只要按下 F4 键或 Ctrl + D 组合键即可重复这个操作。

例如，首先绘制一个圆形形状，接下来只要按 Ctrl + D 组合键，就可以重复插入多个圆形形状，如图 5-38 所示。

扫码看视频

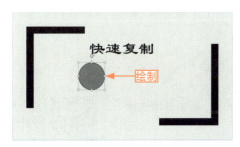

图 5-38 快速复制图形

专家指点

另外，还可以使用 F4 键迅速统一 PPT 中的文字格式。除了统一设置文字的段落格式外，还可以通过 F4 键快速统一设置文字的加粗、倾斜、下画线、文字阴影以及字体颜色等格式。

下面介绍通过 F4 键快速复制并对齐图形的操作方法。

步骤 01 选择"文件"|"打开"选项，打开一个素材文件，如图 5-39 所示。

步骤 02 切换至"插入"面板，在"插图"选项板中单击"形状"按钮，在弹出的列表框中选择"椭圆"选项，按住 Shift 键在编辑区中绘制一个正圆形状，如图 5-40 所示。

步骤 03 选择正圆形状，按住 Ctrl 键的同时按住鼠标左键并向右侧拖曳，复制出第二个正圆形状，同时这两个正圆形状的底端是对齐的，如图 5-41 所示。

步骤 04 按两次 F4 键，即可快速复制出两个同等大小且间距和底端对齐的正圆形状，如图 5-42 所示。

图 5-39 打开素材文件

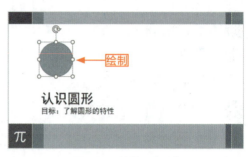

图 5-40 绘制正圆形状

图 5-41 复制出第二个正圆形状

图 5-42 复制多个正圆形状

5.3.3 组合图形对象

当在 PPT 中同时选中并调整多个图形的大小时，如果直接缩放，会出现形状格式和排版错乱的现象，如图 5-43 所示。

扫码看视频

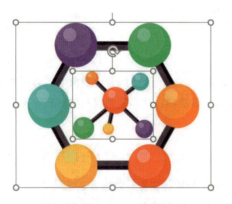
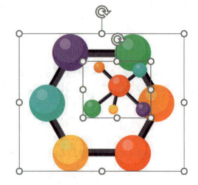

图 5-43 直接选择并缩放多个图形时会出现排版错乱的情况

为了避免出现这个问题，可以先将要调整大小的图形对象全部组合在一起，再进行缩放处理，下面介绍具体的操作方法。

步骤 01 选择"文件"|"打开"选项，打开一个素材文件，如图 5-44 所示。

步骤 02 在编辑区中，❶选择需要调整大小的所有图形，单击鼠标右键；❷在弹出的快捷

菜单中选择"组合"|"组合"选项，如图 5-45 所示。

图 5-44 打开素材文件

图 5-45 选择"组合"选项

步骤 03 执行操作后，即可组合多个图形对象，如图 5-46 所示。

步骤 04 调整组合后的图形大小，此时不会再出现格式和排版混乱的现象，效果如图 5-47 所示。

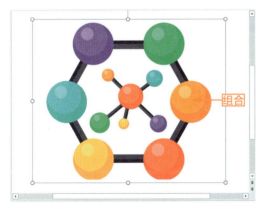

图 5-46 组合多个图形对象

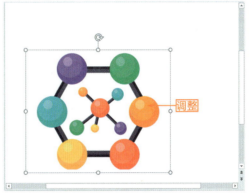

图 5-47 调整图形大小

5.3.4 编辑形状顶点

在 PPT 中绘制论文图片时,有很多设置形状格式的方法,但对于"编辑形状顶点"的操作，可能很多人都不太熟悉。通过编辑形状顶点，可以根据自己的想法或者需要任意调整形状，使其变成一个全新的形状样式，该操作在设计图形时常常会用到。形状编辑的常用操作如下。

扫码看视频

（1）编辑顶点：选中形状，单击鼠标右键，在弹出的快捷菜单中选择"编辑顶点"选项即可，如图 5-48 所示。

（2）圆滑曲线：在编辑顶点状态下，选择任意顶点，拖曳调整两侧的控制柄，可以实现圆滑曲线效果，如图 5-49 所示。

（3）添加顶点：❶将鼠标指针移至形状边缘处，呈"十字"形时单击鼠标右键；❷在弹出的快捷菜单中选择"添加顶点"选项；❸即可在该处添加新的顶点，如图 5-50 所示。

图 5-48 选择"编辑顶点"选项

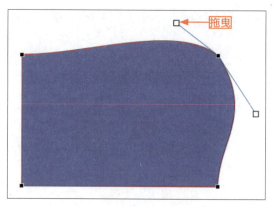
图 5-49 圆滑曲线效果

图 5-50 添加顶点

专家指点

将鼠标指针置于相应的顶点上，单击鼠标右键，在弹出的快捷菜单中选择"删除顶点"选项，即可删除该顶点。

（4）开放路径：❶将鼠标指针移至相应的顶点上，单击鼠标右键，在弹出的快捷菜单中选择"开放路径"选项；❷即可将封闭的图形变成开放状态；❸拖曳两个顶点可以调整开口的大小和位置，如图 5-51 所示。

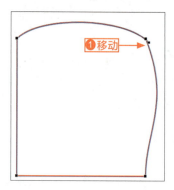
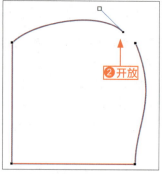
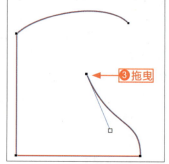

图 5-51 开放路径

（5）关闭路径：将鼠标指针置于开放路径的一个顶点上，单击鼠标右键，❶在弹出的快捷菜单中选择"关闭路径"选项；❷即可增加一条直线，将分开的路径连接起来，如图5-52所示。

（6）平滑顶点：将鼠标指针置于相应的顶点上，单击鼠标右键，在弹出的快捷菜单中选择"平滑顶点"选项，即可将矩形的一个角转换成曲线，效果如图5-53所示。

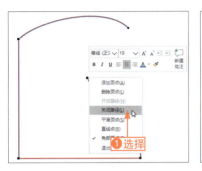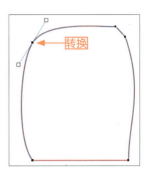

图 5-52　关闭路径　　　　　　　　　　　　图 5-53　平滑顶点

（7）直线点：将鼠标指针置于相应的顶点上，单击鼠标右键，在弹出的快捷菜单中选择"直线点"选项，则在调整顶点时，该顶点的调整手柄会始终保持在一条直线上，如图5-54所示。

（8）角部顶点：将鼠标指针置于相应的顶点上，单击鼠标右键，在弹出的快捷菜单中选择"角部顶点"选项，则在调整顶点时，该顶点的调整手柄长度是任意且可以自由旋转的，如图5-55所示。

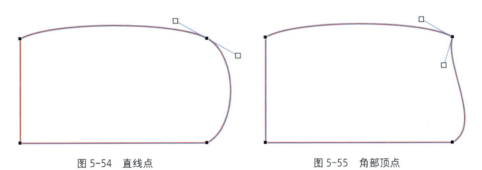

图 5-54　直线点　　　　　　　　　　　　图 5-55　角部顶点

专家指点

在形状路径上的不同部位编辑顶点时，可能会出现不同的选项，可以根据选项对顶点进行设置。

下面介绍在PPT中编辑形状顶点制作特殊形状的操作方法。

步骤 01　选择"文件"|"打开"选项，打开一个素材文件，如图5-56所示。

步骤 02　在编辑区中插入一个矩形，如图5-57所示。

步骤 03　在"绘图工具-形状格式"面板的"形状样式"选项板中单击"形状填充"按钮，在弹出的列表框中选择"取色器"选项，在相应图形上单击鼠标，如图5-58所示。

专家指点

在绘制圆形、矩形、三边形、四边形等任意一种基本图形时,按住Shift键的同时,得到的总是按照默认图形形状等比例放大或缩小的图形,不会发生扭曲或变形。

步骤 04 执行操作后,即可在相应图形上吸取颜色,同时改变所选矩形的颜色,并删除其轮廓,如图5-59所示。

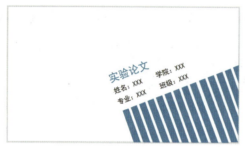
图5-56 打开素材文件

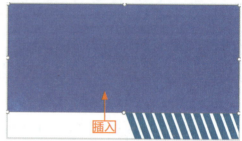
图5-57 插入矩形

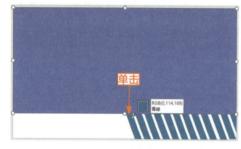
图5-58 吸取颜色

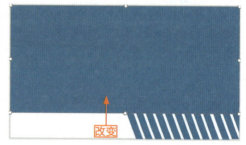
图5-59 改变矩形的填充颜色

步骤 05 选中矩形,单击鼠标右键,在弹出的快捷菜单中选择"编辑顶点"选项,进入编辑顶点模式,如图5-60所示。

步骤 06 拖曳右下角的顶点,适当调整其位置,如图5-61所示。

图5-60 进入编辑顶点模式

图5-61 调整顶点位置

步骤 07 使用相同的操作方法,调整其他顶点的位置,如图5-62所示。

步骤 08 在调整后的图形上单击鼠标右键,在弹出的快捷菜单中选择"置于底层"|"置于底层"选项,将该图形置于底层显示,效果如图5-63所示。

图 5-62　调整其他顶点

图 5-63　最终效果

专家指点

通过绘图工具插入的图形很标准，但有时也需要将插入的图形进行变形，或者根据内容的需求将插入的图形转换成其他的形状。在 PPT 中，除了"编辑顶点"功能外，还可以借助图形转换功能，轻易地实现基本图形之间与任意多边形之间的转换。选择相应形状后，在"插入形状"选项板中单击"编辑形状"按钮，在弹出的列表框中选择"更改形状"列表框中的其他形状，即可对所选形状进行更改。

5.3.5　合并形状对象

扫码看视频

PPT 的"合并形状"功能是一种基于布尔运算的数字符号化逻辑推演法，包括"结合""组合""拆分""相交"和"剪除"等形状合并方式，能够产生新的图形，如图 5-64 所示。

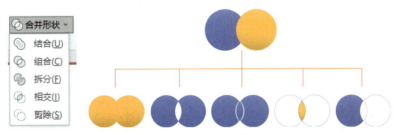
图 5-64　PPT 中的合并形状方式

（1）结合：将选择的各个图形结合为一个整体，如图 5-65 所示。

（2）组合：将选择的图形组合后，只会保留彼此间没有接触的部分，如图 5-66 所示。

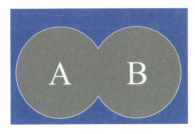
图 5-65　结合图形效果

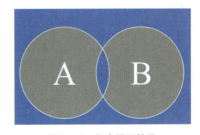
图 5-66　组合图形效果

（3）相交：保留选择的图形彼此间的相交部分，将其余部分全部去除，如图5-67所示。
（4）剪除：将图形与另一个图形中相交的部分剪除，如图5-68所示。

图5-67 相交图形效果　　　　　图5-68 剪除图形效果

（5）拆分：将选择的图形按照接触边缘进行拆分，得到多个组成部分，如图5-69所示。

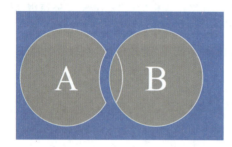

图5-69 拆分图形效果

下面介绍合并形状对象的操作方法。

步骤 01 选择"文件"|"打开"选项，打开一个素材文件，如图5-70所示。

步骤 02 在编辑区中的合适位置插入一个正圆形状，如图5-71所示。

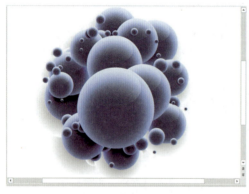

图5-70 打开素材文件　　　　　图5-71 插入正圆形状

步骤 03 在"插入"面板的"图像"选项板中，❶单击"图片"按钮；❷在弹出的列表框中选择"此设备"选项，如图5-72所示。

步骤 04 弹出"插入图片"对话框，选择相应的图片素材，如图5-73所示。

步骤 05 单击"插入"按钮，即可插入图片，并适当调整其大小和位置，如图5-74所示。

步骤 06 将图片置于圆形下方，先选中图片，再按Ctrl键选中形状，如图5-75所示。

图 5-72 选择"此设备"选项

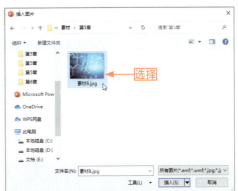

图 5-73 选择相应的图片素材

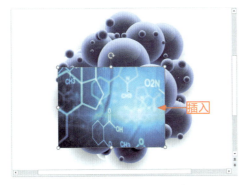

图 5-74 插入并调整图片

图 5-75 选中相应的形状和图片

步骤 07 在"绘图工具-形状格式"面板的"插入形状"选项板中，❶单击"合并形状"按钮；❷在弹出的列表框中选择"相交"选项，如图 5-76 所示。

步骤 08 执行操作后，即可将图片裁剪为圆形，如图 5-77 所示。

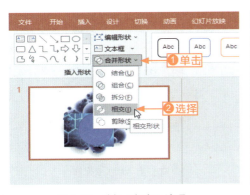

图 5-76 选择"相交"选项

图 5-77 裁剪图片为圆形

专家指点

布尔运算（Boolean）主要是通过对两个以上的物体进行 Union（并集）、Intersection（交集）和 Subtraction（差集）的运算，从而得到新的物体形态。

5.3.6 插入符号图标

很多PPT图片的内容和逻辑都正确，但给人的感觉却非常单调，难以提起读者浏览的兴趣。例如图5-78所示的PPT页面，主题和内容结构都非常清晰，但看上去却很普通，毫无设计感。此时，可以根据主题和各个标签的内容，为其添加一些形象化的图标，增强整个页面的场景感，不仅逻辑更加清晰，而且观点也更加简洁明了，如图5-79所示。

扫码看视频

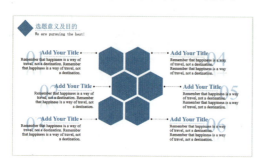

图5-78 无图标的PPT示例

图5-79 有图标的PPT示例

在PPT设计中，图标是一种常用的视觉元素，能够丰富画面并增强视觉效果，让PPT图片更加形象化。通常，大家都会在一些专业图标网站搜索和下载需要的图标，如Iconfont（阿里巴巴矢量图标库）和Easyicon等。除了从网上下载图标外，还可以使用PPT自带的文本图标库插入一些特殊符号形状，下面介绍具体的操作方法。

步骤 01 选择"文件"|"打开"选项，打开一个素材文件，如图5-80所示。

步骤 02 在编辑区中的合适位置处插入一个横排文本框，如图5-81所示。

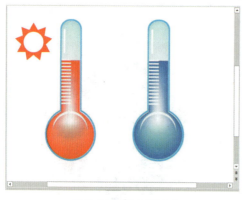

图5-80 打开素材文件

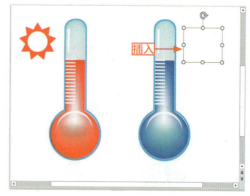

图5-81 插入文本框

步骤 03 ❶选择文本框并单击鼠标右键；❷在弹出的快捷菜单中选择"编辑文字"选项，如图5-82所示。

步骤 04 进入文字编辑状态，在"插入"面板的"符号"选项板中单击"符号"按钮，如图5-83所示。

步骤 05 在弹出的"符号"对话框中，在"字体"下拉列表框中选择Wingdings选项，如图5-84所示。

步骤 06 在符号下拉列表框中选择相应的符号，如图5-85所示。

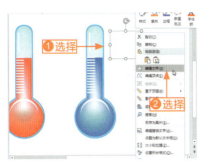

图 5-82 选择"编辑文字"选项

图 5-83 单击"符号"按钮

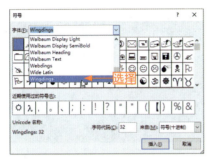

图 5-84 选择 Wingdings 选项

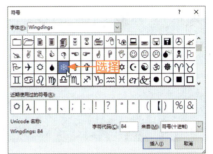

图 5-85 选择相应的符号

专家指点

在 PPT 中插入多个文本框或图形对象后，通常还需要对这些元素进行排版，让 PPT 的整体画面更加美观、整齐。在排版设计时，可以直接使用参考线进行操作，根据参考线适当调整各元素的位置。

另外，在设计 PPT 中的文字或符号内容时，可以通过视觉组织让重点内容被读者看到，如为文字或符号添加长阴影效果。人们总会被不一样的东西吸引注意力，与众不同的设计才能引起读者的注意，通过改变字体的大小、颜色、位置，或者增加一些装饰，可以轻松让文字或符号变得更具有吸引力。

步骤 07 单击"插入"按钮，即可在文本框中插入相应符号，如图 5-86 所示。

步骤 08 关闭"符号"对话框，在"开始"面板中，设置"字号"为 150、"字体颜色"为深蓝色（R、G、B 参数值分别为 39、125、189），并加粗处理，效果如图 5-87 所示。

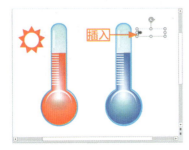

图 5-86 插入相应符号

图 5-87 设置符号效果

5.3.7 填充渐变色

为 PPT 中的图形填充渐变色，有利于增加画面中形状元素的生动性、立体感。渐变有两种：一是异色渐变，即图形本身有两种以上不同颜色的变化，如七色彩虹；二是同色渐变，即图形本身仅有一种颜色，但这种颜色通过由浅入深或由深到浅的方式形成了渐变色，类似光线在不同角度照射产生的效果。

扫码看视频

下面介绍为图形填充渐变色的操作方法。

步骤 01 选择"文件"|"打开"选项，打开一个素材文件，如图 5-88 所示。

步骤 02 在编辑区中选择相应形状，如图 5-89 所示。

图 5-88　打开素材文件

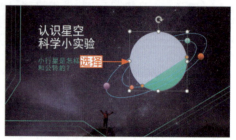
图 5-89　选择相应形状

专家指点

在 PPT 中为图形设置渐变填充效果，可以让图形更具层次感，同时整个画面效果也会变得更加柔美，视觉效果更好。与纯色填充效果相比，采用大面积的渐变填充图形，能够起到营造画面氛围和引导视线的作用。

步骤 03 在图形上单击鼠标右键，在弹出的快捷菜单中选择"设置形状格式"选项，如图 5-90 所示。

步骤 04 打开"设置形状格式"窗口，在"填充"选项区中选中"渐变填充"单选按钮，如图 5-91 所示。

图 5-90　选择"设置形状格式"选项

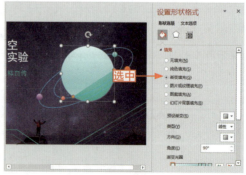
图 5-91　选中"渐变填充"单选按钮

步骤 05 在"预设渐变"列表框中选择"顶部聚光灯 - 个性色 1"选项，如图 5-92 所示。

步骤 06 执行操作后，即可用预设的渐变色填充图形，效果如图 5-93 所示。

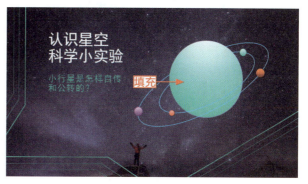

图 5-92 选择相应渐变色　　　　　　图 5-93 用渐变色填充图形

专家指点

PPT 中包括线性渐变、射线渐变、矩形渐变和路径渐变共 4 种渐变类型。
- 线性渐变是从一种颜色到另一种颜色直接过渡。
- 射线渐变是从中间向四周呈圆形状扩散。
- 矩形渐变是从中间向四周呈矩形状扩散。
- 路径渐变的渐变形状与所插入的形状类似。

5.3.8 修改图表样式

扫码看视频

直接用系统默认参数创建的图表，通常包括背景、图例、坐标轴、网格线、边框线、字体等元素，同时还会添加一些渐变、描边或阴影等效果。其实，过于复杂的图表效果往往容易影响信息的表达，此时可以将默认的样式删掉，更好地集中读者的注意力。

下面介绍修改图表样式的操作方法。

步骤 01 选择"文件"｜"打开"选项，打开一个素材文件，如图 5-94 所示。

步骤 02 ❶选择相应图表；❷单击其右侧的"图表样式"按钮，如图 5-95 所示。

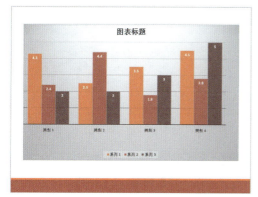
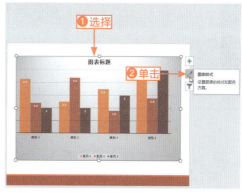

图 5-94 打开素材文件　　　　　　图 5-95 单击"图表样式"按钮

步骤 03 在"样式"下拉列表框中选择"样式2"选项,如图5-96所示。

步骤 04 执行操作后,即可改变图表的样式,可以看到图表的渐变背景和网格线等元素已经消失了,效果如图5-97所示。

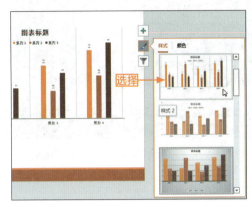

图 5-96 选择"样式2"选项

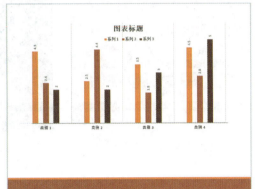

图 5-97 改变图表的样式

5.3.9 美化图表数据点

在论文创作中,经常需要制作各种图表。图表具有较好的视觉效果,便于查看和分析各种实验数据,与文字内容相比,形象直观的图表更容易让人理解。不过,PPT默认的图表样式比较简单,可以使用图片美化数据点,让图表效果更加形象化。

扫码看视频

下面介绍使用图片美化图表数据点的操作方法。

步骤 01 选择"文件"|"打开"选项,打开一个素材文件,如图5-98所示。

步骤 02 在编辑区中插入一张素材图片,适当调整图片大小,并按Ctrl + C组合键复制这个PNG小图标,如图5-99所示。

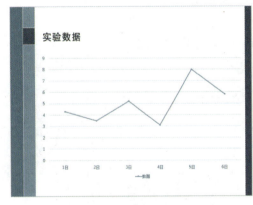

图 5-98 打开素材文件

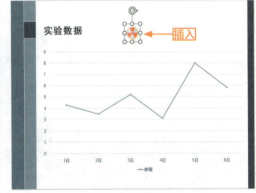

图 5-99 插入素材图片

步骤 03 选择折线图中的数据点,保证所有数据点被选中,如图5-100所示。

步骤 04 按Ctrl + V组合键粘贴小图标,并删除原图,效果如图5-101所示。

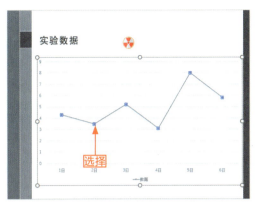
图 5-100 选择数据点

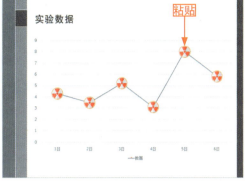
图 5-101 粘贴小图标

专家指点

图表的数据系列是由工作表中的数据在图表中体现并以图形方式显示，即一个数据点对应一个单元格中的数值。数据点以各种形状表示，如柱形、条形、折线等。例如，柱形图中的柱形高度对应着一个数值，此数值就是一个数据点。

5.3.10 图片抠图处理

扫码看视频

通常在对图片进行抠图处理时，首选的软件肯定是 PS，PS 是一款非常专业的图片处理软件，具有强大的抠图功能。但是，对于一些不会使用 PS 的用户来说，想要对图片进行抠图，就比较困难了。其实，PPT 也有简单的抠图功能，即使不会 PS 也没关系，使用 PPT 也能轻轻松松地抠图。

下面介绍使用 PPT 抠图的操作方法。

步骤 01 选择"文件"|"打开"选项，打开一个素材文件，如图 5-102 所示。

步骤 02 在编辑区中选择相应图片，如图 5-103 所示。

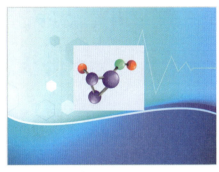
图 5-102 打开素材文件

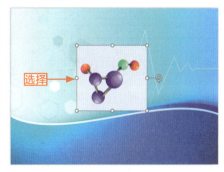
图 5-103 选择相应图片

步骤 03 在"图片工具 - 图片格式"面板的"调整"选项板中，❶单击"颜色"按钮；❷在弹出的列表框中选择"设置透明色"选项，如图 5-104 所示。

步骤 04 执行操作后，使用透明色工具单击要删除的图片背景部分，如图 5-105 所示。

图 5-104 选择"设置透明色"选项

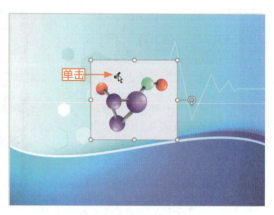
图 5-105 单击图片背景

专家指点

在 PPT 中，饱和度是指图片中每个颜色的鲜艳程度，增加饱和度可以让图片的颜色变得更加鲜艳，从而更好地表达 PPT 的内容，也可以让读者的视觉感受更为舒适。在"调整"选项板中单击"颜色"按钮，在"颜色饱和度"选项区中选择相应的选项，即可调整图片的饱和度。

另外，在"颜色"列表框中选择"图片颜色选项"选项，可以打开"设置图片格式"对话框，在"图片颜色"选项区中设置相应的"饱和度"参数，即可对图片的饱和度进行进一步的调整。

步骤 05 执行操作后，即可删除灰色的背景，完成抠图操作，效果如图 5-106 所示。

步骤 06 适当调整图片的大小和位置，效果如图 5-107 所示。

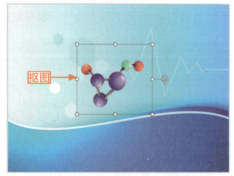
图 5-106 删除灰色的背景

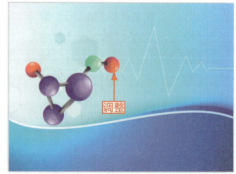
图 5-107 调整图片的大小和位置

5.3.11 绘制 SmartArt 图形

扫码看视频

SmartArt 图形包含列表、流程、层次结构、循环和关系等组织结构图，有了这个功能，就可以在幻灯片中绘制各种图示。既可以在"插入"面板中创建 SmartArt 图形，也可以直接将文本快速转换为 SmartArt 图形。将 SmartArt 图形保存为图片格式，只需要选中 SmartArt 图形并单击鼠标右键，在弹出的快捷菜单中选择"另存为图片"选项，然后在打开的"另存为"对话框中选择要保存的图片格式，再单击"保存"按钮即可。

下面介绍制作 SmartArt 图形的操作方法。

步骤 01 选择"文件"|"打开"选项，打开一个素材文件，如图 5-108 所示。

步骤 02 选择需要转换为 SmartArt 图形的文本框，在"开始"面板的"段落"选项板中，❶单击"转换为 SmartArt"按钮；❷在弹出的列表框中选择"其他 SmartArt 图形"选项，如图 5-109 所示。

图 5-108　打开素材文件　　　　图 5-109　选择"其他 SmartArt 图形"选项

步骤 03 随即弹出"选择 SmartArt 图形"对话框，❶切换至"层次结构"选项卡；❷在中间区域选择"水平多层层次结构"图形，如图 5-110 所示。

步骤 04 单击"确定"按钮，即可将文本转换为 SmartArt 图形，并适当调整其大小，效果如图 5-111 所示。

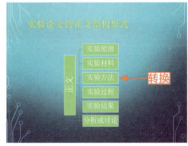

图 5-110　选择"水平多层层次结构"图形　　　图 5-111　将文本转换为 SmartArt 图形

专家指点

注意，该素材文件中文本框里面的文字是进行了级别设置的。其中，"正文"是 1 级，可以选择需要设置为 2 级的"实验原理"等几行文字，按 Tab 键进行降级处理，这样才能一键生成结构图。

5.3.12　调整 SmartArt 图形

扫码看视频

SmartArt 图形是由一些基本的形状组合在一起的，因此可以调整 SmartArt 图形的基本形状格式，包括形状、填充颜色、边框、透明度和填充图片等。

下面介绍调整 SmartArt 图形的操作方法。

步骤 01 选择"文件"|"打开"选项，打开一个素材文件，如图 5-112 所示。

步骤 02 在 SmartArt 图形中选择六边形形状的图片，如图 5-113 所示。

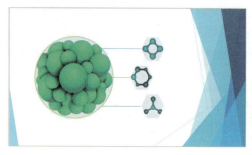

图 5-112 打开素材文件　　　　　图 5-113 选择六边形形状的图片

专家指点

在已经创建的 SmartArt 图形布局类型中还可以添加或删除形状，添加的形状位置包括从前面添加形状、从后面添加形状、从上方添加形状和从下方添加形状。

步骤 03 在"SmartArt 工具 - 格式"面板的"形状"选项板中，❶单击"更改形状"按钮；❷在弹出的列表框中选择"椭圆"选项，如图 5-114 所示。

步骤 04 执行操作后，即可更改 SmartArt 图形的形状，效果如图 5-115 所示。

 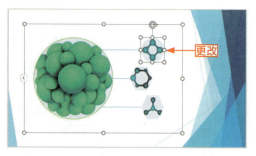

图 5-114 选择"椭圆"选项　　　　图 5-115 更改 SmartArt 图形的形状

步骤 05 使用相同的操作方法更改 SmartArt 图形中的其他形状，最终效果如图 5-116 所示。

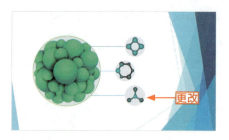

图 5-116 最终效果

实战案例——PPT 实验论文绘图设计

第 6 章

在很多物理、化学、生物等实验论文中,所有插图和 3D 动画都是通过 PPT 制作的。PPT 具有强大的图形绘制功能,不仅作图速度快,而且还有超强的作图插件和 3D 动画功能,基本可以媲美 AI 和 CorelDraw,甚至还可以取代 3ds Max 或 C4D 等软件。本章主要介绍使用 PPT 进行实验论文绘图设计的操作技巧。

本章重点

- 实验论文绘图设计 1:钙钛矿电池示意图
- 实验论文绘图设计 2:细胞核结构图
- 实验论文绘图设计 3:碳纳米管三维图

6.1 实验论文绘图设计 1:钙钛矿电池示意图

钙钛矿是以俄罗斯矿物学家 Lev Perovski 的名字命名的,是一种具有与矿物钙钛氧化物相同的晶体结构的材料。本节主要介绍使用 PPT 绘制钙钛矿电池示意图的操作方法,最终效果如图 6-1 所示。

扫码看视频

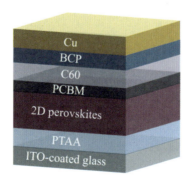

图 6-1 钙钛矿电池示意图

6.1.1 绘制三维矩形

下面先插入一个矩形对象,然后设置其"三维格式"和"三维旋转"属性,将二维矩形转换为三维矩形,具体操作方法如下。

步骤 01 在 PPT 中新建一个空白演示文稿，如图 6-2 所示。

步骤 02 ❶在编辑区中插入一个矩形；❷在"绘图工具 - 形状格式"面板的"大小"选项板中设置"高度"和"宽度"均为 6 厘米，效果如图 6-3 所示。

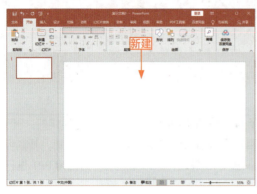 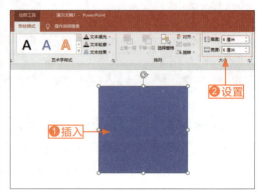

图 6-2　新建一个空白演示文稿　　　　　　图 6-3　插入一个矩形

步骤 03 调出"设置形状格式"窗口，❶在"填充"选项区选中"纯色填充"单选按钮；❷设置"颜色"为"浅灰色，背景 2"，效果如图 6-4 所示。

步骤 04 展开"线条"选项区，选中"无线条"单选按钮，如图 6-5 所示。

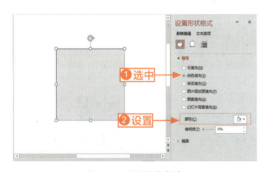

图 6-4　设置填充颜色　　　　　　图 6-5　选中"无线条"单选按钮

步骤 05 在"设置形状格式"窗口中，❶切换至"效果"选项卡；❷选择"三维格式"选项，如图 6-6 所示。

步骤 06 展开"三维格式"选项区，❶在"深度"列表框中选择"自动"选项；❷设置"大小"为 25 磅，为二维形状添加一个厚度，如图 6-7 所示。

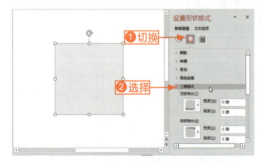 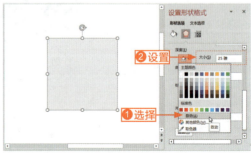

图 6-6　选择"三维格式"选项　　　　　　图 6-7　设置"深度"选项

步骤 07 在"材料"列表框中选择"特殊效果"|"柔边缘"选项，为三维图形添加相应材质效果，如图 6-8 所示。

步骤 08 在"光源"列表框中，❶选择"中性"|"平衡"选项；❷设置"角度"为 220°，通过调节光源角度设置光照的方向，如图 6-9 所示。

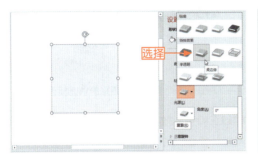

图 6-8 选择"柔边缘"选项

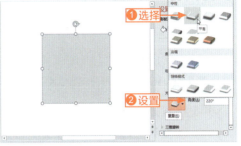

图 6-9 设置"光源"选项

步骤 09 展开"三维旋转"选项区，设置"X 旋转"为 72°、"Y 旋转"为 297°、"Z 旋转"为 286°、"距底边高度"为 25 磅，如图 6-10 所示。

步骤 10 执行操作后，即可将二维图形转换为三维图形，效果如图 6-11 所示。

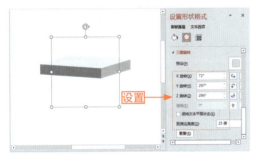

图 6-10 设置"三维旋转"选项

图 6-11 将二维图形转换为三维图形

专家指点

在"三维旋转"选项区中，"距底边高度"是指图形最高点到屏幕的距离，可以通过改变这个距离确定三维图形的空间位置。

6.1.2 绘制其他图形

下面通过复制三维矩形对象，并修改其填充颜色和位置，绘制钙钛矿电池示意图中的其他图形效果，具体操作方法如下。

步骤 01 复制一个三维矩形，并适当调整其位置，如图 6-12 所示。

步骤 02 调出"设置形状格式"窗口，❶在"填充"选项区中单击"填充颜色"按钮；❷在弹出的调色板中选择"蓝色，个性色 5"选项，修改三维矩形的填充颜色，效果如图 6-13 所示。

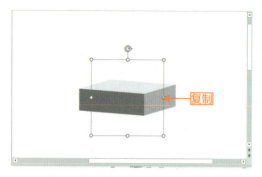
图 6-12 复制三维矩形并调整位置

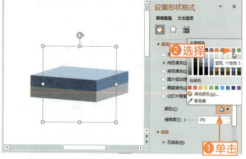
图 6-13 修改三维矩形的填充颜色

步骤 03 设置"透明度"为 60%，制作半透明的三维矩形效果，如图 6-14 所示。

步骤 04 复制一个灰色的三维矩形，并适当调整其位置，如图 6-15 所示。

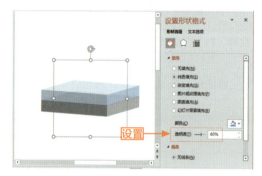
图 6-14 制作半透明的三维矩形效果

图 6-15 复制三维矩形并调整位置

步骤 05 在"填充颜色"调色板中选择"其他颜色"选项，如图 6-16 所示。

步骤 06 弹出"颜色"对话框，设置 R、G、B 参数值分别为 167、75、105，如图 6-17 所示。

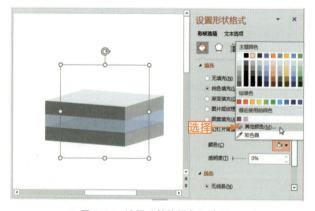
图 6-16 选择"其他颜色"选项

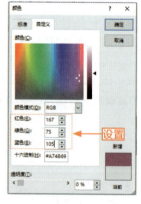
图 6-17 设置 R、G、B 参数值

步骤 07 单击"确定"按钮，即可修改三维矩形的填充颜色，效果如图 6-18 所示。

步骤 08 在"效果"选项卡的"三维格式"选项区中，设置"深度 - 大小"为 50 磅，增加三维矩形的厚度，效果如图 6-19 所示。

步骤 09 在"三维旋转"选项区中，设置"距底边高度"为 75 磅，适当调整图形的空间位置，效果如图 6-20 所示。

步骤 10 复制一个灰色的三维矩形，并适当调整其位置，如图 6-21 所示。

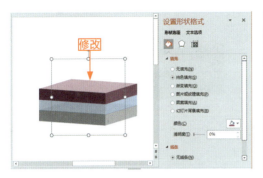

图 6-18 修改三维矩形的填充颜色效果

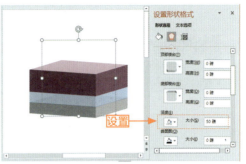

图 6-19 增加三维矩形的厚度

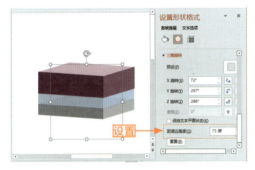

图 6-20 调整图形的空间位置

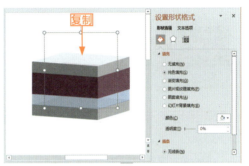

图 6-21 复制三维矩形并调整位置

步骤 11 在"填充"选项区中，设置"颜色"为深灰色（R、G、B 参数值均为 90），改变图形的填充颜色，效果如图 6-22 所示。

步骤 12 设置"透明度"为 10%，制作半透明的三维矩形效果，如图 6-23 所示。

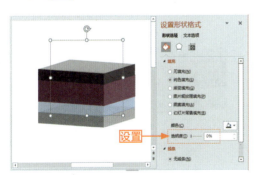

图 6-22 改变图形的填充颜色效果

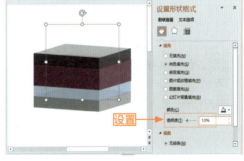

图 6-23 制作半透明的三维矩形效果

步骤 13 在"效果"选项卡的"三维格式"选项区中，设置"深度-大小"为 15 磅，减少三维矩形的厚度，效果如图 6-24 所示。

步骤 14 在"三维旋转"选项区中，设置"距底边高度"为 90 磅，适当调整图形的空间位置，效果如图 6-25 所示。

步骤 15 复制一个灰色的三维矩形，并适当调整其位置，效果如图 6-26 所示。

步骤 16 在"填充"选项区中，设置"颜色"为浅紫色（R、G、B 参数值分别为 183、158、198），改变图形的填充颜色，效果如图 6-27 所示。

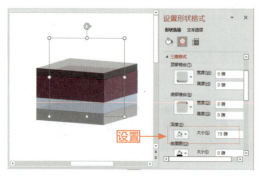
图 6-24 减少三维矩形的厚度

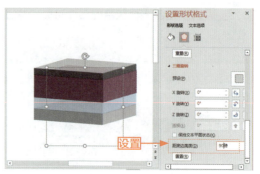
图 6-25 调整图形的空间位置

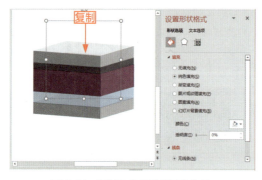
图 6-26 复制三维矩形并调整位置

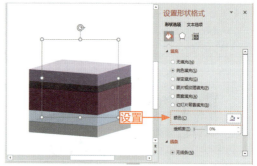
图 6-27 改变图形的填充颜色

步骤 17 设置"透明度"为 50%，制作半透明的三维矩形效果，如图 6-28 所示。

步骤 18 在"三维旋转"选项区中，设置"距底边高度"为 115 磅，适当调整图形的空间位置，效果如图 6-29 所示。

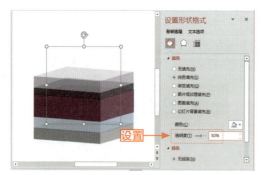
图 6-28 制作半透明的三维矩形效果

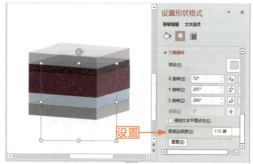
图 6-29 调整图形的空间位置

步骤 19 复制一个灰色的三维矩形，适当调整其位置，效果如图 6-30 所示。

步骤 20 在"填充"选项区中，设置"颜色"为蓝色（RGB 参数值分别为 95、140、182），改变图形的填充颜色，效果如图 6-31 所示。

步骤 21 在"效果"选项卡的"三维格式"选项区中，设置"深度 - 大小"为 20 磅，减少三维矩形的厚度，效果如图 6-32 所示。

步骤 22 在"三维旋转"选项区中，设置"距底边高度"为135磅，适当调整图形的空间位置，效果如图6-33所示。

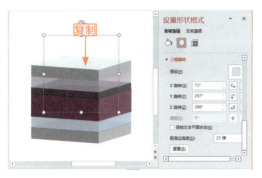

图6-30 复制三维矩形并调整位置　　　　图6-31 改变图形的填充颜色

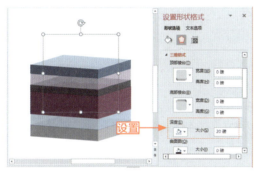 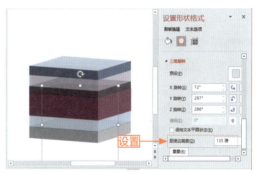

图6-32 减少三维矩形的厚度　　　　图6-33 调整图形的空间位置

步骤 23 复制一个灰色的三维矩形，并适当调整其位置，效果如图6-34所示。

步骤 24 在"填充"选项区中，设置"颜色"为金黄色（R、G、B参数值分别为255、201、8），改变图形的填充颜色，效果如图6-35所示。

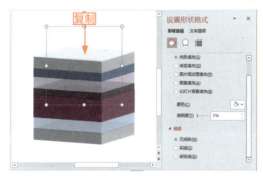 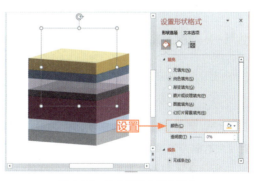

图6-34 复制三维矩形并调整位置　　　　图6-35 改变图形的填充颜色

步骤 25 在"三维旋转"选项区中，设置"距底边高度"为160磅，适当调整图形的空间位置，效果如图6-36所示。

步骤 26 执行操作后，即可完成主体图形的绘制，效果如图6-37所示。

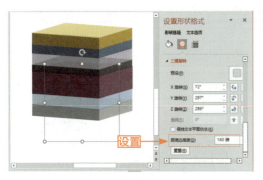

图 6-36 调整图形的空间位置

图 6-37 完成主体图形的绘制

6.1.3 添加文字标注

下面使用 PPT 的"文本框"功能，为钙钛矿电池示意图的各个图形添加文字标注，便于读者理解，具体操作方法如下。

步骤 01 在底部的三维矩形上插入一个横排文本框，输入相应的文字内容，效果如图 6-38 所示。

步骤 02 在"开始"面板的"字体"选项板中，设置"字体"为 Times New Roman、"字号"为 16、"字体颜色"为"白色，背景 1"，调整文字的字体效果，如图 6-39 所示。

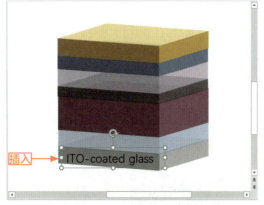

图 6-38 输入相应的文字内容

图 6-39 调整文字的字体效果

步骤 03 调出"设置形状格式"对话框，在"大小"选项区中设置"旋转"为 4°，适当旋转文本框，效果如图 6-40 所示。

步骤 04 复制文本框，并适当调整其位置，修改其中的文字内容，如图 6-41 所示。

步骤 05 在"开始"面板的"段落"选项板中单击"居中"按钮，将文本内容居中排列，效果如图 6-42 所示。

步骤 06 使用相同的操作方法，为其他的三维矩形添加文字标注，效果如图 6-43 所示。

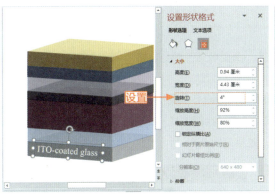

图6-40 适当旋转文本框

图6-41 复制文本框并修改内容

图6-42 将文本内容居中排列

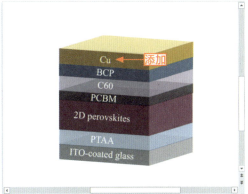

图6-43 添加其他文字标注

6.2 实验论文绘图设计2：细胞核结构图

细胞核（nucleus）分布于绝大多数的真核生物细胞中，外形大多呈球形或卵圆形，是真核细胞内最大且最重要的细胞结构，同时也是细胞内遗传信息的存储、复制和转录的主要场所。本节主要介绍使用PPT绘制细胞核结构图的操作方法，最终效果如图6-44所示。

扫码看视频

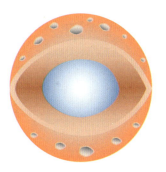

图6-44 细胞核结构图

6.2.1 绘制球体图形

下面先插入一个椭圆形对象，然后设置其"渐变填充"颜色属性，制作类似三维球体的图形效果，具体操作方法如下。

步骤 01 在 PPT 中，新建一个空白演示文稿，如图 6-45 所示。

步骤 02 ❶在编辑区中插入一个椭圆形；❷在"绘图工具 - 形状格式"面板的"大小"选项板中设置"高度"和"宽度"均为 15 厘米，效果如图 6-46 所示。

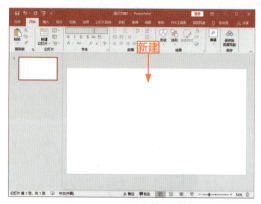

图 6-45　新建一个空白演示文稿

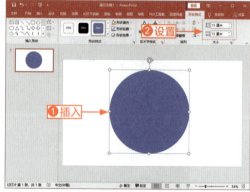

图 6-46　插入一个椭圆形

步骤 03 调出"设置形状格式"对话框，在"填充"选项区中选中"渐变填充"单选按钮，为图形填充渐变色，如图 6-47 所示。

步骤 04 在"类型"列表框中选择"路径"选项，修改渐变类型，效果如图 6-48 所示。

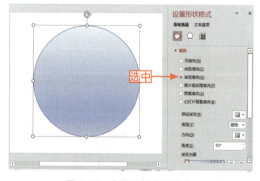

图 6-47　为图形填充渐变色

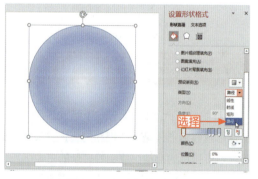

图 6-48　修改渐变类型

步骤 05 在渐变光圈上按住相应"停止点"滑块 向右拖曳至最右端，即可删除该渐变滑块，改变填充路径，效果如图 6-49 所示。

步骤 06 在渐变光圈上，❶选中相应的"停止点"滑块 ；❷单击"删除渐变光圈"按钮 ，如图 6-50 所示。

步骤 07 执行操作后，即可删除所选的"停止点"滑块 ，并改变渐变填充效果，如图 6-51 所示。

步骤 08 在渐变光圈上，❶选中右端的"停止点"滑块 ；❷在"颜色"调色板中选择"橙色，个性色 2"选项，调整渐变填充颜色，效果如图 6-52 所示。

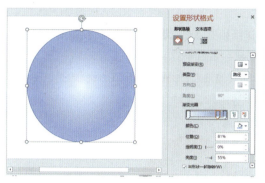

图 6-49 改变填充路径效果

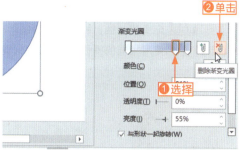

图 6-50 单击"删除渐变光圈"按钮

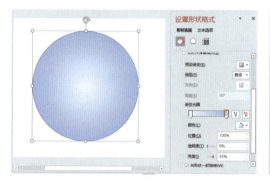

图 6-51 删除所选的"停止点"滑块

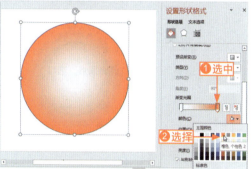

图 6-52 调整渐变填充颜色效果

6.2.2 绘制开口形状

下面主要运用形状的"编辑顶点"和"合并形状"功能，绘制球体的开口形状效果，具体操作方法如下。

步骤 01 在编辑区中复制一个球体对象，适当调整其位置，如图 6-53 所示。

步骤 02 在"设置形状格式"对话框的"填充"选项区中选中"无填充"单选按钮，删除填充颜色，如图 6-54 所示。

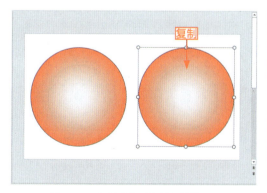

图 6-53 复制球体对象并调整位置

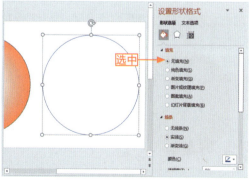

图 6-54 删除填充颜色

步骤 03 在空心椭圆形上单击鼠标右键，在弹出的快捷菜单中选择"编辑顶点"选项，如

图 6-55 所示。

步骤 04 执行操作后,进入编辑顶点模式,选择相应顶点,调出顶点控制柄,如图 6-56 所示。

步骤 05 拖曳控制柄,适当调整椭圆形的形状,如图 6-57 所示。

步骤 06 使用相同的操作方法,调整椭圆形的其他顶点,形成一个开口形状,如图 6-58 所示。

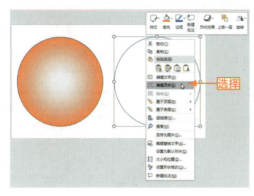

图 6-55 选择"编辑顶点"选项　　　　图 6-56 选择相应顶点

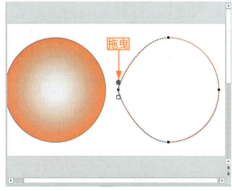 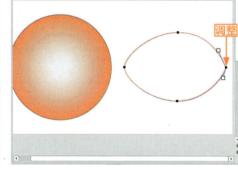

图 6-57 调整椭圆形的形状　　　　图 6-58 调整椭圆形的其他顶点

步骤 07 复制开口形状,适当调整其大小和位置,如图 6-59 所示。

步骤 08 ❶复制一个调整后的开口形状,放到边上备用;❷同时选中上方的两个开口形状,如图 6-60 所示。

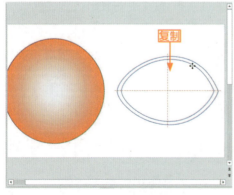 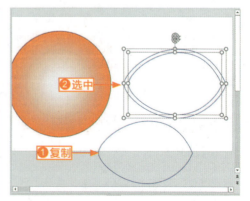

图 6-59 复制开口形状　　　　图 6-60 选中上方的两个开口形状

步骤 **09** 在"绘图工具-形状格式"面板的"插入形状"选项板中，❶单击"合并形状"按钮；❷在弹出的列表框中选择"组合"选项，如图6-61所示。

步骤 **10** 执行操作后，即可组合图形，并设置其"填充-颜色"为"橙色，个性色2，淡色60%"，效果如图6-62所示。

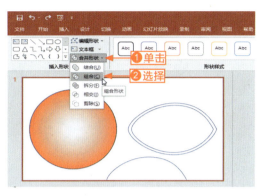
图6-61 选择"组合"选项

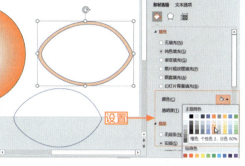
图6-62 设置填充颜色效果

步骤 **11** 在"线条"选项区中选中"无线条"单选按钮，删除形状的线条效果，如图6-63所示。

步骤 **12** 将开口形状拖曳至球体内，并适当调整其位置，形成球体的开口效果，如图6-64所示。

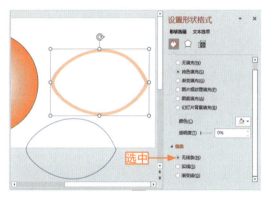
图6-63 删除形状的线条效果

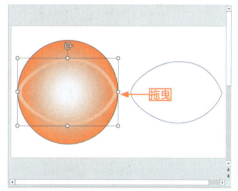
图6-64 拖曳开口形状至球体内

6.2.3 绘制球体内部效果

下面主要运用"线性"渐变填充功能绘制球体开口的内部空间效果，通过颜色的深浅对比形成三维空间感，具体操作方法如下。

步骤 **01** 在编辑区中，将备用的开口形状拖曳至球体内，如图6-65所示。

步骤 **02** 调出"设置形状格式"对话框，在"填充"选项区中，❶选中"渐变填充"单选按钮；❷设置"类型"为"线性"，为开口形状填充渐变色，效果如图6-66所示。

步骤 **03** ❶在渐变光圈上选中左侧的"停止点"滑块；❷设置其"颜色"为"橙色，个性色2，淡色60%"，如图6-67所示。

181

步骤 04 在渐变光圈的中间位置单击鼠标，❶添加一个"停止点"滑块；❷设置"位置"为50%，如图6-68所示。

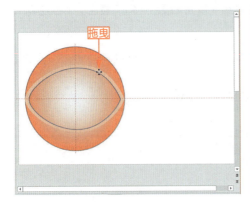

图6-65 拖曳备用的开口形状　　　　　图6-66 为开口形状填充渐变色

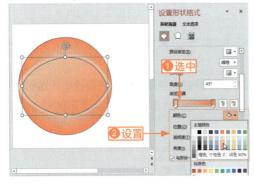 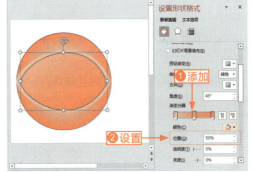

图6-67 设置左侧"停止点"滑块的颜色　　图6-68 添加一个"停止点"滑块

步骤 05 设置其"颜色"为"橙色，个性色2，深色25%"，效果如图6-69所示。

步骤 06 在渐变光圈上，❶选中右侧的"停止点"滑块；❷设置其"颜色"为"橙色，个性色2，淡色60%"，效果如图6-70所示。

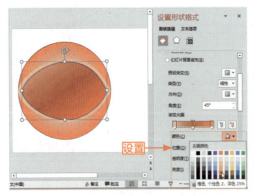 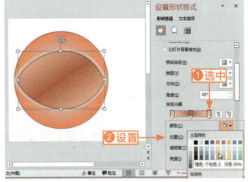

图6-69 设置中间"停止点"滑块的颜色　　图6-70 设置右侧"停止点"滑块的颜色

步骤 07 设置"角度"为90°，调整线性渐变的填充角度，效果如图6-71所示。

步骤 08 在"线条"选项区中选中"无线条"单选按钮，删除形状的线条效果，如图6-72所示。

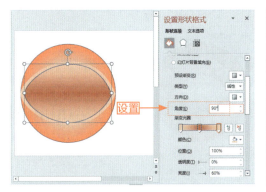

图 6-71　调整线性渐变的填充角度

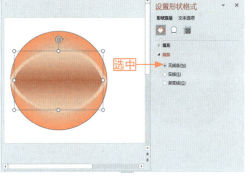

图 6-72　删除形状的线条效果

6.2.4　绘制核仁图形

下面主要运用"路径"渐变填充功能和"编辑顶点"功能绘制细胞核的核仁图形，具体操作方法如下。

步骤 01 复制一个开口形状，并适当调整其大小和位置，效果如图 6-73 所示。

步骤 02 在"设置形状格式"对话框的"填充"选项区中删除渐变光圈中间的"停止点"滑块，改变渐变填充效果，如图 6-74 所示。

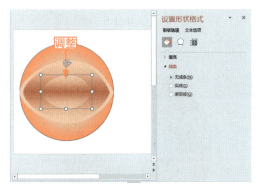

图 6-73　复制并调整开口形状

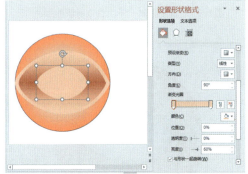

图 6-74　改变渐变填充效果

步骤 03 设置"类型"为"路径"，改变形状的渐变填充类型，如图 6-75 所示。

步骤 04 在渐变光圈上，❶选中左侧的"停止点"滑块；❷设置其"颜色"为"白色，背景 1"，效果如图 6-76 所示。

步骤 05 在渐变光圈上，❶选中右侧的"停止点"滑块；❷设置其"颜色"为"蓝色，个性色 5，深色 25%"，效果如图 6-77 所示。

步骤 06 在形状上单击鼠标右键，在弹出的快捷菜单中选择"编辑顶点"选项，进入编辑顶点模式，如图 6-78 所示。

步骤 07 选择左侧的顶点，适当拖曳控制柄，调整形状左侧的效果，如图 6-79 所示。

步骤 08 使用相同的操作方法，调整其他的形状顶点，改变形状的整体效果，如图 6-80 所示。

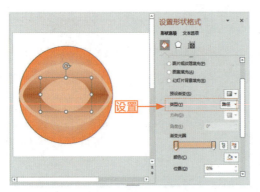

图 6-75 改变形状的渐变填充类型

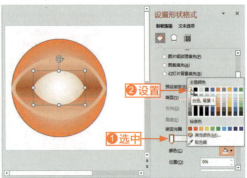

图 6-76 设置左侧"停止点"滑块的颜色

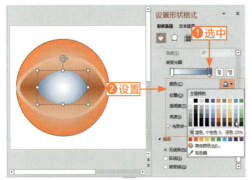

图 6-77 设置右侧"停止点"滑块的颜色

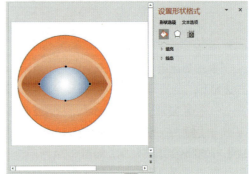

图 6-78 进入编辑顶点模式

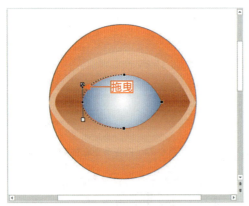

图 6-79 调整形状效果

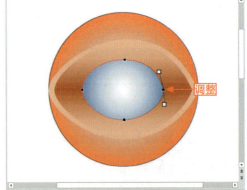

图 6-80 调整其他的形状顶点

6.2.5 绘制核孔图形

下面主要运用"编辑顶点"功能和"线性"渐变填充功能绘制细胞核外膜上的核孔图形效果，具体操作方法如下。

步骤 01 在细胞核的外膜上绘制一个椭圆形，如图 6-81 所示。

步骤 02 在形状上单击鼠标右键，在弹出的快捷菜单中选择"编辑顶点"选项，进入编辑顶点模式，调整各顶点，改变图形效果，如图 6-82 所示。

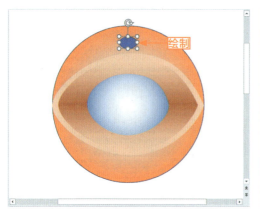

图 6-81　绘制一个椭圆形

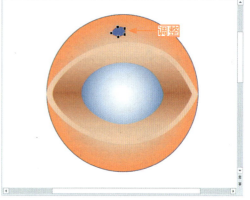

图 6-82　改变图形效果

步骤 03　在"设置形状格式"对话框的"填充"选项区中，❶选中"渐变填充"单选按钮；❷设置"类型"为"线性"，添加渐变填充色，如图 6-83 所示。

步骤 04　在渐变光圈上，❶选中左侧的"停止点"滑块；❷设置其"颜色"为"橙色，个性色 2，淡色 80%"，效果如图 6-84 所示。

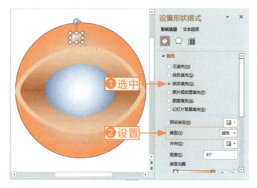

图 6-83　添加渐变填充色

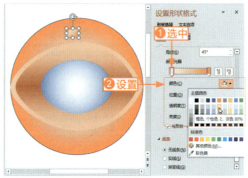

图 6-84　设置左侧"停止点"滑块的颜色

步骤 05　在渐变光圈上，❶选中右侧的"停止点"滑块；❷设置其"颜色"为"灰色，个性色 3，深色 25%"，效果如图 6-85 所示。

步骤 06　设置"角度"为 90°，调整渐变填充的方向，效果如图 6-86 所示。

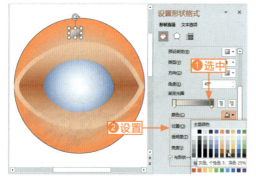

图 6-85　设置右侧"停止点"滑块的颜色

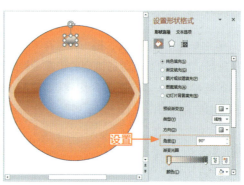

图 6-86　调整渐变填充的方向

步骤 07 在"线条"选项区中选中"实线"单选按钮,添加线条轮廓,效果如图 6-87 所示。

步骤 08 设置"颜色"为"橙色,个性色2,淡色60%",改变线条轮廓的颜色,效果如图 6-88 所示。

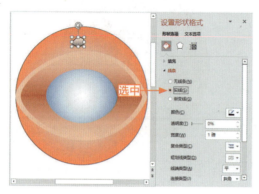
图 6-87 添加线条轮廓

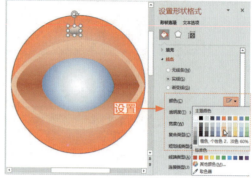
图 6-88 改变线条轮廓的颜色

步骤 09 设置"宽度"为 3 磅,增加线条轮廓的宽度,效果如图 6-89 所示。

步骤 10 复制多个核孔图形,适当调整其大小、位置和形状,并删除最外层球体的线条,最终效果如图 6-90 所示。

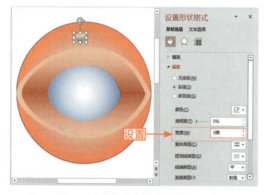
图 6-89 增加线条轮廓的宽度

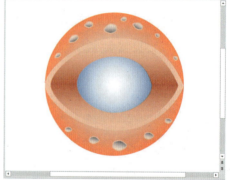
图 6-90 复制并调整多个核孔图形

6.3 实验论文绘图设计 3:碳纳米管三维图

碳纳米管又名巴基管,是一种具有特殊结构的一维量子材料,主要由呈六边形排列的碳原子构成数层到数十层的同轴圆管。本节主要介绍使用 PPT 绘制碳纳米管三维图的操作方法,最终效果如图 6-91 所示。

扫码看视频

图 6-91 碳纳米管结构图

6.3.1 绘制单个碳原子

下面主要运用"剪除"和"结合"这两个布尔运算功能对形状进行合并，绘制一个基本的碳原子图形效果，具体操作方法如下。

步骤 01 在PPT中，新建一个空白演示文稿，在编辑区中插入一个六边形，如图6-92所示。

步骤 02 在"绘图工具-形状格式"面板的"大小"选项板中，设置"高度"为1.3厘米、"宽度"为1.5厘米，效果如图6-93所示。

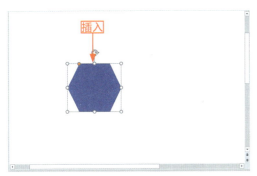 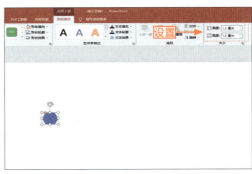

图 6-92　插入一个六边形　　　　　图 6-93　调整六边形的大小

步骤 03 在"绘图工具-形状格式"面板的"排列"选项板中，❶单击"旋转"按钮；❷在弹出的列表框中选择"向右旋转90°"选项，效果如图6-94所示。

步骤 04 在编辑区中，❶复制六边形；❷并设置"高度"为0.95厘米、"宽度"为1.1厘米，效果如图6-95所示。

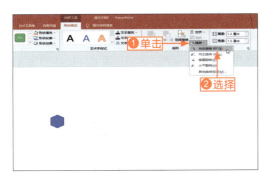 

图 6-94　旋转六边形　　　　　图 6-95　复制并调整六边形的大小

步骤 05 在编辑区中，❶插入一个矩形；❷设置"高度"为1厘米、"宽度"为0.2厘米，效果如图6-96所示。

步骤 06 将较小的六边形拖曳至大六边形内，并设置为"水平居中"和"垂直居中"对齐，效果如图6-97所示。

步骤 07 同时选中两个六边形，在"绘图工具-形状格式"面板的"插入形状"选项板中，❶单击"合并形状"按钮；❷在弹出的列表框中选择"剪除"选项，如图6-98所示。

步骤 08 执行操作后，即可绘制一个六边形的环状效果，如图6-99所示。

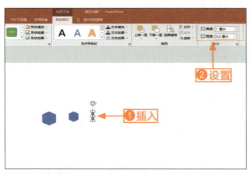

图 6-96 插入一个矩形

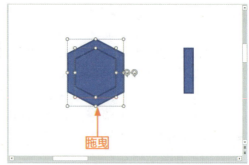

图 6-97 调整六边形的位置

图 6-98 选择"剪除"选项

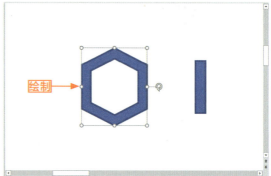

图 6-99 绘制六边形环

步骤 09 在编辑区中,将矩形拖曳至六边形环的下方,适当调整其位置,效果如图 6-100 所示。

步骤 10 同时选中六边形环和矩形,❶在"插入形状"选项板中单击"合并形状"按钮;❷在弹出的列表框中选择"结合"选项,如图 6-101 所示。

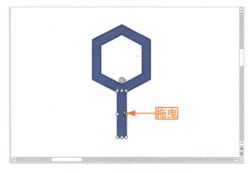

图 6-100 调整矩形的位置

图 6-101 选择"结合"选项

步骤 11 执行操作后,即可将两个形状结合为一个新的形状,效果如图 6-102 所示。

步骤 12 在"绘图工具-形状格式"面板的"形状样式"选项板中,❶单击"形状轮廓"按钮;❷在弹出的列表框中选择"无轮廓"选项,如图 6-103 所示。

步骤 13 执行操作后,即可删除形状的线条轮廓,效果如图 6-104 所示。

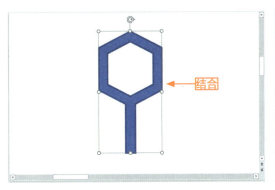

图 6-102 结合为一个新的形状

图 6-103 选择"无轮廓"选项

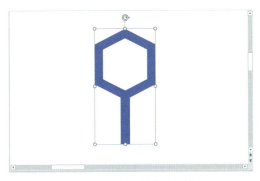

图 6-104 删除形状的线条轮廓

6.3.2 绘制碳原子链条

下面主要通过 Ctrl + D 组合键快速复制并移动单个碳原子图形，组合成碳原子链条，同时调整其三维样式效果，具体操作方法如下。

步骤 01 在编辑区中选择碳原子图形，按 Ctrl + D 组合键复制图形，并调整复制出来的图形的相对位置，效果如图 6-105 所示。

步骤 02 连续按两次 Ctrl + D 组合键，即可复制图形并自动调整位置，效果如图 6-106 所示。

图 6-105 复制图形并手动调整位置

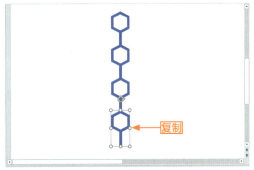

图 6-106 复制图形并自动调整位置

专家指点

Ctrl + D 组合键的作用是重复最后一个操作，但并不能记录一系列操作，因此不能用该快捷键完成多于一个操作的行为。

步骤 03 同时选中所有图形，在"合并形状"列表框中选择"结合"选项，对图形进行组合，效果如图 6-107 所示。

步骤 04 调出"设置形状格式"对话框，❶ 在"填充"选项区中选中"纯色填充"单选按钮；❷ 设置"颜色"为"浅灰色，背景 2，深色 25%"，效果如图 6-108 所示。

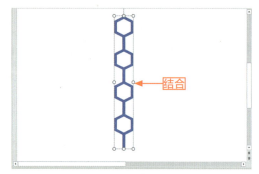

图 6-107 组合图形效果

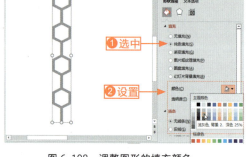

图 6-108 调整图形的填充颜色

步骤 05 在"效果"选项卡的"三维格式"选项区中，单击"顶部棱台"下方的"无"按钮，如图 6-109 所示。

步骤 06 在弹出的列表框中选择"棱台"|"圆形"选项，如图 6-110 所示。

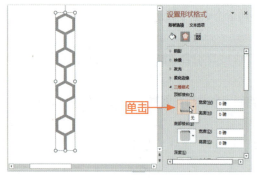

图 6-109 单击"无"按钮

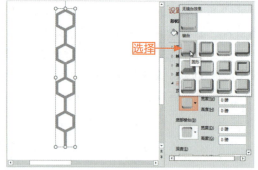

图 6-110 选择"圆形"选项

步骤 07 执行操作后，即可添加圆形顶部棱台效果，如图 6-111 所示。

步骤 08 在"底部棱台"列表框中选择"棱台"|"圆形"选项，添加圆形底部棱台效果，如图 6-112 所示。

步骤 09 在"材料"列表框中选择"标准"|"亚光效果"选项，添加亚光材质效果，如图 6-113 所示。

步骤 10 在"光源"列表框中选择"中性"|"三点"选项，添加三点光源效果，如图 6-114 所示。

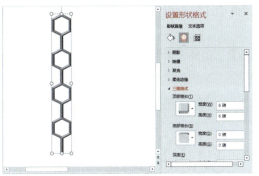
图 6-111 添加圆形顶部棱台效果

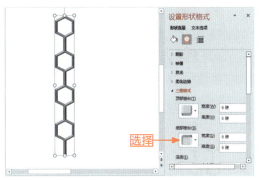
图 6-112 添加圆形底部棱台效果

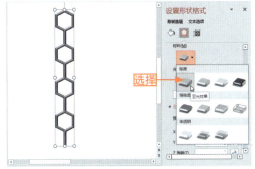
图 6-113 添加亚光材质效果

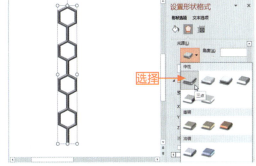
图 6-114 添加三点光源效果

步骤 11 在"三维旋转"选项区中,在"预设"列表框中选择"角度"|"透视:前"选项,添加前透视效果,如图 6-115 所示。

步骤 12 设置"X 旋转""Y 旋转"和"Z 旋转"均为 0°,设置"透视"为 85°,调整图形的 3D 透视效果,如图 6-116 所示。

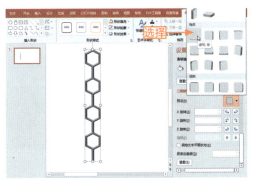
图 6-115 添加前透视效果

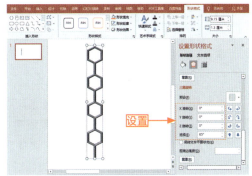
图 6-116 调整图形的 3D 透视效果

6.3.3 复制并旋转图形

下面先复制多条碳原子链条图形,然后通过调整各图形的"三维旋转"中的"X 旋转"参数,改变图形的旋转角度,具体操作方法如下。

步骤 01 在编辑区中选择碳原子链条图形，按 Ctrl + D 组合键复制图形，并调整复制出来的图形的相对位置，效果如图 6-117 所示。

步骤 02 连续按 6 次 Ctrl + D 组合键，即可复制出多个图形并自动调整其位置，效果如图 6-118 所示。

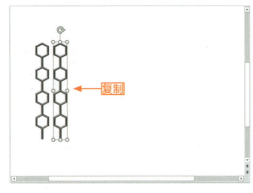 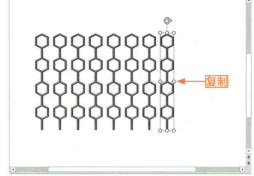

图 6-117 复制图形并手动调整位置　　　　图 6-118 复制图形并自动调整位置

步骤 03 在编辑区中，❶选择第 2 条碳原子链条；❷在"三维旋转"选项区中设置"X 旋转"为 45°，沿着 X 轴旋转图形，效果如图 6-119 所示。

步骤 04 在编辑区中，❶选择第 3 条碳原子链条；❷在"三维旋转"选项区中设置"X 旋转"为 90°，沿着 X 轴旋转图形，效果如图 6-120 所示。

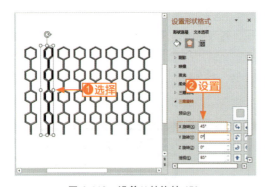 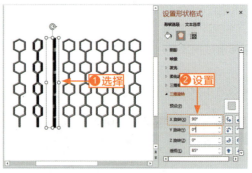

图 6-119 沿着 X 轴旋转 45°　　　　图 6-120 沿着 X 轴旋转 90°

步骤 05 在编辑区中，❶选择第 4 条碳原子链条；❷在"三维旋转"选项区中设置"X 旋转"为 135°，沿着 X 轴旋转图形，效果如图 6-121 所示。

步骤 06 在编辑区中，❶选择第 5 条碳原子链条；❷在"三维旋转"选项区中设置"X 旋转"为 180°，沿着 X 轴旋转图形，效果如图 6-122 所示。

步骤 07 在编辑区中，❶选择第 6 条碳原子链条；❷在"三维旋转"选项区中设置"X 旋转"为 225°，沿着 X 轴旋转图形，效果如图 6-123 所示。

步骤 08 在编辑区中，❶选择第 7 条碳原子链条；❷在"三维旋转"选项区中设置"X 旋转"为 270°，沿着 X 轴旋转图形，效果如图 6-124 所示。

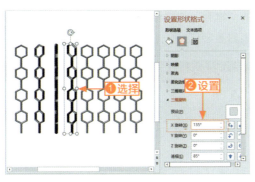
图 6-121 沿着 X 轴旋转 135°

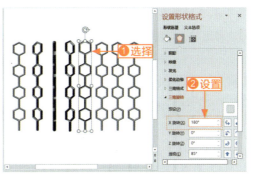
图 6-122 沿着 X 轴旋转 180°

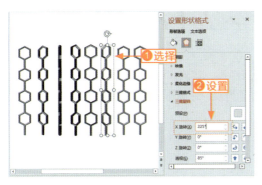
图 6-123 沿着 X 轴旋转 225°

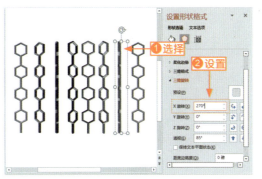
图 6-124 沿着 X 轴旋转 270°

步骤 09 在编辑区中，❶选择第 8 条碳原子链条；❷在"三维旋转"选项区中设置"X 旋转"为 315°，沿着 X 轴旋转图形，效果如图 6-125 所示。

步骤 10 执行操作后，即可完成各图形的旋转，效果如图 6-126 所示。

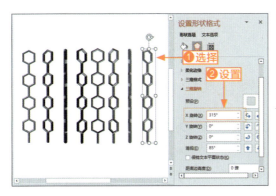
图 6-125 沿着 X 轴旋转 315°

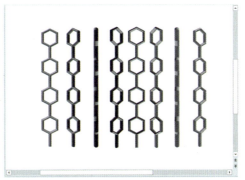
图 6-126 各图形的旋转效果

6.3.4 排列并组合图形

下面主要对编辑区中的所有图形的"三维旋转"属性进行调整，排列并组合成碳纳米管的三维图形效果，具体操作方法如下。

步骤 01 在编辑区中选择所有图形，如图 6-127 所示。

步骤 02 在"绘图工具-形状格式"面板的"排列"选项板中，❶单击"对齐"按钮；❷在弹出的列表框中选择"水平居中"选项，效果如图6-128所示。

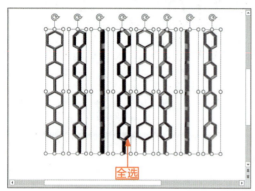

图 6-127　选择所有图形

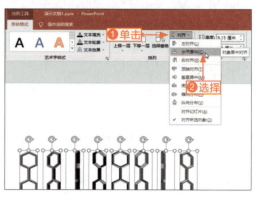

图 6-128　选择"水平居中"选项

步骤 03 执行操作后，即可水平居中排列所有图形，效果如图6-129所示。

步骤 04 在"三维旋转"选项区中设置"Y旋转"为90°，沿着Y轴旋转图形，效果如图6-130所示。

图 6-129　水平居中排列所有图形

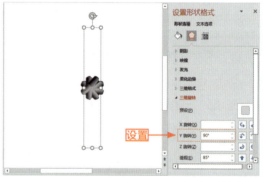

图 6-130　沿着Y轴旋转图形

步骤 05 在"三维旋转"选项区中设置"Z旋转"为0°、"透视"为85°，调整图形的透视效果，如图6-131所示。

步骤 06 在"三维旋转"选项区中设置"距底边高度"为45磅，调整图形的空间位置，效果如图6-132所示。

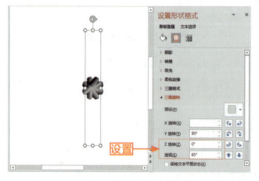

图 6-131　调整图形的透视效果

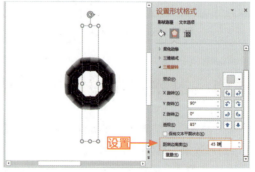

图 6-132　调整图形的空间位置

6.3.5 调整图形的视角

下面主要通过"三维旋转"选项区中的各种视角控制按钮,沿着不同方向调整三维图形的视角,展现 3D 图形效果,具体操作方法如下。

步骤 01 在"三维旋转"选项区中,单击"X 旋转"选项右侧的"向左"按钮,即可沿着 X 轴向左旋转三维图形,效果如图 6-133 所示。

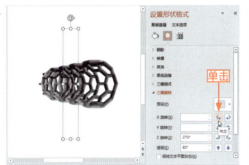 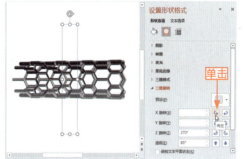

图 6-133 沿着 X 轴向左旋转三维图形

步骤 02 在"三维旋转"选项区中,单击"Y 旋转"选项右侧的"向上"按钮,即可沿着 Y 轴向上旋转三维图形,效果如图 6-134 所示。

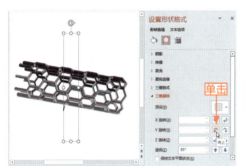 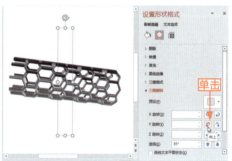

图 6-134 沿着 Y 轴向上旋转三维图形

步骤 03 在"三维旋转"选项区中,单击"Z 旋转"选项右侧的"顺时针"按钮,即可沿着 Z 轴向顺时针方向旋转三维图形,效果如图 6-135 所示。

步骤 04 使用相同的操作方法,对三维图形的视角进行调整,最终效果如图 6-136 所示。

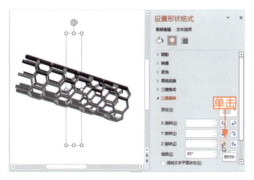 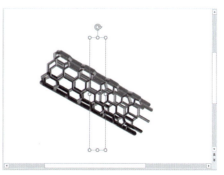

图 6-135 顺时针旋转三维图形　　图 6-136 调整三维图形的视角效果

第 4 篇

Origin 职称论文绘图

软件入门——掌握 Origin 基本操作 | 第 7 章

Origin 是由 OriginLab 公司开发的一个科学绘图与数据分析软件,能够绘制各种各样的 2D/3D 图形,用户只需导入数据并点点鼠标即可轻松出图。本章主要介绍 Origin 的基本功能和相关操作技巧,为使用 Origin 进行论文绘图打好基础。

本章重点

- Origin 的基本操作
- 图形的绘制与编辑
- Origin 图形的输出技巧

7.1 Origin 的基本操作

Origin 是一款功能强大的数据分析和专业函数绘图软件,用户可以轻松自定义和自动化地完成数据导入、分析、绘图和报告等任务,同时还支持批量绘图和分析操作,是分析数据和展示科学成果的有效工具。本节主要介绍 Origin 的一些基本操作,如新建项目文件、保存项目文件、设置工作簿名称和工作表数据等。

7.1.1 认识 Origin 软件

Origin 软件具有两大类功能:绘图和数据分析,如图 7-1 所示。

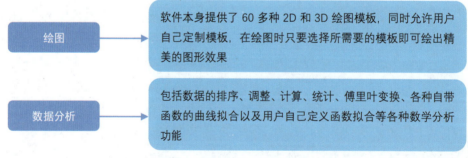

图 7-1 Origin 软件的两大类功能

另外,Origin 还能够链接各种数据库软件、办公软件、图像处理软件,同时还支持标准 ANSI C 等高级语言编写的数据分析程序,并且内置了 Origin C 语言和 Lab Talk 语言编程功能,能够帮助用户非常方便地进行数据分析和绘图等工作。

Origin 软件的工作界面如图 7-2 所示。

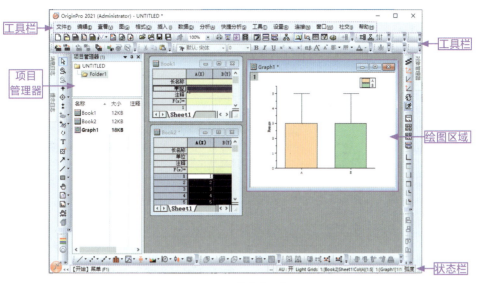

图 7-2　Origin 软件的工作界面

从上图可以看到，Origin 软件的工作界面主要包括以下几个部分。

（1）菜单栏：Origin 软件的顶部即为菜单栏，每个菜单都包含下拉菜单和子菜单，几乎可以实现 Origin 的全部功能。另外，通过菜单栏中的各种选项还可以对 Origin 软件进行设置，因此必须了解菜单栏中的各种菜单选项。

（2）工具栏：工具栏位于菜单栏的下方，其中的各种工具不仅分类合理、直观，而且功能非常强大，Origin 中比较常用的功能都能够在工具栏中找到。

（3）绘图区域：这是 Origin 的主要工作区，其中包括各种项目文件和工作簿的表格及绘图窗口等，能够完成大部分的绘图和数据处理工作。

（4）项目管理器：其功能与 Windows 系统的资源管理器类似，能够非常直观地展示和管理各种项目文件，并且非常方便地在各个窗口间进行切换。

（5）状态栏：位于 Origin 软件的底部，主要功能在于说明当前的工作内容或鼠标所指到的某些菜单按钮。

7.1.2　新建项目文件

如果需要新建一个 Origin 项目文件，可以选择菜单栏中的"新建"选项来实现，通过该选项能够创建项目、工作簿、矩阵、图、布局、备注、函数图等文件，还可以从模板、Excel 中导入数据。下面介绍新建项目文件的操作方法。

步骤 01　在菜单栏中选择"文件"|"新建"|"项目"选项，如图 7-3 所示。

步骤 02　如果这时已有一个打开的项目，会提示在打开新项目以前是否保存对当前项目所做的修改，单击"否"按钮，如图 7-4 所示。

专家指点

要打开已有的项目文件，可以在菜单栏中选择"文件"|"打开"选项，系统将弹出"打开"

对话框，然后选择所要打开的项目的文件名，单击"打开"按钮，即可打开该项目文件。Origin 一次仅能打开一个项目文件，如果想同时打开两个项目文件，可以采用运行两次 Origin 软件的方法来实现。

图 7-3　选择"项目"选项　　　　　　　　图 7-4　单击"否"按钮

步骤 03 弹出"新工作簿"对话框，在"系统模板"选项卡中选择 ARIMA 模板，如图 7-5 所示。

步骤 04 单击"确定"按钮，即可创建一个模板项目文件，如图 7-6 所示。

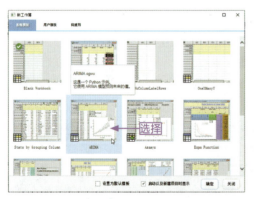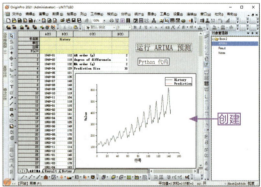

图 7-5　选择 ARIMA 模板　　　　　　　　图 7-6　创建一个模板项目文件

7.1.3　保存项目文件

当选择"保存项目"选项保存项目文件时，如果该项目已存在，则 Origin 仍保存该项目的内容，且没有任何提示；如果这个项目以前没有保存过，则系统将弹出"另存为"对话框，可以对文件名和保存类型进行设置，单击"保存"按钮即可保存项目文件。

扫码看视频

下面介绍保存项目文件的具体操作方法。

步骤 01 以上一例的效果为例，在菜单栏中选择"文件"|"项目另存为"选项，如图 7-7 所示。

步骤 02 在弹出的"另存为"对话框中设置相应的保存位置，如图 7-8 所示。

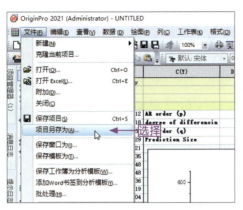
图 7-7　选择"项目另存为"选项

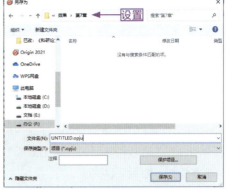
图 7-8　设置相应的保存位置

步骤 03 单击"保护项目"按钮，弹出"密码"对话框，设置相应的"新密码"和"新密码确认"选项（此处密码为 1），如图 7-9 所示。

步骤 04 单击"确定"按钮返回"另存为"对话框，设置相应的"文件名"和"保存类型"选项，如图 7-10 所示。

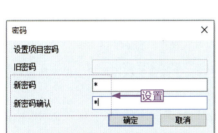
图 7-9　设置相应的密码选项

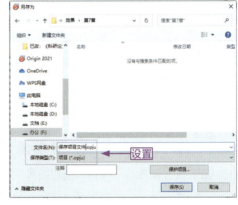
图 7-10　设置相应的"文件名"和"保存类型"选项

步骤 05 单击"保存"按钮，即可保存项目文件至指定文件夹中，如图 7-11 所示。

步骤 06 在打开该项目文件时，会提示用户需要输入正确的密码，如图 7-12 所示。

图 7-11　保存项目文件至指定文件夹中

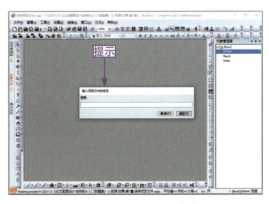
图 7-12　提示用户输入正确的密码

7.1.4 设置工作簿名称

一个 Origin 工作簿可以包含 1～255 个工作表，可对工作表重新排列和命名，也可以将其删除或添加、移植到其他工作簿中。每个工作表可以存放 1000000 行和 10000 列的数据。在默认状态下，在创建一个 Origin 项目时，会同时打开一个带 Sheet1 工作表的 Book1 工作簿，如图 7-13 所示。

扫码看视频

Origin 工作簿和工作表的主要功能是组织绘图数据。在工作表中能方便地对数据进行操作、扩充和分析。在工作表的单元格上单击鼠标右键，在弹出的快捷菜单中可以选择复制、插入、删除等基本操作，如图 7-14 所示。

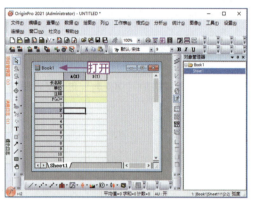

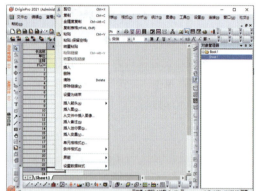

图 7-13　打开一个 Book1 工作簿　　　　　图 7-14　工作表的基本操作

下面介绍设置工作簿名称的具体操作方法。

步骤 01 新建一个空白项目文件，将鼠标指针移至工作簿的标题栏上，单击鼠标右键，在弹出的快捷菜单中选择"属性"选项，如图 7-15 所示。

步骤 02 执行操作后，弹出"窗口属性-Book1"对话框，在"长名称"文本框中输入相应的名称（Calendar view of DJIA Price Deviation），如图 7-16 所示。

图 7-15　选择"属性"选项　　　　　图 7-16　输入相应的名称

步骤 03 单击"确定"按钮，即可修改工作簿的名称，如图 7-17 所示。

图 7-17 修改工作簿的名称

7.1.5 设置工作表数据

Origin 工作表中的数据输入方法非常灵活,除了可以直接在单元格中进行数据的添加、插入、删除、粘贴和移动等操作外,还可以从其他软件的数据文件中导入数据,以及通过拖曳、剪切、随机数和公式等方式设置表格数据。

扫码看视频

例如,Origin 能够很方便地通过函数表达公式在工作表中输入数据,下面介绍具体的操作方法。

步骤 01 新建一个空白项目文件,选择一列表格,如图 7-18 所示。

步骤 02 单击鼠标右键,在弹出的快捷菜单中选择"设置列值"选项,如图 7-19 所示。

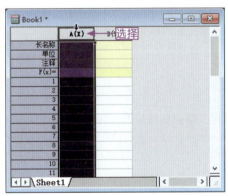

图 7-18 选择一列表格

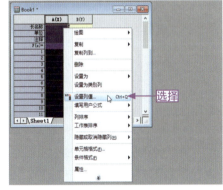

图 7-19 选择"设置列值"选项

步骤 03 弹出"设置值 -[Book1]Sheet1!Col(A)"对话框,选择"函数"选项,如图 7-20 所示。

步骤 04 在弹出的子菜单中选择"数学" | exp(x) 选项,如图 7-21 所示。

图 7-20 选择"函数"选项

图 7-21 选择 exp(x) 选项

步骤 05 执行操作后，即可插入相应函数，修改函数公式为 exp(1)，如图 7-22 所示。

步骤 06 单击"确定"按钮，即可在相应的表格列中添加数据，如图 7-23 所示。

图 7-22 修改函数公式

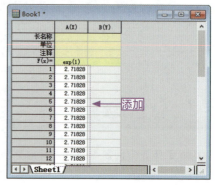

图 7-23 添加数据

7.2 图形的绘制与编辑

Origin 软件集绘制图表和数据分析等功能于一体，是论文绘图和数据分析的理想工具。本节将介绍使用 Origin 绘制与编辑各种二维图形和三维图形的相关操作技巧。

7.2.1 绘制二维曲线图

扫码看视频

在职称论文中，大部分的数据曲线图都是采用二维坐标绘制的。Origin 的绘图功能非常灵活且强大，能够绘制十分精美的二维数据曲线图，可以满足大部分职称论文和科技文章的绘图需求。下面介绍绘制简单二维曲线图的操作方法。

步骤 01 选择"文件"|"打开"选项，打开一个项目文件，如图 7-24 所示。

步骤 02 在工作表中选择 C（Y）列表格，如图 7-25 所示。

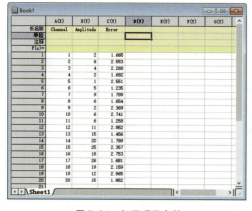

图 7-24 打开项目文件

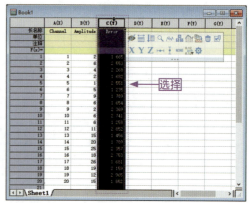

图 7-25 选择 C（Y）列表格

步骤 03 单击鼠标右键，在弹出的快捷菜单中选择"设置为"|"Y 误差"选项，如图 7-26

所示。

步骤 **04** 执行操作后，即可设置 C（Y）列表格的属性，如图 7-27 所示。

图 7-26 选择"Y 误差"选项

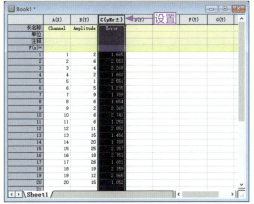

图 7-27 设置误差列表格

专家指点

如果在绘图时选择的表格列数超过两列，Origin 将自动创建数据曲线组，增加诸如符号类型、颜色等属性，以便能够很容易地区分开各条曲线。

步骤 **05** 单击"长名称"上方的单元格，即可快速全选所有表格，如图 7-28 所示。
步骤 **06** 选择"绘图"｜"基础 2D 图"｜"样条连接图"选项，如图 7-29 所示。

图 7-28 快速全选所有表格

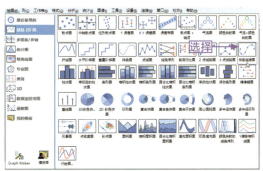

图 7-29 选择"样条连接图"选项

步骤 **07** 执行操作后，即可创建样条连接图，如图 7-30 所示。

专家指点

如果没有在工作表中选择数据，则在选择相应"绘图"选项时会弹出"图表绘制：选择数据来绘制新图"对话框，如图 7-31 所示。在"绘图类型"下拉列表框中可以选择绘图的类型。在"显示"下拉列表框中，可以根据要求设置数据各列在图中的属性，以及选中相应数据关联的复选框。例如，将 A 列设置为 X 轴，将 B 列设置为 Y 轴，将 C 列设置为误差列，单击"确定"按钮，同样也可以绘制出与图 7-30 相同的图形。

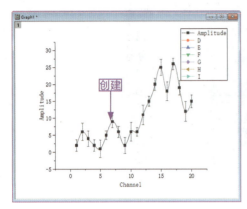

图 7-30　创建样条连接图

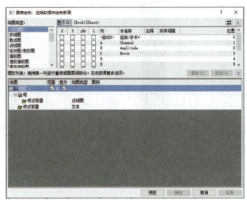

图 7-31　"图表绘制：选择数据来绘制新图"对话框

7.2.2　添加日期和时间

单击左侧工具栏中的"日期 & 时间"按钮，即可在当前激活层上添加当前使用 Origin 计算机系统的日期和时间。如果要在其他层添加日期和时间，可以先激活该层，再单击左侧工具栏中的"日期 & 时间"按钮。

扫码看视频

下面介绍在绘制的图形上添加日期和时间的操作方法。

步骤 01　选择"文件"|"打开"选项，打开一个项目文件，如图 7-32 所示。

步骤 02　展开"项目管理器"对话框，在其中使用鼠标双击 Graph1 图形名称，如图 7-33 所示。

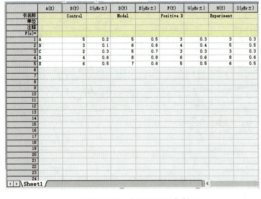

图 7-32　打开项目文件

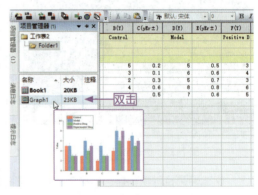

图 7-33　双击 Graph1 图形名称

步骤 03　执行操作后，即可显示 Graph1 图形窗口，如图 7-34 所示。

步骤 04　在左侧工具栏中单击"日期 & 时间"按钮，如图 7-35 所示。

步骤 05　执行操作后，即可在当前图形中添加日期和时间标记，如图 7-36 所示。

步骤 06　❶选择日期和时间标记，单击鼠标右键；❷在弹出的快捷菜单中选择"属性"选项，如图 7-37 所示。

步骤 07 在弹出的"文本对象-timestamp"对话框中设置"字体"为 Times New Roman、"颜色"为"自动"，如图 7-38 所示。

步骤 08 单击"确定"按钮，即可调整日期和时间标记的字体和颜色，并适当调整其位置，效果如图 7-39 所示。

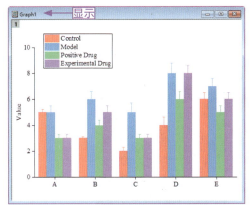

图 7-34 显示 Graph1 图形窗口

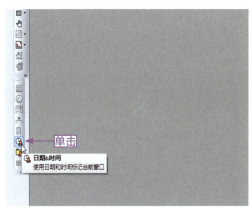

图 7-35 单击"日期 & 时间"按钮

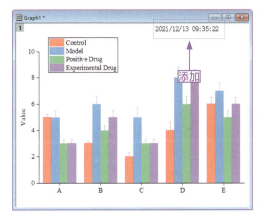

图 7-36 添加日期和时间标记

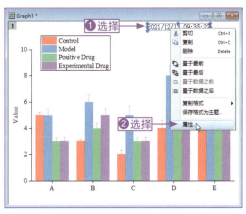

图 7-37 选择"属性"选项

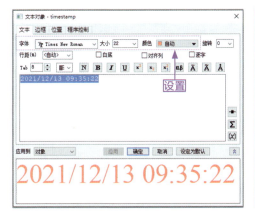

图 7-38 设置文本对象属性

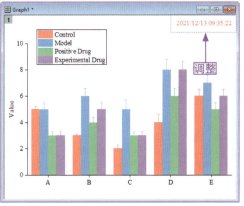

图 7-39 调整日期和时间标记效果

7.2.3 绘制三维曲面图

Origin 中有大量的三维图形内置模板,掌握这些模板的用法对于绘制三维图形来说是至关重要的,不仅能节省大量的作图时间,同时还能提升作图效果。

扫码看视频

下面介绍绘制三维曲面图的操作方法。

步骤 01 选择"文件"|"打开"选项,打开一个项目文件,如图 7-40 所示。

步骤 02 在工作表中选中所有的数据,如图 7-41 所示。

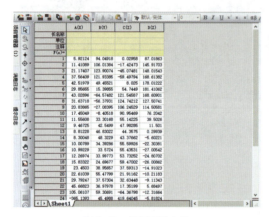

图 7-40 打开项目文件　　　　图 7-41 选中所有的数据

步骤 03 在菜单栏中选择"绘图"|3D|"带颜色映射的 3D 三元曲面图"选项,如图 7-42 所示。

步骤 04 执行操作后,即可创建一个带颜色映射的 3D 三元曲面图,效果如图 7-43 所示。

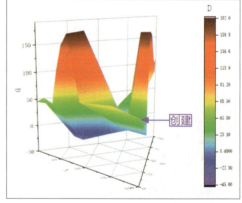

图 7-42 选择相应选项　　　　图 7-43 创建 3D 曲面图

专家指点

三维图的建立通常需要使用 Matrix 矩阵数据,而 Matrix 矩阵数据通常从 XYZ 数据转换而来。为了能进行复杂三维图形的绘制,Origin 提供了将工作表转换为矩阵表的方法,选择"工作表"|"转换为矩阵"选项即可。

7.2.4 绘制多图层图形

使用 Origin 的 Layer（层，也可以称为图层）技术，可以在同一绘图空间绘制更多的曲线，以构成更复杂的图形，而且这些图形具有不同的坐标体系，或者不同的大小、位置，或者一个图形是另一个图形的局部放大效果。也就是说，Origin 可以绘制多图层图形，支持绘制多达 121 个层的复杂图形。

扫码看视频

在 Origin 软件中，图层是一个非常重要的概念和基本绘图要素，一个绘图窗口中可以有多个图层，每个图层中的图轴确定了该图层和总数据的显示。多图层可以实现在一个图形窗口中用不同的坐标轴刻度进行图形的绘制。

下面以缩放图为例，介绍绘制多图层图形的操作方法。

步骤 01 选择"文件"|"打开"选项，打开一个项目文件，如图 7-44 所示。

步骤 02 在工作表中选中所有的数据，如图 7-45 所示。

图 7-44　打开项目文件

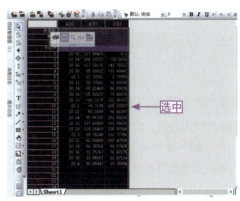

图 7-45　选中所有的数据

步骤 03 在菜单栏中选择"绘图"|"多面板/多轴"|"缩放图"选项，如图 7-46 所示。

步骤 04 执行操作后，即可创建一个缩放图，效果如图 7-47 所示。

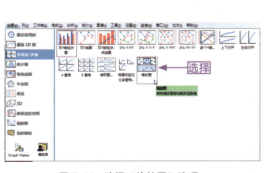

图 7-46　选择"缩放图"选项

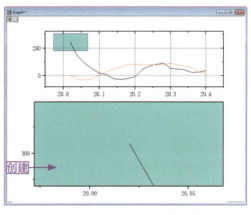

图 7-47　创建一个缩放图

步骤 05 在"对象管理器"对话框中可以看到两个 Layer，如图 7-48 所示。

步骤 06 在绘图区域中，拖曳上方图形中的缩览图，即可在下方图形中查看放大后的图形效果，如图 7-49 所示。

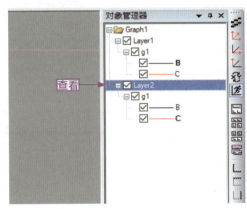

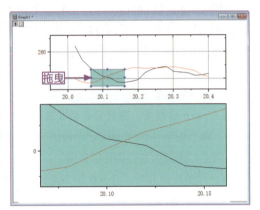

图 7-48　"对象管理器"窗口　　　　　图 7-49　拖曳缩览图

7.2.5　绘制专业图形效果

使用 Origin 可以快速绘制矢量图、三元图、雷达图、风玫瑰图、径向条形图、罗盘图、史密斯图、K 线图、股价线图、子弹图等专业图形。下面以 K 线图为例，介绍绘制专业图形效果的操作方法。

扫码看视频

步骤 01 选择"文件"|"打开"选项，打开一个项目文件，如图 7-50 所示。

步骤 02 在工作表中选中所有的数据，如图 7-51 所示。

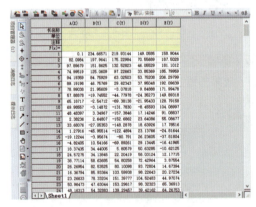
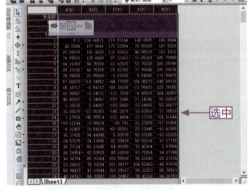

图 7-50　打开项目文件　　　　　图 7-51　选中所有的数据

步骤 03 在菜单栏中选择"绘图"|"专业图"|"K 线图"选项，如图 7-52 所示。

步骤 04 执行操作后，即可创建一个 K 线图，效果如图 7-53 所示。

步骤 05 在绘图区域使用鼠标双击 K 线图形，如图 7-54 所示。

步骤 06 弹出"绘图细节 - 绘图属性"对话框，在"阳线"选项卡中设置"边框 / 线"和"填充"的"颜色"均为"红"（R、G、B 参数值分别为 255、0、0），如图 7-55 所示。

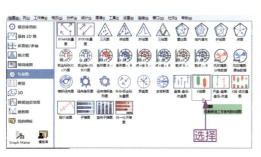

图 7-52 选择"K 线图"选项

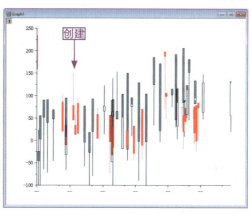

图 7-53 创建一个 K 线图

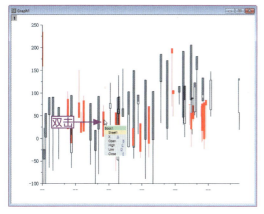

图 7-54 双击 K 线图形

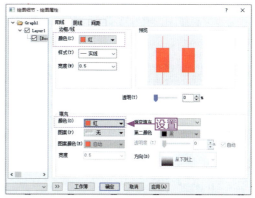

图 7-55 设置阳线图形的颜色

步骤 07 在"阴线"选项卡中设置"边框/线"和"填充"的"颜色"均为"绿"（R、G、B 参数值分别为 0、255、0），如图 7-56 所示。

步骤 08 单击"确定"按钮，即可修改 K 线图中的图形颜色，效果如图 7-57 所示。

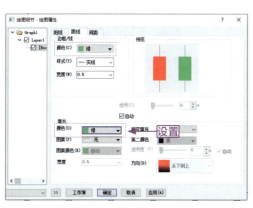

图 7-56 设置阴线图形的颜色

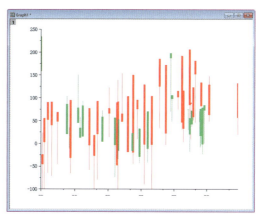

图 7-57 修改 K 线图中的图形颜色

7.3 Origin 图形的输出技巧

论文图形的输出看起来非常容易,但其实也是最重要的,因为不管多么复杂和重要的图形,如果一直存放在 Origin 工程项目中,而不能输出利用,特别是输出到要表达图形的文档之中,并加以说明或讨论,那么图形也就失去了本身的意义或价值。本节主要介绍 Origin 图形的输出技巧,将做好的图形应用到其他的论文排版软件中。

7.3.1 粘贴图形到其他应用程序

扫码看视频

要输出 Origin 图形文件到其他应用程序中,最简单的方法就是使用粘贴板来进行数据的交换。下面以粘贴 Origin 图形文件到 Word 为例,介绍具体的操作方法。

步骤 01 选择"文件"|"打开"选项,打开一个项目文件,如图 7-58 所示。

步骤 02 在"项目管理器"窗口中,使用鼠标双击 Graph1 图形名称,显示 Graph1 图形窗口,如图 7-59 所示。

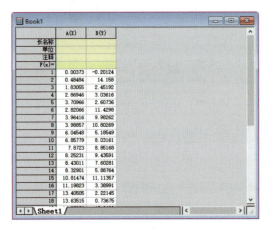

图 7-58 打开项目文件

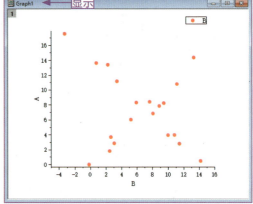

图 7-59 显示 Graph1 图形窗口

步骤 03 在绘图区域中选择图形对象,如图 7-60 所示。

步骤 04 在菜单栏中选择"编辑"|"复制图形为图片"选项,如图 7-61 所示。

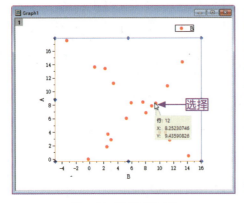

图 7-60 选择图形对象

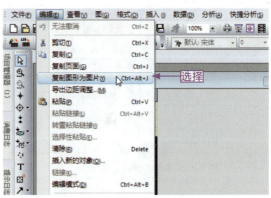

图 7-61 选择"复制图形为图片"选项

步骤 05 在 Word 软件窗口中的空白位置单击鼠标右键，在弹出的快捷菜单中单击"粘贴选项"选项区中的"粘贴"按钮，如图 7-62 所示。

步骤 06 执行操作后，即可将图形粘贴到 Word 文档中，如图 7-63 所示。

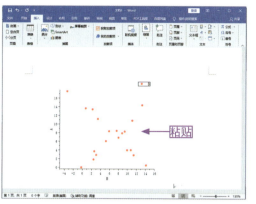

图 7-62　单击"粘贴"按钮　　　　　图 7-63　将图形粘贴到 Word 文档中

7.3.2　嵌入 Origin 图形窗口文件

扫码看视频

当 Origin 图形已保存为绘图窗口文件（*.opju）时，即可在其他应用程序中将其作为对象嵌入。下面以嵌入 Origin 图形窗口文件到 Word 为例，介绍具体的操作方法。

步骤 01 在 Word 软件窗口中单击"文本"选项板中的"对象"按钮，如图 7-64 所示。

步骤 02 弹出"对象"对话框，单击"由文件创建"标签，如图 7-65 所示。

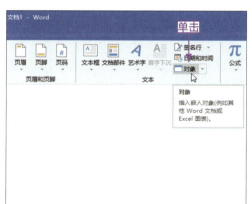

图 7-64　单击"对象"按钮　　　　　图 7-65　单击"由文件创建"标签

步骤 03 切换至"由文件创建"选项卡，单击"浏览"按钮，如图 7-66 所示。

步骤 04 在弹出的"浏览"对话框中选择相应的 Origin 项目文件，如图 7-67 所示。

专家指点

在"由文件创建"选项卡中选中"链接到文件"复选框后，在将 Origin 图形插入 Word 文档的同时会创建到源文件的快捷方式，对源文件的更改会同步到 Word 文档中。

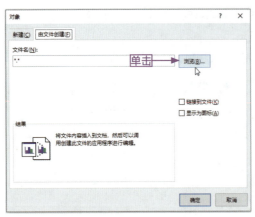

图 7-66　单击"浏览"按钮

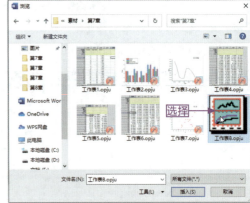

图 7-67　选择相应的 Origin 项目文件

步骤 05 单击"插入"按钮,设置相应的文件路径,如图 7-68 所示。

步骤 06 单击"确定"按钮,即可将 Origin 图形嵌入 Word 应用程序的文档中,如图 7-69 所示。

图 7-68　设置相应的 Origin 图形文件路径

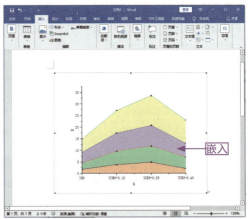

图 7-69　将 Origin 图形嵌入 Word 应用程序的文档中

专家指点

上面介绍的都是先有 Origin 图形,然后将其嵌入 Word 文档中,实际上也可以直接从 Word 文档中发起 Origin 图形的创建操作,在"对象"对话框的"新建"选项卡中,在"对象类型"下拉列表框中选择 Origin Graph 选项,单击"确定"按钮,即可运行 Origin 软件并打开一个新的图形窗口。不过,这样创建的图形窗口中除了默认坐标轴外,其他什么也没有,因此要自己新建一个工作表,并输入或导入数据来完成绘图操作。

7.3.3　创建 Origin 中的图形链接

扫码看视频

要在其他应用程序中创建 Origin 项目文件中的图形链接,可以通过"选择性粘贴"功能来实现。下面以 Word 为例，介绍具体的操作方法。

步骤 01 选择"文件"|"打开"选项，打开一个项目文件，在绘图区域中选择图形对象，如图 7-70 所示。

步骤 02 在菜单栏中选择"编辑"|"复制页面"选项，如图 7-71 所示。

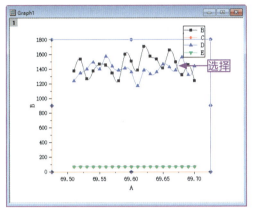
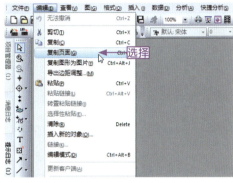

图 7-70 选择图形对象　　　　　　　　图 7-71 选择"复制页面"选项

步骤 03 在 Word 软件窗口的"开始"面板中，❶单击"剪贴板"选项板中的"粘贴"按钮；❷在弹出的列表框中选择"选择性粘贴"选项，如图 7-72 所示。

步骤 04 在弹出的"选择性粘贴"对话框中，在"形式"列表框中选择"Unicode Origin Graph 对象"选项，如图 7-73 所示。

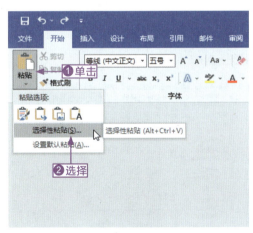

图 7-72 选择"选择性粘贴"选项　　　　图 7-73 选择"Unicode Origin Graph 对象"选项

专家指点

在目标应用程序中建立对 Origin 图形的链接后，该图形即可使用 Origin 进行编辑。启动 Origin 软件，打开包含链接源图形的项目文件或绘图窗口文件，修改图形后，选择"编辑"|"更新客户端"选项，即可更新目标应用程序中所链接的图形。

步骤 05 单击"确定"按钮，即可将 Origin 项目文件中的图形链接到 Word 应用程序文档中，如图 7-74 所示。

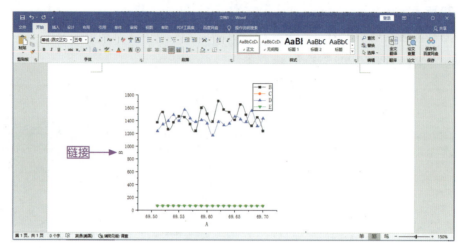

图 7-74　将 Origin 项目文件中的图形链接到 Word 应用程序文档中

7.3.4　直接导出 Origin 图形文件

可以直接将 Origin 图形文件导出为位图或其他格式的图片，以便插入其他应用程序中，具体操作方法如下。

步骤 01 选择"文件"|"打开"选项，打开一个项目文件，素材图形如图 7-75 所示。

扫码看视频

步骤 02 在菜单栏中选择"文件"|"导出图形"选项，如图 7-76 所示。

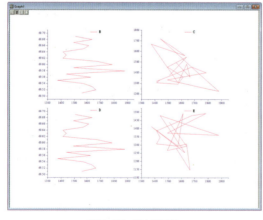

图 7-75　素材图形

图 7-76　选择"导出图形"选项

步骤 03 在弹出的"导出图形: expGraph"对话框中，❶设置相应的"文件名字"；❷选中"自动预览"复选框，即可在右侧的"图像"窗口中预览图形，如图 7-77 所示。

步骤 04 单击"路径"选项右侧的 按钮，弹出"浏览文件夹"对话框，❶选择相应的保存位置；❷单击"确定"按钮，如图 7-78 所示，即可设置保存路径。

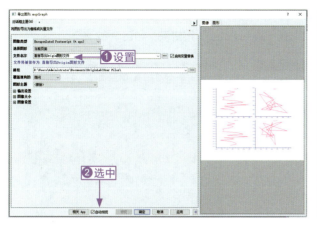
图 7-77 选中"自动预览"复选框

图 7-78 设置保存路径

步骤 05 在"图像类型"列表框中选择"便携式网络图形（*.png）"选项，如图 7-79 所示。
步骤 06 单击"确定"按钮，即可将 Origin 图形保存为相应格式的图像文件，如图 7-80 所示。

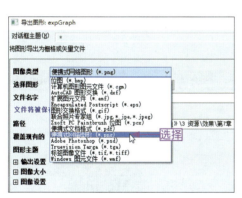
图 7-79 选择"便携式网络图形（*.png）"选项

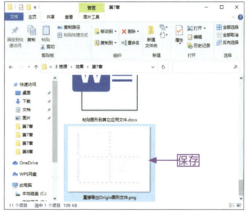
图 7-80 将 Origin 图形保存为图像文件

7.3.5 发送图形到 PowerPoint

可以通过 Origin 的"发送图形到 PowerPoint"功能，将 Origin 图形批量发送到 PowerPoint 中，具体操作方法如下。

扫码看视频

专家指点

可以在 Origin 中打开"项目管理器"对话框，在需要输出的文件夹上单击鼠标右键，在弹出的快捷菜单中选择"发送图形到 PowerPoint"选项，即可弹出"发送图形到 PowerPoint：pef_pptslide"对话框。单击"确定"按钮，即可将当前文件夹中的所有图形全部发送输出到 PowerPoint 中。

步骤 01 选择"文件"|"打开"选项，打开一个项目文件，素材图形如图7-81所示。

步骤 02 在工具栏中单击"发送图形到PowerPoint"按钮，如图7-82所示。

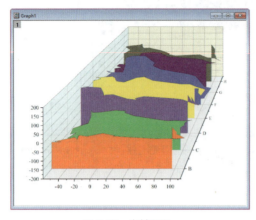

图7-81 素材图形　　　　　图7-82 单击"发送图形到PowerPoint"按钮

步骤 03 在弹出的"发送图形到PowerPoint：pef_pptslide"对话框中单击"确定"按钮，如图7-83所示。

步骤 04 执行操作后，即可自动启动PowerPoint应用程序，同时将Origin图形插入幻灯片页面中，如图7-84所示。

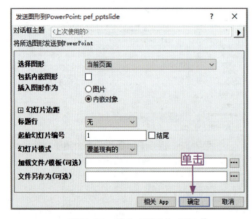 

图7-83 单击"确定"按钮　　　　　图7-84 将Origin图形插入幻灯片页面中

专家指点

另外，Origin还提供了输出视频的功能，单击工具栏中的"打开视频生成器"按钮，通过该功能能抓取一系列图形窗口或不同阶段的同一图形窗口，将其输出为*.avi视频格式文件。

扫码看视频

7.3.6　在Origin中放映幻灯片

可以利用Origin的"图形的幻灯片放映"功能，在Origin中快速浏览做好的图片效果，具体操作方法如下。

步骤 01 选择"文件"|"打开",打开一个项目文件,单击工具栏中的"图形的幻灯片放映"按钮,如图 7-85 所示。

步骤 02 弹出"图形的幻灯片放映: pef_slideshow"对话框,单击"确定"按钮,如图 7-86 所示。

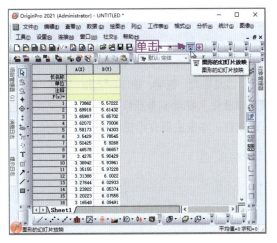

图 7-85 单击"图形的幻灯片放映"按钮

图 7-86 单击"确定"按钮

步骤 03 执行操作后,即可开始放映幻灯片,效果如图 7-87 所示。

步骤 04 在图片上单击,即可切换幻灯片,效果如图 7-88 所示。

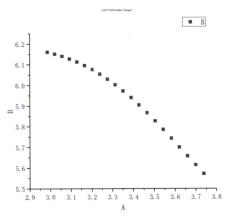

图 7-87 开始放映幻灯片

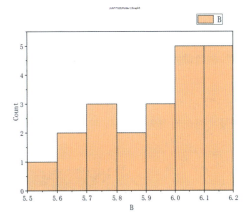

图 7-88 切换幻灯片

实战案例——Origin 职称论文绘图设计 | 第 8 章

职称论文是一种用于评定职业职称的论文形式，涉及教育、医学、护理、经济、工商、金融、建筑、机械、市政、环境、机电、通信、电气信息以及化工等诸多专业领域。职称论文关系到职业升迁和工资待遇等问题，因此得到了很多人的重视。本章主要介绍使用 Origin 绘制各种职称论文配图的操作技巧。

本章重点

- 职称论文绘图设计 1：百分比堆积面积图
- 职称论文绘图设计 2：堆积柱状图
- 职称论文绘图设计 3：XYY 3D 条状图

8.1 职称论文绘图设计 1：百分比堆积面积图

本实例绘制的是一篇商业类职称论文中的相关分析图，是一幅根据汽车销售数据创建的百分比堆积面积图，该图反映的是在这 7 个月内，西部、中部和东部这 3 个区域的销售数据之间的对比情况，最终效果如图 8-1 所示。这种图形绘制方式在我们的日常论文绘图中有非常多的运用场景，因此值得大家借鉴。

扫码看视频

图 8-1　百分比堆积面积图

8.1.1 导入数据并添加自定义参数

下面先通过 Excel 导入数据，然后在工作表中添加自定义参数，具体操作方法如下。

步骤 01 启动 Origin 软件，选择"文件"|"新建"|"工作簿"选项，如图 8-2 所示。

步骤 02 在弹出的"新工作簿"对话框中单击"确定"按钮，如图 8-3 所示。

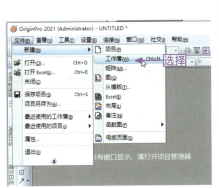

图 8-2 选择"工作簿"选项

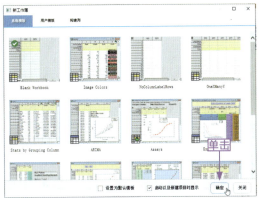

图 8-3 单击"确定"按钮

步骤 03 执行操作后，即可新建一个工作簿，单击"最大化"按钮，如图 8-4 所示。

步骤 04 执行操作后，将工作簿窗口最大化显示，如图 8-5 所示。

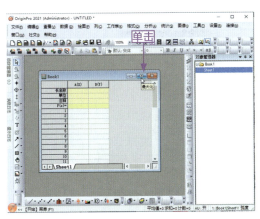

图 8-4 单击"最大化"按钮

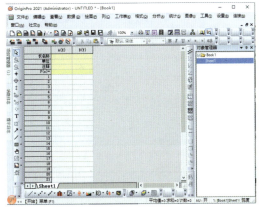

图 8-5 将窗口最大化显示

步骤 05 打开 Excel 表格，复制其中的组别标签，如图 8-6 所示。

步骤 06 切换至 Origin 软件窗口，在相应单元格中粘贴组别标签，如图 8-7 所示。

专家指点

Origin 中新增了一种通用数据导入机制，称为数据连接器。数据连接器是一种将数据从本地或基于 Web 的文件和页面导入 Origin 项目的通用机制。数据连接器与旧的 Origin 导入方法的主要区别在于以下两种默认（但可修改）行为。

通过连接器导入的数据被锁定以进行编辑，这有助于确保数据的完整性。

通过连接器导入的数据不会与项目一起保存，这有助于使用户的项目文件更小。

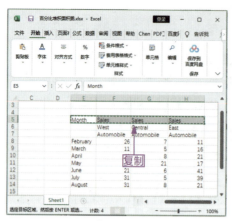
图 8-6　复制组别标签

图 8-7　粘贴组别标签

步骤 07　返回 Excel 表格，复制其中的指标数值，如图 8-8 所示。

步骤 08　切换至 Origin 软件窗口，在相应单元格中粘贴指标数值，如图 8-9 所示。

步骤 09　使用相同的操作方法，将注释内容复制到相应表格中，如图 8-10 所示。

步骤 10　在 F(x)= 单元格中单击鼠标右键，在弹出的快捷菜单中选择"插入"|"用户参数"选项，如图 8-11 所示。

图 8-8　复制指标数值

图 8-9　粘贴指标数值

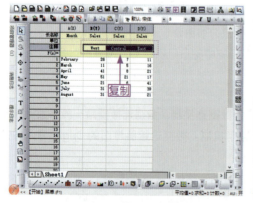
图 8-10　插入注释内容

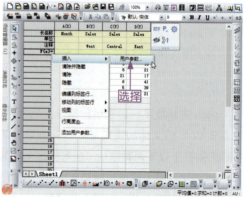
图 8-11　选择"用户参数"选项

步骤 11 在弹出的"插入自定义参数"对话框中设置"名称"为 Product，如图 8-12 所示。

步骤 12 单击"确定"按钮，即可插入自定义参数，如图 8-13 所示。

图 8-12　设置"名称"选项　　　　　图 8-13　插入自定义参数

步骤 13 选择插入的自定义参数单元格，在弹出的面板中单击"上移行"按钮，如图 8-14 所示。

步骤 14 执行操作后，即可调整表格行的排列顺序，将 Excel 表格中的相应内容复制到该表格行中，如图 8-15 所示。

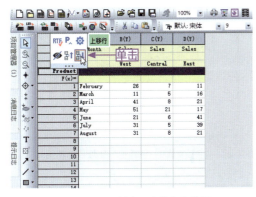 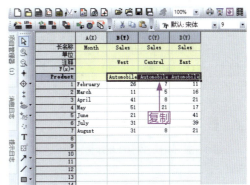

图 8-14　单击"上移行"按钮　　　　　图 8-15　调整表格行的排列顺序

8.1.2　创建百分比堆积面积图

下面先创建一个百分比堆积面积图，然后调整相关坐标轴和标签的格式，具体操作方法如下。

步骤 01 将鼠标指针移至表格顶部的相应单元格中，❶当鼠标指针变成 ↓ 形状时单击鼠标；❷即可选中这一列表格，如图 8-16 所示。

步骤 02 按住鼠标左键并向右拖曳，即可同时选中多列表格，如图 8-17 所示。

步骤 03 在菜单栏中选择"绘图"|"基础 2D 图"|"百分比堆积面积图"选项，如图 8-18 所示。

步骤 04 执行操作后，即可创建百分比堆积面积图，效果如图 8-19 所示。

步骤 05 在绘图区域中，使用鼠标双击 Y 坐标轴，如图 8-20 所示。

223

步骤 06 执行操作后,弹出"Y坐标轴-图层1"对话框,单击"轴线和刻度线"标签,如图8-21所示。

图 8-16 选中一列表格

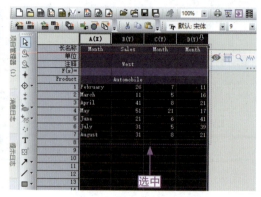

图 8-17 同时选中多列表格

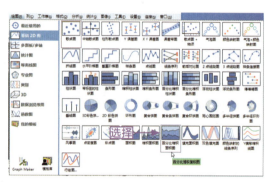

图 8-18 选择"百分比堆积面积图"选项

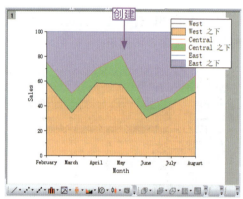

图 8-19 创建百分比堆积面积图

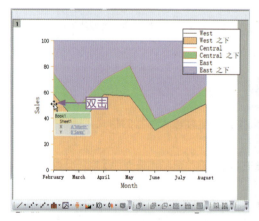

图 8-20 双击Y坐标轴

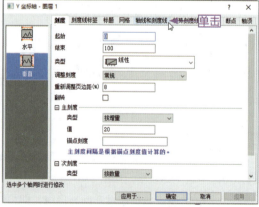

图 8-21 单击"轴线和刻度线"标签

步骤 07 切换至"轴线和刻度线"选项卡,在"次刻度"的"样式"列表框中选择"无"选项,如图8-22所示。

步骤 08 ❶在左侧列表框中选择"下轴"选项;❷在"次刻度"的"样式"列表框中选择"无"选项,如图8-23所示。

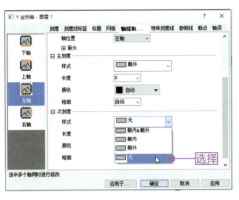
图 8-22 选择"无"选项

图 8-23 设置"下轴"的样式

步骤 09 单击"应用"按钮并关闭该对话框，即可隐藏坐标轴的次刻度标签，效果如图 8-24 所示。

步骤 10 ❶选择 Y 坐标轴的标题；❷在"字体"列表框中选择 Times New Roman 选项，如图 8-25 所示。

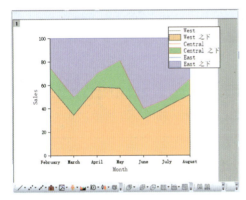
图 8-24 隐藏坐标轴的次刻度标签效果

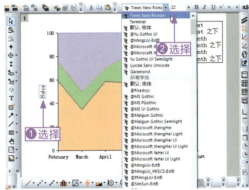
图 8-25 选择 Times New Roman 选项

步骤 11 ❶选择 Y 坐标轴的刻度线标签；❷设置"字体"为 Times New Roman，如图 8-26 所示。

步骤 12 使用相同的操作方法，设置 X 坐标轴的标题和刻度线标签的"字体"为 Times New Roman，效果如图 8-27 所示。

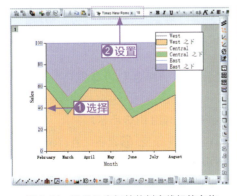
图 8-26 设置 Y 坐标轴的刻度线标签字体

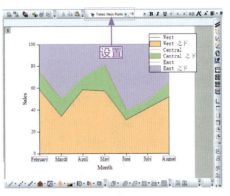
图 8-27 设置 X 坐标轴的字体效果

8.1.3 设置线条颜色和填充颜色

下面主要对百分比堆积面积图的线条颜色和填充颜色进行设置，让图形效果看上去更加美观，具体操作方法如下。

步骤 01 在绘图区域中，使用鼠标双击图形的任意位置，如图 8-28 所示。

步骤 02 弹出"绘图细节 - 绘图属性"对话框，在"组"选项卡中单击"线条颜色"选项右侧的 按钮，如图 8-29 所示。

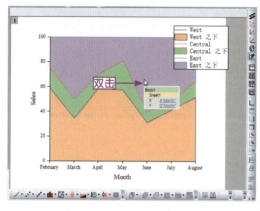

图 8-28 双击图形的任意位置　　　　图 8-29 单击相应按钮

步骤 03 在弹出的"增量编辑器"对话框中单击线条颜色1右侧的 按钮，如图 8-30 所示。

步骤 04 在弹出的列表框中，单击"添加颜色"按钮 ，如图 8-31 所示。

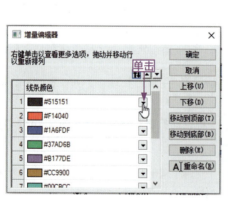 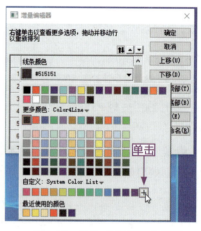

图 8-30 单击相应按钮　　　　图 8-31 单击"添加颜色"按钮

步骤 05 在弹出的"颜色"对话框中设置红色（R）、绿色（G）、蓝色（B）的参数值分别为 86、180、233，如图 8-32 所示。

步骤 06 单击"确定"按钮，即可添加自定义颜色，如图 8-33 所示。

步骤 07 使用相同的操作方法，❶添加一个自定义的深绿色；❷设置红色（R）、绿色（G）、蓝色（B）参数值分别为 0、160、113，如图 8-34 所示。

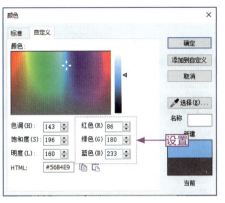

图 8-32　设置 RGB 参数值

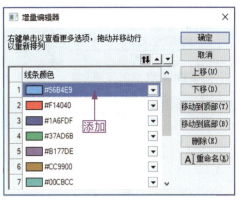

图 8-33　添加自定义颜色

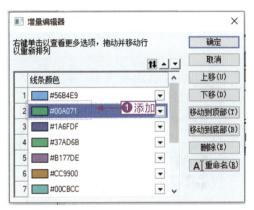

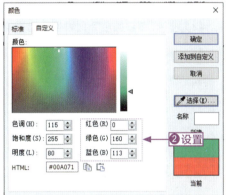

图 8-34　添加一个自定义的深绿色

步骤 08 使用相同的操作方法，❶添加一个自定义的黄色；❷设置红色（R）、绿色（G）、蓝色（B）参数值分别为 228、161、1，如图 8-35 所示。

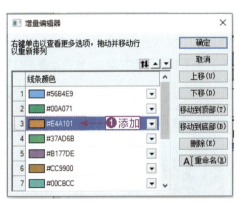

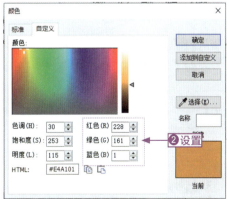

图 8-35　添加一个自定义的黄色

步骤 09 设置完成后，单击"确定"按钮返回"绘图细节 - 绘图属性"对话框，单击"区域填充颜色"选项右侧的 按钮，如图 8-36 所示。

步骤 10 在弹出的"增量编辑器"对话框中单击相应背景颜色右侧的 按钮，如图 8-37 所示。

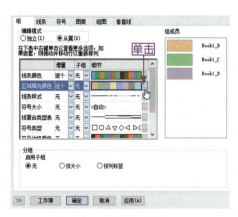

图 8-36 单击相应按钮

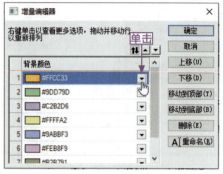

图 8-37 单击相应按钮

步骤 11 在弹出的列表框中选择刚才添加的自定义蓝色，如图 8-38 所示。

步骤 12 在背景颜色 2 列表框中选择刚才添加的自定义深绿色，如图 8-39 所示。

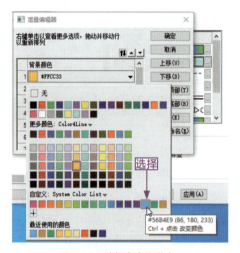

图 8-38 选择自定义蓝色

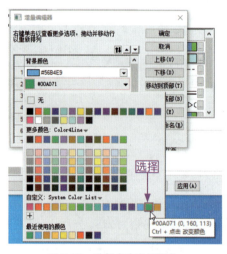

图 8-39 选择自定义深绿色

步骤 13 在背景颜色 3 列表框中选择刚才添加的自定义黄色，如图 8-40 所示。

步骤 14 依次单击"确定"按钮，即可修改图形的线条颜色和填充颜色，效果如图 8-41 所示。

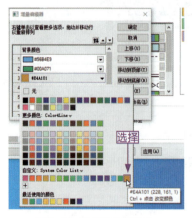

图 8-40 选择自定义黄色

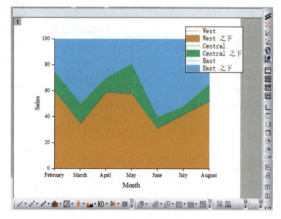

图 8-41 修改图形颜色效果

8.1.4　设置图例的外观样式效果

图例主要用于说明图形中各种符号和颜色所代表的内容与指标，有助于读者更好地认识图形。下面介绍设置图例外观样式效果的操作方法。

步骤 01　在绘图区域中使用鼠标双击图例，如图 8-42 所示。

步骤 02　执行操作后，即可进入图例的编辑模式，如图 8-43 所示。

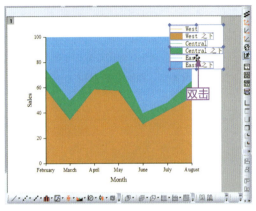

图 8-42　双击图例

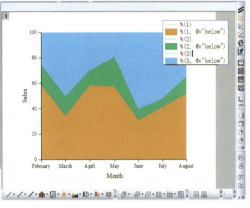

图 8-43　进入图例的编辑模式

步骤 03　在图例编辑模式下选择相应的字符，如图 8-44 所示。

步骤 04　按 Delete 键删除所选的字符，退出图例编辑模式，效果如图 8-45 所示。

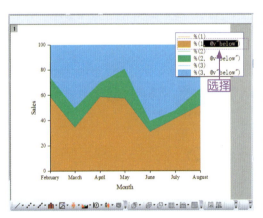

图 8-44　选择相应的字符

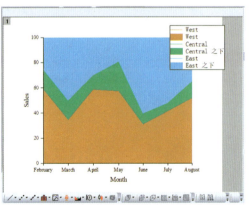

图 8-45　删除所选字符的效果

步骤 05　使用相同的操作方法删除其他的多余字符，如图 8-46 所示。

步骤 06　在图例编辑模式下删除相应的行中的所有内容，如图 8-47 所示。

步骤 07　使用相同的操作方法，删除其他的多余行内容，如图 8-48 所示。

步骤 08　将第一个空行删除，退出图例编辑模式，效果如图 8-49 所示。

步骤 09　在图例对象上单击鼠标右键，在弹出的快捷菜单中选择"属性"选项，如图 8-50 所示。

步骤 10　弹出"文本对象 -Legend"对话框，在"边框"选项卡中设置"边框"为"无"，如图 8-51 所示。

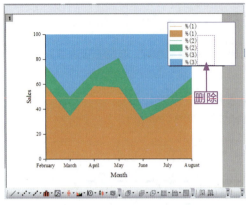

图 8-46 删除其他的多余字符

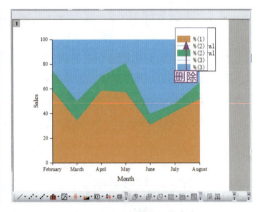

图 8-47 删除相应行的内容

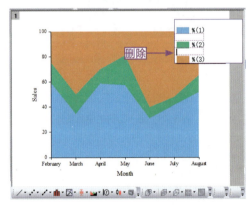

图 8-48 删除其他的多余行内容

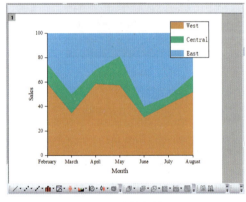

图 8-49 图例编辑效果

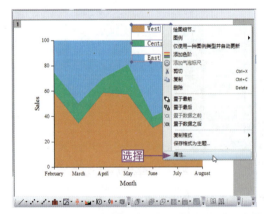

图 8-50 选择"属性"选项

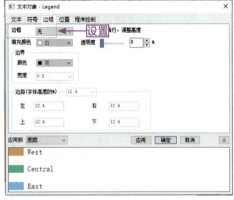

图 8-51 设置"边框"为"无"

步骤11 切换至"文本"选项卡,设置"字体"为 Times New Roman,如图 8-52 所示。

步骤12 单击"确定"按钮,适当调整图例的大小和位置,效果如图 8-53 所示。

图 8-52 设置"字体"选项

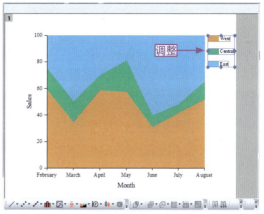

图 8-53 调整图例的大小和位置

8.1.5 添加图形标题文字效果

下面为百分比堆积面积图添加一个标题文字，并设置其字体、大小等格式效果，具体操作方法如下。

步骤 01 在绘图区域的空白位置处单击鼠标右键，在弹出的快捷菜单中选择"添加/修改图层标题"选项，如图 8-54 所示。

步骤 02 执行操作后，即可添加一个图层标题文本框，如图 8-55 所示。

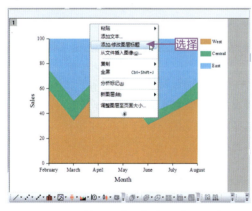

图 8-54 选择"添加/修改图层标题"选项

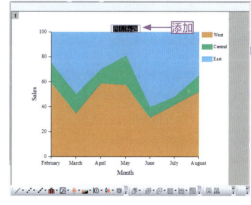

图 8-55 添加一个图层标题文本框

步骤 03 在图层标题文本框中输入相应内容（Automobile Sales Report），如图 8-56 所示。

步骤 04 ❶选择图层标题，单击鼠标右键；❷在弹出的快捷菜单中选择"属性"选项，如图 8-57 所示。

步骤 05 在弹出的"文本对象 -_TITLE"对话框中，❶设置"字体"为 Times New Roman、"大小"为 28；❷并单击"粗体"按钮 B，如图 8-58 所示。

步骤 06 单击"确定"按钮，即可设置图层标题的格式，并适当调整其位置，效果如图 8-59 所示。

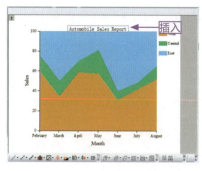

图 8-56 输入相应内容

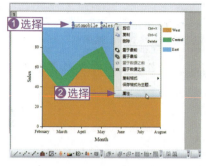

图 8-57 选择"属性"选项

图 8-58 设置字体属性

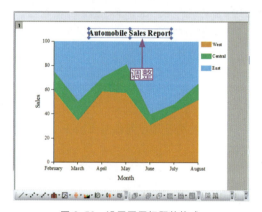

图 8-59 设置图层标题的格式

8.2 职称论文绘图设计 2：堆积柱状图

本实例绘制的是一个含对称对数坐标的堆积柱状图，通过将每个柱子进行分割以显示相同类型下各个数据的大小情况，同时能够很方便地对比不同分类下相同维度的数据，是职场工作者经常会用到的一种统计图，最终效果如图 8-60 所示。

扫码看视频

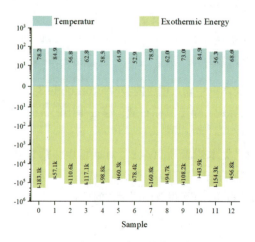

图 8-60 堆积柱状图

8.2.1　设置数据并创建堆积柱状图

下面首先将 Excel 表格中的数据导入 Origin 软件中，然后对表格中的数据进行一些调整，最后通过"堆积柱状图"生成相应的图形，具体操作方法如下。

步骤 01　打开 Excel 表格，选择并复制其中的数据，如图 8-61 所示。

步骤 02　在 Origin 软件的菜单栏中选择"文件"|"新建"|"工作簿"选项，弹出"新工作簿"对话框，选择 OneXManyY 模板，如图 8-62 所示。

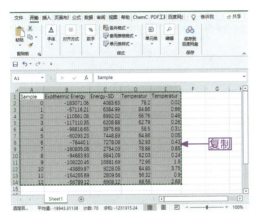

图 8-61　选择并复制数据

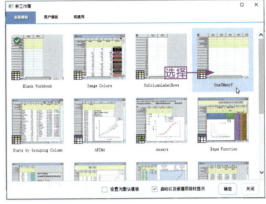

图 8-62　选择 OneXManyY 模板

步骤 03　单击"确定"按钮，即可创建一个多列表格，如图 8-63 所示。

步骤 04　在工作表中粘贴数据，如图 8-64 所示。

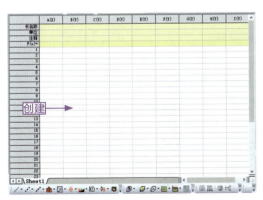

图 8-63　创建一个多列表格

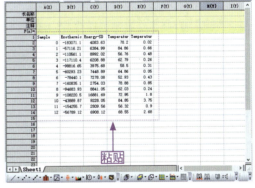

图 8-64　粘贴数据

步骤 05　❶选择组别标签行，单击鼠标右键；❷在弹出的快捷菜单中选择"剪切"选项，如图 8-65 所示。

步骤 06　❶选择"长名称"行，单击鼠标右键；❷在弹出的快捷菜单中选择"粘贴"选项，如图 8-66 所示。

步骤 07　执行操作后，即可粘贴组别标签，如图 8-67 所示。

步骤 08　❶选择第一行表格，单击鼠标右键；❷在弹出的快捷菜单中选择"删除"选项，如图 8-68 所示。

图 8-65 选择"剪切"选项

图 8-66 选择"粘贴"选项

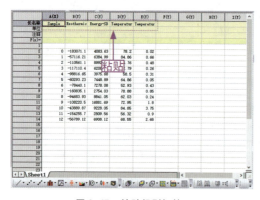

图 8-67 粘贴组别标签

图 8-68 选择"删除"选项

步骤 09 执行操作后,即可删除多余的空行,如图 8-69 所示。

步骤 10 在工作表中选择 C(Y)列,如图 8-70 所示。

图 8-69 删除多余的空行

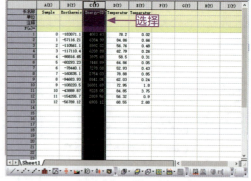

图 8-70 选择 C(Y)列

步骤 11 单击鼠标右键,在弹出的快捷菜单中选择"设置为"|"Y 误差"选项,如图 8-71 所示。

步骤 12 执行操作后,即可将第 C 列表格设置为"Y 误差",如图 8-72 所示。

步骤 13 使用相同的操作方法,将第 E 列表格设置为"Y 误差",如图 8-73 所示。

步骤 14 在工作表中选中所有数据,如图 8-74 所示。

图 8-71 选择"Y 误差"选项

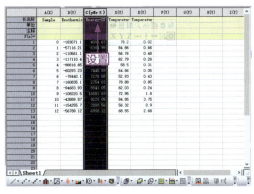

图 8-72 设置表格的数据类型

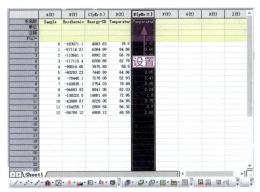

图 8-73 设置第 E 列表格的数据类型

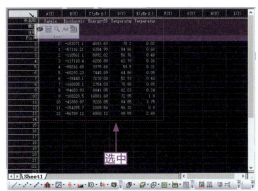

图 8-74 选中所有数据

步骤 15 选择"绘图"|"基础 2D 图"|"堆积柱状图"选项，如图 8-75 所示。

步骤 16 执行操作后，即可创建堆积柱状图，效果如图 8-76 所示。

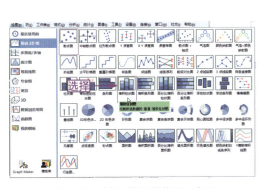

图 8-75 选择"堆积柱状图"选项

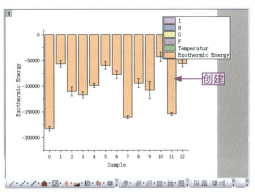

图 8-76 创建堆积柱状图

专家指点

堆积柱状图适合有两个分类数据字段、一个连续数据字段的数据类型，能够对比分类数据的数值大小，同时对比一个分类（分组）下数据的汇总值。

8.2.2 设置堆积柱状图的坐标轴样式

在创建好的堆积柱状图中，由于两组数据的对比差距非常小，因此在图中无法完整地显示出来，下面主要通过设置坐标轴的方式使其显示出来，具体操作方法如下。

步骤 01 在绘图区域使用鼠标双击 Y 坐标轴，如图 8-77 所示。

步骤 02 执行操作后，弹出"Y 坐标轴 - 图层 1"对话框，在"刻度"选项卡中设置"起始"为 –1000000、"结束"为 1000，如图 8-78 所示。

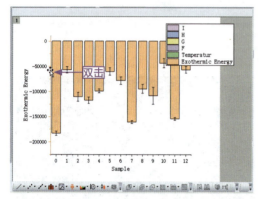

图 8-77 双击 Y 坐标轴

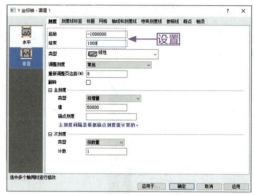

图 8-78 设置"起始"和"结束"刻度值

步骤 03 在"类型"列表框中选择 Log10 选项，如图 8-79 所示。

步骤 04 执行操作后，❶选中"对称对数刻度"复选框；❷设置"线性范围长度"为 0.1；❸设置次刻度的"计数"为 8，如图 8-80 所示。

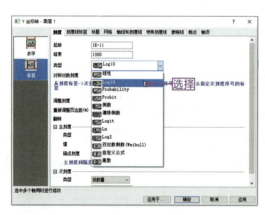

图 8-79 选择 Log10 选项

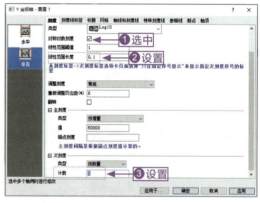

图 8-80 设置垂直刻度的样式

步骤 05 切换至"刻度线标签"选项卡，设置"显示"为"科学记数法：10^3"，如图 8-81 所示。

步骤 06 切换至"刻度"选项卡，在左侧列表框中选择"水平"选项，如图 8-82 所示。

步骤 07 在"次刻度"选项区中，设置"计数"为 0，如图 8-83 所示。

步骤 08 单击"应用"按钮并关闭对话框，即可完成坐标轴的设置，并删除多余的图例，效果如图 8-84 所示。

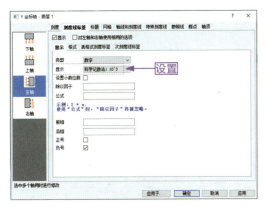

图 8-81 设置刻度线标签

图 8-82 选择"水平"选项

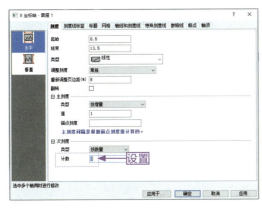

图 8-83 设置"计数"参数

图 8-84 完成坐标轴的设置

专家指点

在堆积柱状图中，不同的数据大小可以通过其中一根柱子上的值展示出来，同时整根柱子的高度代表了各层的数据总和。

8.2.3 设置堆积柱状图的图形样式

下面主要通过"绘图细节-绘图属性"对话框中的"图案"设置功能，对堆积柱状图的图形样式进行调整，具体操作方法如下。

步骤 01 在绘图区域中使用鼠标双击图形，如图 8-85 所示。

步骤 02 在弹出的"绘图细节-绘图属性"对话框中单击"图案"标签，如图 8-86 所示。

步骤 03 切换至"图案"选项卡，在"边框"选项区的"颜色"列表框中选择"无"选项，如图 8-87 所示。

步骤 04 在"填充"选项区中，按住 Ctrl 键的同时单击"颜色"列表框中的相应颜色条，如图 8-88 所示。

步骤 05 在弹出的"增量编辑器"对话框中，在颜色列表中单击颜色1右侧的按钮，如图8-89所示。

步骤 06 在弹出的列表框中单击"添加颜色"按钮，如图8-90所示。

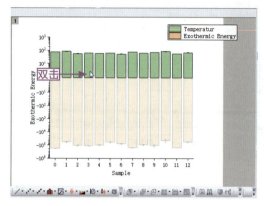

图8-85 双击图形

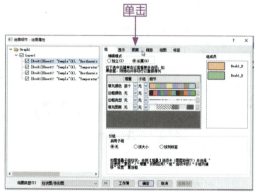

图8-86 单击"图案"标签

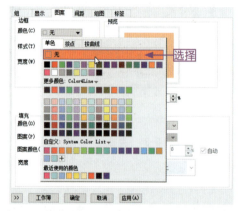

图8-87 选择"无"选项

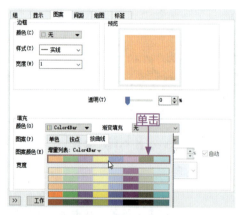

图8-88 单击相应颜色条

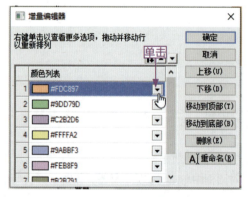

图8-89 单击相应按钮

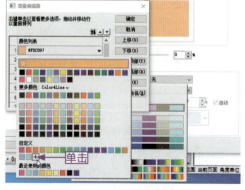

图8-90 单击"添加颜色"按钮

步骤 07 在弹出的"颜色"对话框中设置红色（R）、绿色（G）、蓝色（B）的参数值分别为239、239、166，如图8-91所示。

步骤 08 单击"确定"按钮,即可添加一个自定义的淡黄色,如图 8-92 所示。

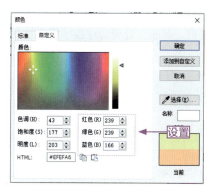

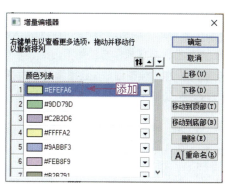

图 8-91 设置 RGB 参数值　　　　　　图 8-92 添加自定义颜色

步骤 09 在颜色列表中,❶单击颜色 2 右侧的 ▼ 按钮;❷在弹出的列表框中选择"浅青"(R、G、B 参数值分别为 128、255、255)选项,如图 8-93 所示。

步骤 10 单击"确定"按钮,即可完成填充颜色的设置,如图 8-94 所示。

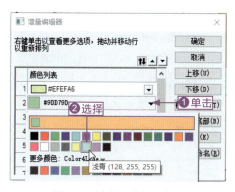

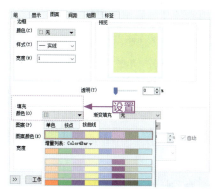

图 8-93 选择"浅青"选项　　　　　　图 8-94 完成填充颜色的设置

步骤 11 在"绘图细节 - 绘图属性"对话框中,单击"应用"按钮,如图 8-95 所示。执行操作后,即可修改堆积柱状图的颜色,效果如图 8-96 所示。

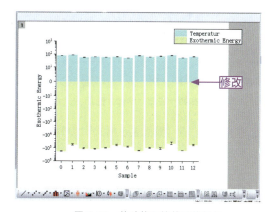

图 8-95 单击"应用"按钮　　　　　　图 8-96 修改堆积柱状图的颜色

8.2.4 设置堆积柱状图的标签样式

下面主要通过"绘图细节-绘图属性"对话框中的"标签"设置功能在堆积柱状图中显示相应的数据标签,具体操作方法如下。

步骤 01 在"绘图细节-绘图属性"对话框中单击"标签"标签,如图 8-97 所示。

步骤 02 切换至"标签"选项卡,选中"启用"复选框,如图 8-98 所示。

图 8-97 单击"标签"标签　　　　图 8-98 选中"启用"复选框

步骤 03 ❶单击"字体"选项右侧的▼按钮,弹出相应的面板;❷在其中设置"大小"为 16、"旋转(度)"为 90,如图 8-99 所示。

步骤 04 在"数值显示格式"列表框中选择 E.3 选项,如图 8-100 所示。

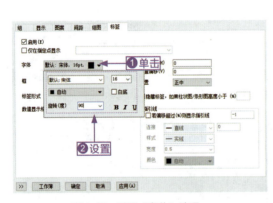
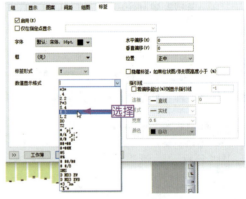

图 8-99 设置"字体"选项　　　　图 8-100 选择 E.3 选项

步骤 05 将"数值显示格式"的参数修改为 E.1,即保留一位小数,如图 8-101 所示。

步骤 06 在"位置"列表框中选择"内部顶端"选项,如图 8-102 所示。

步骤 07 在"绘图细节-绘图属性"对话框的左侧列表框中选择相应选项,如图 8-103 所示。

步骤 08 在"标签"选项区中选中"启用"复选框,如图 8-104 所示。

步骤 09 保持默认设置,单击"应用"按钮,如图 8-105 所示。

步骤 10 单击"确定"按钮,即可设置图形标签的样式,效果如图 8-106 所示。

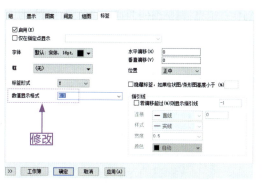

图 8-101 修改参数值

图 8-102 选择"内部顶端"选项

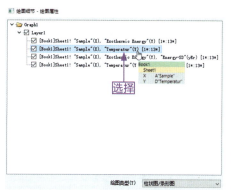

图 8-103 选择相应选项

图 8-104 选中"启用"复选框

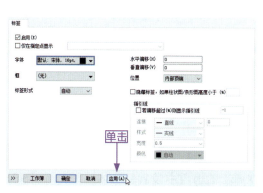

图 8-105 单击"应用"按钮

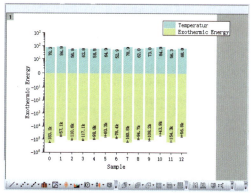

图 8-106 设置标签样式效果

8.2.5 设置堆积柱状图的图例和字体

下面主要将堆积柱状图的图例调整为水平方向排布样式,并统一设置图形中的字体效果,具体操作方法如下。

步骤 01 在绘图区域中选择图例,调出变换控制框,如图 8-107 所示。

241

步骤 02　按住Ctrl键的同时,按住左侧的控制柄并拖曳,调整图例的宽度和位置,如图8-108所示。

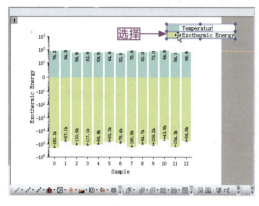

图 8-107　选择图例

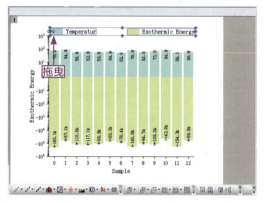

图 8-108　调整图例的宽度和位置

步骤 03　在菜单栏中,选择"格式"|"对象属性"选项,如图8-109所示。

步骤 04　弹出"文本对象-Legend"对话框,在"边框"选项卡中设置"边框"为"无",如图8-110所示。

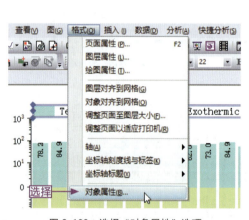

图 8-109　选择"对象属性"选项

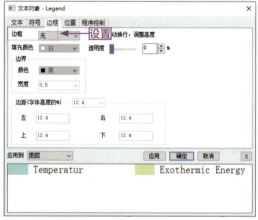

图 8-110　设置"边框"为"无"

步骤 05　单击"确定"按钮,即可隐藏图例的边框效果,如图8-111所示。

步骤 06　❶选择X坐标轴的标题;❷在弹出的面板中设置"字体"为Times New Roman,如图8-112所示。

步骤 07　❶选择X坐标轴的标题;❷在弹出的面板中单击"应用格式于"按钮，如图8-113所示。

步骤 08　在弹出的列表框中选择"字体"选项,如图8-114所示。

步骤 09　执行操作后,即可统一设置图形中的所有字体,❶选择Y坐标轴的标题;❷在弹出的面板中单击"隐藏所选对象"按钮，如图8-115所示。

步骤 10　执行操作后,即可隐藏Y坐标轴的标题,效果如图8-116所示。

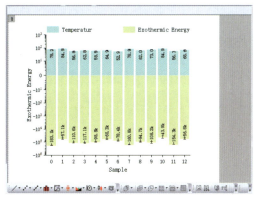

图 8-111　隐藏图例的边框效果

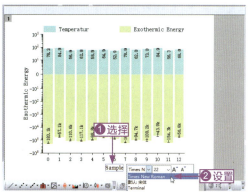

图 8-112　设置"字体"选项

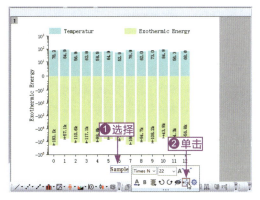

图 8-113　单击"应用格式于"按钮

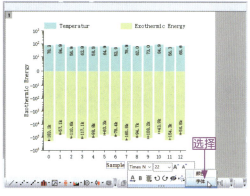

图 8-114　选择"字体"选项

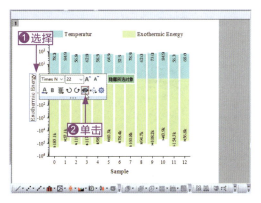

图 8-115　单击"隐藏所选对象"按钮

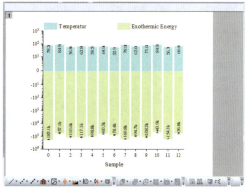

图 8-116　隐藏 Y 坐标轴的标题

8.3　职称论文绘图设计 3：XYY 3D 条状图

在很多经济类职称论文中，或者政府统计服务工作中，常常需要用到失业率分析图表，可适当反应某地的经济发展状况。本实例绘制的是一个带连接线的 XYY 3D 条状图，用来体现多个城市不同年份的失业

扫码看视频

率变化情况，最终效果如图 8-117 所示。

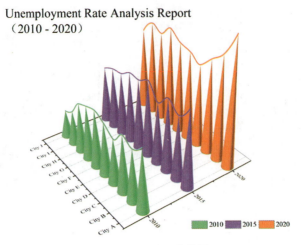

图 8-117　XYY 3D 条状图

8.3.1　导入数据并创建 XYY 3D 条状图

下面先打开 Origin 素材并导入数据，然后运用"XYY 3D 条状图"创建相应的图形，具体操作方法如下。

步骤 01　在 Origin 软件菜单栏中选择"文件"|"打开"选项，如图 8-118 所示。

步骤 02　在弹出的"打开"对话框中选择相应的项目文件，如图 8-119 所示。

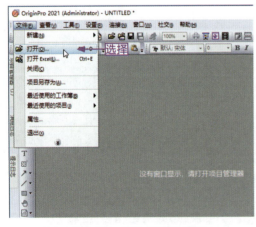

图 8-118　选择"打开"选项

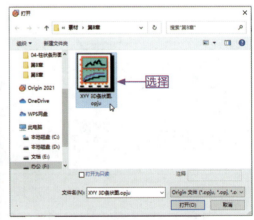

图 8-119　选择相应的项目文件

步骤 03　单击"打开"按钮，即可打开相应项目文件，如图 8-120 所示。

步骤 04　在工作表中选中所有数据，如图 8-121 所示。

步骤 05　在菜单栏中选择"绘图"|3D|"XYY 3D 条状图"选项，如图 8-122 所示。

步骤 06　执行操作后，即可创建 XYY 3D 条状图，效果如图 8-123 所示。

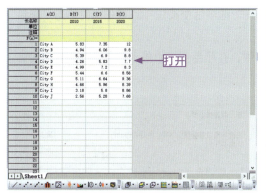

图 8-120 打开相应项目文件

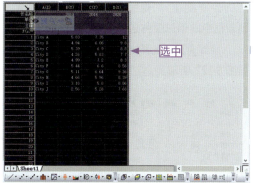

图 8-121 选中所有数据

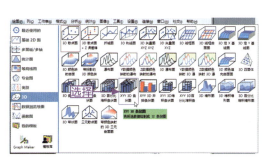

图 8-122 选择"XYY 3D 条状图"选项

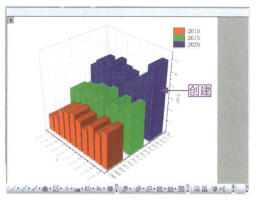

图 8-123 创建 XYY 3D 条状图

8.3.2 设置 XYY 3D 条状图的图形样式

下面主要利用"绘图细节-绘图属性"对话框中的"图案"和"轮廓"功能，对图形的颜色和形状等样式进行调整，具体操作方法如下。

步骤 01 在绘图区域中使用鼠标双击图形，如图 8-124 所示。

步骤 02 在弹出的"绘图细节-绘图属性"对话框中单击"图案"标签，如图 8-125 所示。

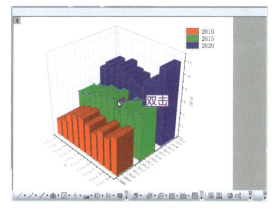

图 8-124 双击图形

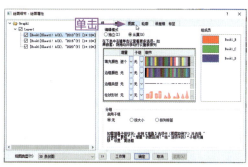

图 8-125 单击"图案"标签

步骤 03 切换至"图案"选项卡,在"填充"选项区中按住 Ctrl 键的同时单击"颜色"列表框中的相应颜色条,如图 8-126 所示。

步骤 04 在弹出的"增量编辑器"对话框中,在颜色列表中单击颜色 1 右侧的 按钮,如图 8-127 所示。

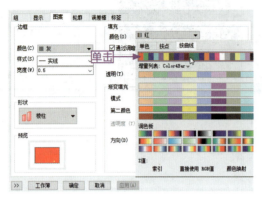

图 8-126 单击相应颜色条　　图 8-127 单击相应按钮

步骤 05 在弹出的列表框中单击"添加颜色"按钮，弹出"颜色"对话框,设置红色(R)、绿色(G)、蓝色(B)的参数值分别为 87、255、128,如图 8-128 所示。

步骤 06 单击"确定"按钮,即可添加一个自定义的绿色,如图 8-129 所示。

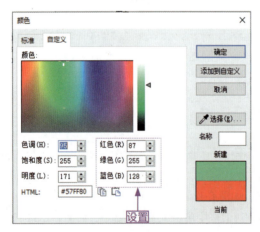 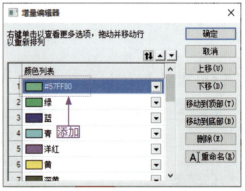

图 8-128 设置 RGB 参数值　　图 8-129 添加自定义颜色

步骤 07 在颜色列表中,❶单击颜色 2 右侧的 按钮;❷在弹出的列表框中选择"洋红"(RGB 参数值分别为 255、0、255)选项,如图 8-130 所示。

步骤 08 在颜色列表中,❶单击颜色 3 右侧的 按钮;❷在弹出的列表框中选择"橙"(RGB 参数值分别为 255、128、0)选项,如图 8-131 所示。

步骤 09 单击"确定"按钮,返回"绘图细节 - 绘图属性"对话框,在"形状"列表框中选择"圆锥"选项,如图 8-132 所示。

步骤 10 单击"应用"按钮,可以看到圆锥的形状有些扭曲,如图 8-133 所示。

步骤 11 切换至"轮廓"选项卡,选中"保持形状"复选框,如图 8-134 所示。

步骤 12 单击"应用"按钮,即可得到正圆形的圆锥效果,如图 8-135 所示。

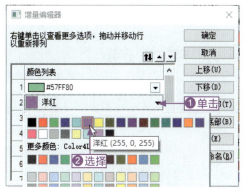

图 8-130 选择"洋红"选项

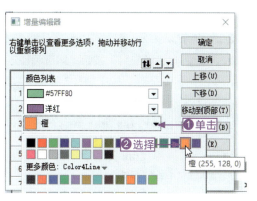

图 8-131 选择"橙"选项

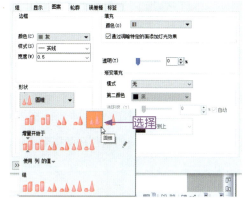

图 8-132 选择"圆锥"选项

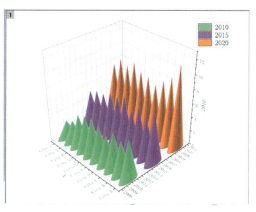

图 8-133 圆锥的形状有些扭曲

图 8-134 选中"保持形状"复选框

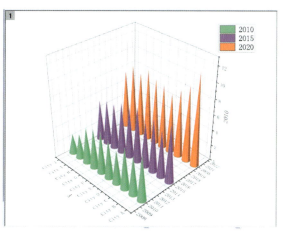

图 8-135 得到正圆形的圆锥效果

8.3.3 在 XYY 3D 条状图中添加连接线

下面主要在 XYY 3D 条状图中添加与图形颜色相同的连接线,并隐藏不需要展示的平面效果,具体操作方法如下。

步骤 01 在"绘图细节-绘图属性"对话框的"显示"选项卡中选中"连接线"复选框，如图 8-136 所示。

步骤 02 单击"应用"按钮，即可添加连接线效果，如图 8-137 所示。

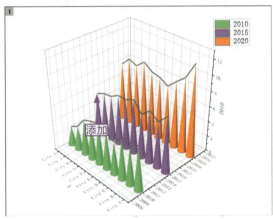

图 8-136 选中"连接线"复选框　　　　　图 8-137 添加连接线效果

步骤 03 切换至"线条"选项卡，在"连接"列表框中选择"Akima 样条曲线"选项，如图 8-138 所示。

步骤 04 在"颜色"列表框中选择"自动"选项，即可让连接线的颜色跟随图形变化，如图 8-139 所示。

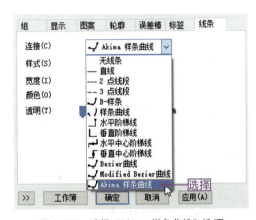
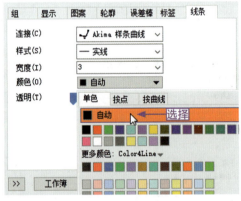

图 8-138 选择"Akima 样条曲线"选项　　　　图 8-139 选择"自动"选项

步骤 05 单击"应用"按钮，查看连接线效果，如图 8-140 所示。

步骤 06 在"绘图细节-绘图属性"对话框的左侧列表框中选择 Layer1 选项，切换至"图层 1"级别，如图 8-141 所示。

步骤 07 切换至"平面"选项卡，取消选中 XY 和 YZ 复选框，如图 8-142 所示。

步骤 08 单击"应用"按钮并关闭对话框，即可隐藏 XY 和 YZ 这两个平面，效果如图 8-143 所示。

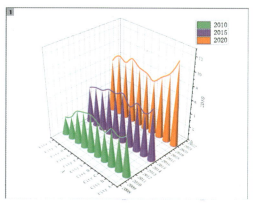
图 8-140 查看连接线效果

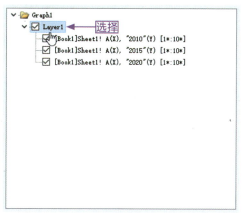
图 8-141 选择 Layer1 选项

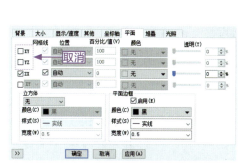
图 8-142 取消选中 XY 和 YZ 复选框

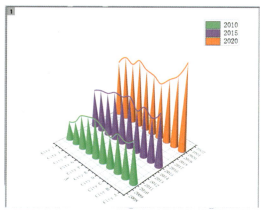
图 8-143 隐藏 XY 平面和 YZ 平面

8.3.4 设置 XYY 3D 条状图的坐标轴

下面主要利用"Z 坐标轴 - 图层 1"对话框，对 XYY 3D 条状图的坐标轴进行设置，修改相应的坐标轴标签显示效果，以及隐藏不需要显示的坐标轴元素，具体操作方法如下。

步骤 01 在绘图区域中选择 X 坐标轴的标题，如图 8-144 所示。

步骤 02 按 Delete 键，删除 X 坐标轴的标题，效果如图 8-145 所示。

步骤 03 在绘图区域中，使用鼠标双击 Z 坐标轴，如图 8-146 所示。

步骤 04 执行操作后，弹出"Z 坐标轴 - 图层 1"对话框，在"刻度"选项卡中，在"主刻度"的"类型"列表框中选择"按自定义位置"选项，如图 8-147 所示。

步骤 05 执行操作后，出现一个"位置"选项，在其中输入要显示的坐标轴标签内容，如图 8-148 所示。

步骤 06 单击"应用"按钮，即可改变 Z 坐标轴的标签显示效果，如图 8-149 所示。

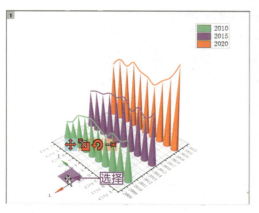

图 8-144 选择 X 坐标轴的标题

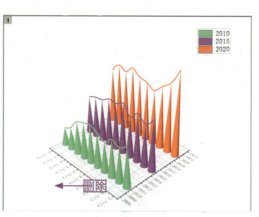

图 8-145 删除 X 坐标轴的标题

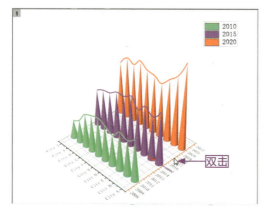

图 8-146 双击 Z 坐标轴

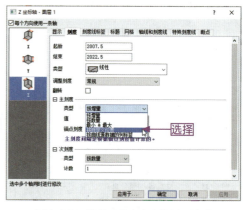

图 8-147 选择"按自定义位置"选项

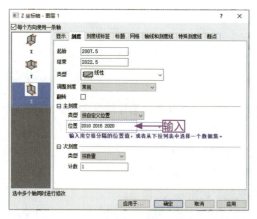

图 8-148 输入坐标轴标签内容

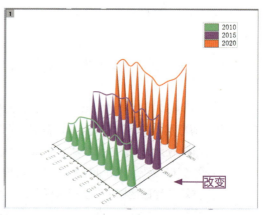

图 8-149 Z 坐标轴的标签显示效果

步骤 07 在"Z 坐标轴 - 图层 1"对话框的左上角取消选中"每个方向使用一条轴"复选框，如图 8-150 所示。

步骤 08 单击"应用"按钮，可以看到图形中仅有的一个平面上的 4 个轴都显示出来了，如图 8-151 所示。

步骤 09 切换至"刻度线标签"选项卡，在左侧列表框中选择"后轴 -X"选项，如图 8-152

所示。

步骤 10 在"刻度线标签"选项卡中取消选中"显示"复选框,如图 8-153 所示。

图 8-150 取消选中"每个方向使用一条轴"复选框

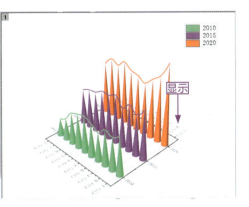

图 8-151 显示平面上的 4 个轴

图 8-152 选择"后轴 -X"选项

图 8-153 取消选中"显示"复选框

步骤 11 单击"应用"按钮,可以看到图形后面的 X 坐标轴被隐藏了,效果如图 8-154 所示。

步骤 12 切换至"标题"选项卡,取消选中"显示"复选框,如图 8-155 所示。

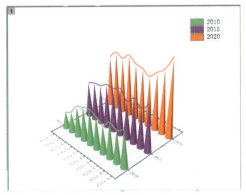

图 8-154 隐藏图形后面的 X 坐标轴

图 8-155 取消选中"显示"复选框

步骤 13 切换至"轴线和刻度线"选项卡,取消选中"显示轴线和刻度线"复选框,如图 8-156 所示。

步骤 14 单击"应用"按钮,即可隐藏图形后面的 X 坐标轴的标题、轴线和刻度线,效果如图 8-157 所示。

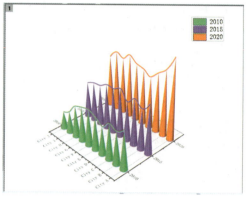

图 8-156　取消选中"显示轴线和刻度线"复选框　　　图 8-157　隐藏标题、轴线和刻度线效果

步骤 15 在左侧列表框中选择"上轴 -Z"选项,如图 8-158 所示。

步骤 16 在"轴线和刻度线"选项卡中,将主刻度和次刻度的"样式"均设置为"无",如图 8-159 所示。

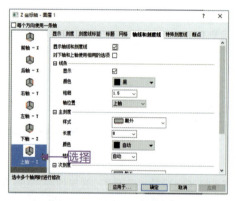

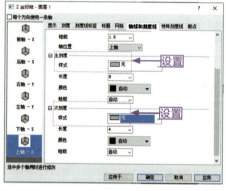

图 8-158　选择"上轴 –Z"选项　　　　　图 8-159　设置主刻度和次刻度的样式

步骤 17 切换至"刻度线标签"选项卡,取消选中"显示"复选框,如图 8-160 所示。

步骤 18 单击"应用"按钮并关闭对话框,即可完成坐标轴的设置,效果如图 8-161 所示。

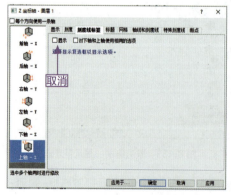

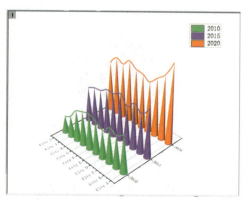

图 8-160　取消选中"显示"复选框　　　　　图 8-161　完成坐标轴的设置

8.3.5 设置文字格式和图例样式效果

下面主要对 XYY 3D 条状图中的文字格式进行设置，并调整图例的显示效果，具体操作方法如下。

步骤 01 在绘图区域中，❶选择 X 坐标轴的标签；❷设置"字体"为 Times New Roman，效果如图 8-162 所示。

步骤 02 ❶选择 Z 坐标轴的标签；❷设置"字体"为 Times New Roman，效果如图 8-163 所示。

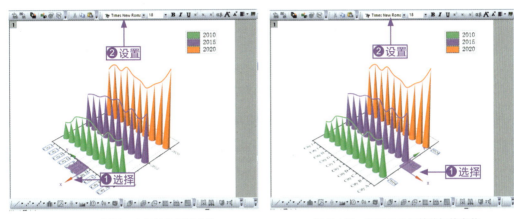

图 8-162　设置 X 坐标轴的标签字体　　　　图 8-163　设置 Z 坐标轴的标签字体

步骤 03 在绘图区域中，❶选择图例对象，单击鼠标右键；❷在弹出的快捷菜单中选择"属性"选项，如图 8-164 所示。

步骤 04 弹出"文本对象 -Legend"对话框，在"文本"选项卡中设置"字体"为 Times New Roman、"大小"为 18，如图 8-165 所示。

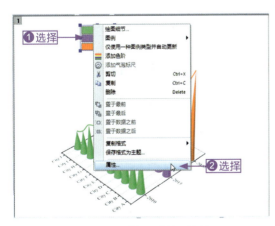

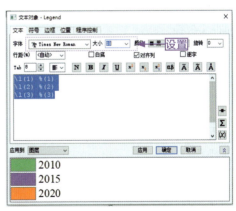

图 8-164　选择"属性"选项　　　　　　　图 8-165　设置图例的文本格式

步骤 05 在中间的窗口中，将鼠标光标定位到第 1 行的文字后面，如图 8-166 所示。

步骤 06 按 Delete 键，即可将第 2 行的内容移上来，如图 8-167 所示。

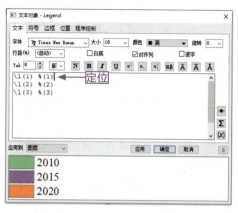

图 8-166 定位鼠标光标

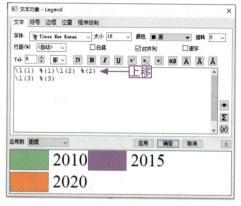

图 8-167 将第 2 行的内容移上来

步骤 07 在文字的中间输入一个空格，使两个标签产生一定的间隔，如图 8-168 所示。

步骤 08 使用相同的操作方法，将第 3 行的内容移上来，如图 8-169 所示。

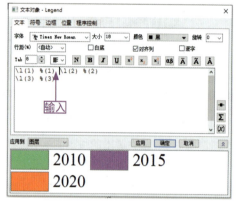

图 8-168 输入一个空格

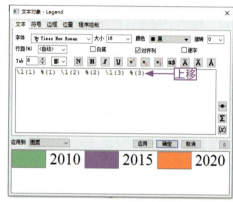

图 8-169 将第 3 行的内容移上来

步骤 09 切换至"边框"选项卡，在"边界"选项区的"颜色"列表框中选择"无"选项，如图 8-170 所示。

步骤 10 单击"确定"按钮，即可修改图例的显示效果，并将其调整至合适位置处，效果如图 8-171 所示。

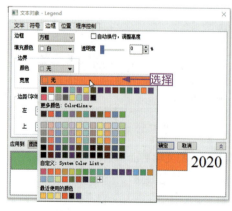

图 8-170 选择"无"选项

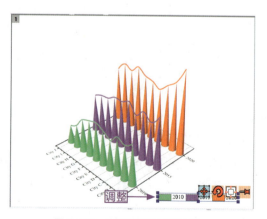

图 8-171 修改图例的显示效果

8.3.6 添加标题并调整 3D 图形的效果

下面主要为 XYY 3D 条状图添加标题文字，并设置 3D 图形的角度、大小和位置等，让图形的展示效果更好看，具体操作方法如下。

步骤 01 在绘图区域的空白位置处单击鼠标右键，在弹出的快捷菜单中选择"添加/修改图层标题"选项，如图 8-172 所示。

步骤 02 执行操作后，即可添加一个图层标题文本框，如图 8-173 所示。

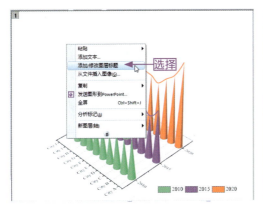

图 8-172 选择"添加/修改图层标题"选项

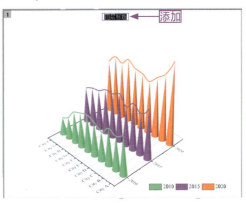

图 8-173 添加一个图层标题文本框

步骤 03 在图层标题文本框中输入相应内容，如图 8-174 所示。

步骤 04 使用鼠标双击图层标题，进入文本编辑状态，❶选择所有的文字内容；❷设置"字体"为 Times New Roman、"字体大小"为 26，如图 8-175 所示。

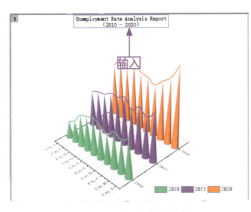

图 8-174 输入相应内容

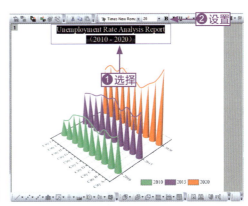

图 8-175 设置字体格式

步骤 05 退出文本编辑状态，❶选择图层标题；❷在"对齐"列表框中选择"左"选项，如图 8-176 所示。

步骤 06 执行操作后，即可设置图层标题为左对齐方式，并适当调整其位置，效果如图 8-177 所示。

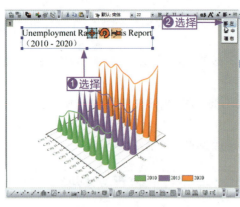

图 8-176 选择"左"选项　　　　　图 8-177 调整图层标题的位置

步骤 07 选择图形后,即可显示操作图标,如图 8-178 所示。

步骤 08 使用鼠标左键按住  图标并拖曳,即可移动图形,效果如图 8-179 所示。

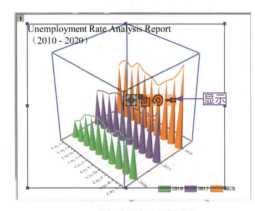
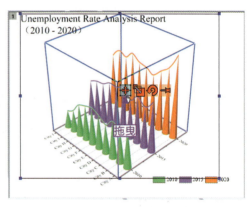

图 8-178 显示操作图标　　　　　图 8-179 移动图形

步骤 09 ❶单击 图标;❷显示一个球体坐标轴,如图 8-180 所示。

步骤 10 在球体坐标轴内按住鼠标左键并拖曳,即可旋转图表,效果如图 8-181 所示。

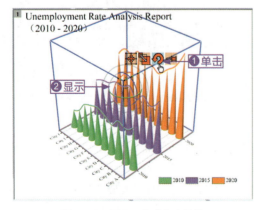
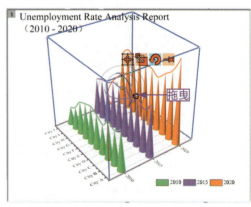

图 8-180 显示一个球体坐标轴　　　图 8-181 旋转图表

步骤 11　❶单击 图标；❷显示一个三维坐标轴，如图 8-182 所示。

步骤 12　在三维坐标轴上按住鼠标左键并拖曳，即可放大图形，效果如图 8-183 所示。

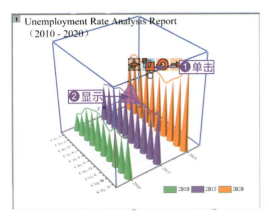

图 8-182　显示一个三维坐标轴

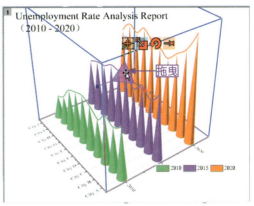

图 8-183　放大图形效果

第 5 篇

Word 综合论文排版

软件入门——掌握 Word 基本操作 | 第 9 章

Word 是 Office 办公系统中专门为文本编辑、排版以及打印而设计的软件，具有强大的文字输入和处理功能，是论文排版必不可缺的工具之一。本章主要介绍 Word 文档的基本功能和相关操作技巧，为论文的排版设计工作打好基础。

本章重点

- 文本对象的基本操作
- 编辑文字的字体样式
- 文档的图文排版操作

9.1 文本对象的基本操作

在 Word 中进行论文的撰写和排版时，对文本内容的基本操作是最为常用的，只有熟练掌握对文本的基本操作方法和编辑技巧，才能灵活自如地处理论文文档。本节主要介绍编辑文本对象和字体格式的基本操作技巧。

9.1.1 输入文本对象

扫码看视频

新建一个 Word 文档后，通常编辑文档的第一步就是在文本插入点处输入文本内容。下面介绍输入文本对象的操作方法。

步骤 01 选择"文件"|"打开"选项，打开一个素材文档，如图 9-1 所示。

步骤 02 将光标定位在文档中的相应位置处，选择一种合适的中文输入法，输入相应文本，如图 9-2 所示。

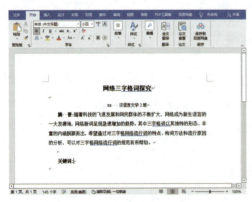

图 9-1 打开素材文档

图 9-2 输入文本内容

步骤 03 按键盘上的";"键,在文字的结尾处输入一个分号,如图9-3所示。

步骤 04 使用相同的操作方法,输入其他的文本内容和标点符号,效果如图9-4所示。

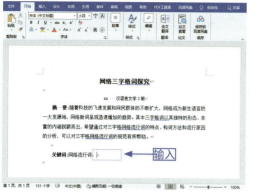

图9-3 输入标点符号

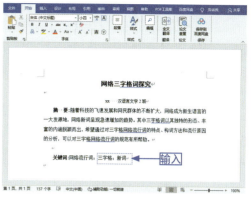

图9-4 输入其他文本内容

9.1.2 移动文本内容

在编辑文档时,在工作界面中将文本内容从一个位置移动到另一个位置,这也是一种常见的操作。下面介绍移动文本内容的操作方法。

步骤 01 选择"文件"|"打开"选项,打开一个素材文档,如图9-5所示。

扫码看视频

步骤 02 在编辑区中按住鼠标左键并拖曳,选择需要移动的文本,如图9-6所示。

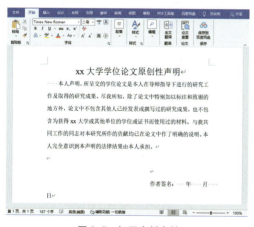

图9-5 打开素材文档

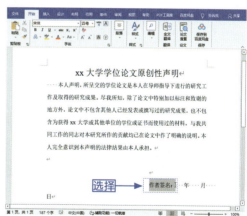

图9-6 选择文本内容

步骤 03 在文本上按住鼠标左键并向上方相应位置拖曳,至指定的位置后,将出现一条竖线,表示文本将要被放置在该位置,如图9-7所示。

步骤 04 释放鼠标左键,即可移动文本内容,效果如图9-8所示。

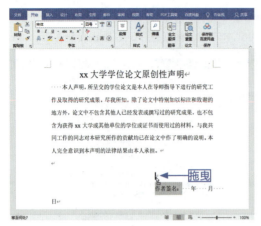

图 9-7 拖曳鼠标　　　　　　　图 9-8 移动文本内容

9.1.3 复制与粘贴文本

扫码看视频

复制是简化文档输入的有效方式之一,当编辑文档过程中有与上文相同的内容时,就可以使用复制和粘贴功能来避免重复的编辑工作,从而节省大量的论文创作时间。下面介绍复制与粘贴文本的操作方法。

步骤 01 选择"文件"|"打开"选项,打开一个素材文档,如图 9-9 所示。

步骤 02 在编辑区中选择需要复制的文本内容,如图 9-10 所示。

图 9-9 打开素材文档　　　　　　　图 9-10 选择文本内容

步骤 03 在"开始"面板的"剪贴板"选项板中单击"复制"按钮,如图 9-11 所示。

步骤 04 在编辑区中,将鼠标光标定位在要粘贴文本内容的位置,如图 9-12 所示。

专家指点

在 Word 工作界面中,按 Ctrl + C 组合键,可以快速复制文本内容;按 Ctrl + V 组合键,可以快速粘贴文本内容。另外,复制与剪切的功能差不多,不同的是复制只将选定的文本内容复制到剪贴板,而剪切则是在复制到剪贴板的同时,将选中的文本内容从原位置处删除。

图 9-11 单击"复制"按钮

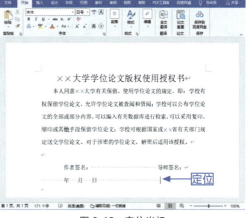

图 9-12 定位光标

步骤 05 在"剪贴板"选项板中单击"粘贴"按钮,如图 9-13 所示。

步骤 06 执行操作后,即可将复制的文本内容粘贴到目标位置处,效果如图 9-14 所示。

图 9-13 单击"粘贴"按钮

图 9-14 粘贴文本内容

9.1.4 查找与替换文本

查找与替换是在编辑文档过程中经常要用到的操作。使用 Word 中的"查找"和"替换"功能,可以轻松地解决大篇幅论文中的文字查找和替换问题。

扫码看视频

- "查找"功能:查找文档中的文本、格式、段落标记、分页符和其他项目。
- "替换"功能:将指定的文本替换为相应的内容。

下面介绍查找与替换文本的操作方法。

步骤 01 选择"文件"|"打开"选项,打开一个素材文档,如图 9-15 所示。

步骤 02 在"开始"面板的"编辑"选项板中,❶单击"查找"按钮;❷在弹出的列表框中选择"查找"选项,如图 9-16 所示。

步骤 03 执行操作后,将自动打开"导航"窗格,输入要查找的内容,编辑区中将自动以黄色突出显示查找结果,如图 9-17 所示。

步骤 04 ❶单击搜索文本框右侧的下三角按钮 ▼;❷在弹出的列表框中选择"替换"选项,如图 9-18 所示。

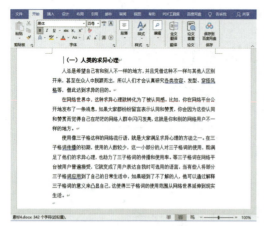

图 9-15　打开素材文档　　　　　　　图 9-16　选择"查找"选项

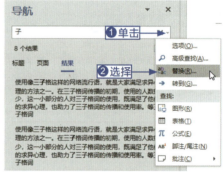

图 9-17　显示查找结果　　　　　　　图 9-18　选择"替换"选项

步骤 05 执行操作后，弹出"查找和替换"对话框，在"替换为"文本框中输入相应内容，如图 9-19 所示。

步骤 06 单击"全部替换"按钮，弹出提示信息框，单击"确定"按钮，即可替换文本，单击"关闭"按钮，即可完成查找和替换操作，效果如图 9-20 所示。

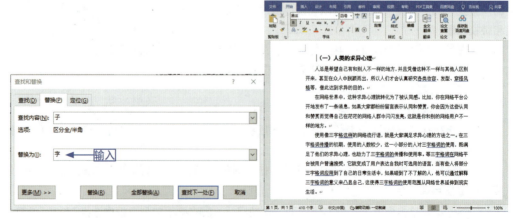

图 9-19　输入替换内容　　　　　　　图 9-20　替换文本效果

专家指点

在 Word 工作界面中,按 Ctrl + H 组合键也可以弹出"查找和替换"对话框,以便进行查找和替换操作。另外,要注意的是,"查找和替换"对话框是一种"无模式"窗口,可以在不关闭"查找和替换"对话框的情况下继续对 Word 文本进行其他的编辑。

9.2 编辑文字的字体样式

在编辑论文的文字内容时,可以通过设置 Word 文档中的文字样式,如字体、字号、字形、字符间距以及字体效果等,达到论文发布平台的格式要求。在 Word 中,文字样式可以通过"字体"选项区和对话框两种方式进行设置,本节将介绍具体的操作方法。

9.2.1 编辑文本字体

在 Word 中所能使用的字体,本身只是 Windows 系统的一部分,而不属于 Word 程序。因此,在 Word 中可以使用的字体类型取决于 Windows 系统中所安装的字体。如果要在 Word 中使用更多的字体,就必须在系统中进行添加。

扫码看视频

Word 默认的文字"字体"为"宋体",可以根据自己的需要设置文本的字体样式。下面介绍编辑文本字体的操作方法。

步骤 01 选择"文件"|"打开"选项,打开一个素材文档,如图 9-21 所示。

步骤 02 在编辑区中选择需要设置字体的文本内容,如图 9-22 所示。

图 9-21 打开素材文档

图 9-22 选择文本内容

步骤 03 在"开始"面板的"字体"选项板中,❶单击"字体"右侧的下三角按钮 ▼;❷在弹出的下拉列表框中选择"黑体"选项,如图 9-23 所示。

步骤 04 执行操作后,即可设置文本的字体,效果如图 9-24 所示。

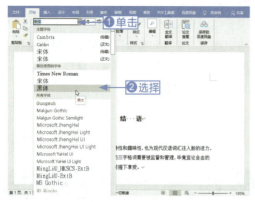

图 9-23　选择"黑体"选项　　　　　图 9-24　设置文本字体后的效果

9.2.2　编辑文本字号

扫码看视频

　　Word 中的文本字号效果是指文本的字体大小。在论文中,对于不同的文本结构使用不同的字号,可以将不同层次的文本清晰地区分开来,当读者阅读时,可以清晰地分辨出论文的布局和结构。因此,在编辑文本对象时,可以根据内容和排版的需要设置文本的字号。下面介绍编辑文本字号的操作方法。

步骤 01　选择"文件"|"打开"选项,打开一个素材文档,如图 9-25 所示。

步骤 02　在编辑区中选择需要设置字号的文本内容,如图 9-26 所示。

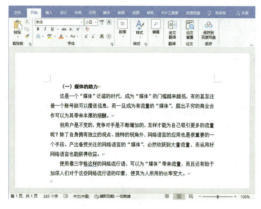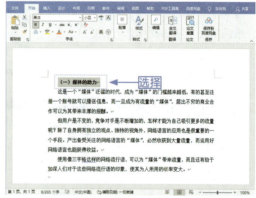

图 9-25　打开素材文档　　　　　　　图 9-26　选择文本内容

步骤 03　在"开始"面板的"字体"选项板中,❶单击"字号"右侧的下拉按钮▼;❷在弹出的下拉列表框中选择"三号"选项,如图 9-27 所示。

步骤 04　执行操作后,即可设置文本的字体大小,效果如图 9-28 所示。

专家指点

　　在 Word 中,字号采用"号"和"磅"两种度量单位来度量文字的大小,其中"号"是中国的习惯用语,而"磅"则是西方的习惯用语,可以根据自身的习惯进行设置。

图 9-27 选择"三号"选项

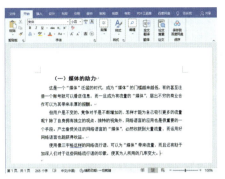
图 9-28 设置文本字号后的效果

9.2.3 编辑文本颜色

扫码看视频

在 Word 中，设置字体颜色不仅可以标记论文中的重点内容，方便读者识别，还可以使文本效果更具观赏性。下面介绍编辑文本颜色的操作方法。

步骤 01 选择"文件"|"打开"选项，打开一个素材文档，如图 9-29 所示。

步骤 02 在编辑区中选择需要设置颜色的文本内容，如图 9-30 所示。

图 9-29 打开素材文档

图 9-30 选择文本内容

步骤 03 在弹出的浮动面板中，❶单击"字体颜色"右侧的下三角按钮 ▼；❷在弹出的调色板中选择"标准色 - 蓝色"选项，如图 9-31 所示。

步骤 04 执行操作后，即可设置文本颜色效果，如图 9-32 所示。

图 9-31 选择"标准色 - 蓝色"选项

图 9-32 设置文本颜色后的效果

9.2.4 编辑文本段落行距

如果文档中的某行包含大字符、图形或公式，则 Word 将会增加该行的行距。如果要均匀分隔各行，就必须使用额外的间距设置，并指定足够大的间距以适应所在行的大字符或图形。如果出现项目显示不完整的情况，也可以适当增加行距。

扫码看视频

行距决定了段落中各行文本之间的距离，可以根据自己的需要对论文内容的行距进行调整。下面介绍编辑文本段落行距的操作方法。

步骤 01 选择"文件"|"打开"选项，打开一个素材文档，如图 9-33 所示。

步骤 02 在编辑区中选择需要设置段落行距的文本内容，如图 9-34 所示。

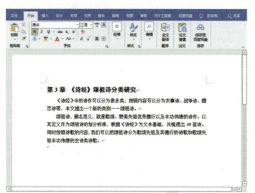

图 9-33 打开素材文档

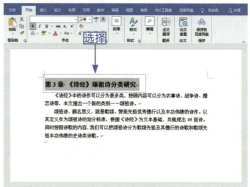

图 9-34 选择文本内容

专家指点

在编辑段落样式的过程中，利用快捷键也可以进行段落行距样式的设置，如按 Ctrl + 1 组合键可以设置单倍行距，按 Ctrl + 2 组合键可以设置 2 倍行距，按 Ctrl + 5 组合键可以设置 1.5 倍行距，按 Ctrl + 0 组合键可以在段前增加或删除一行。

步骤 03 在"开始"面板的"段落"选项板中，单击右下角的"段落设置"按钮，弹出"段落"对话框，设置"对齐方式"为"居中"、"大纲级别"为 1 级、"段前"为 3 行、"段后"为 2 行、"行距"为"最小值"、"设置值"为 20 磅，如图 9-35 所示。

步骤 04 单击"确定"按钮，即可设置文本的段落格式，效果如图 9-36 所示。

专家指点

在"段落"对话框的"间距"选项区中，"行距"列表框中的各选项含义如下。

● 单倍行距、1.5 倍行距、2 倍行距：表示行间距为该行最大字体的 1 倍、1.5 倍或 2 倍，另外加上一点额外的间距，额外间距值取决于所用的字体，单倍行距比按回车键换行生成的行间距稍窄。

● 最小值：选择该选项后，可在对应的"设置值"数值框中设置最小的行距数值。

● 固定值：以"设置值"数值框中设置的值（以磅为单位）为固定行距，在这种情况下，当前段落中所有行之间的间距都是相等的。
- 多倍行距：选择该选项后，文本内容以"设置值"数值框中设置的值（以行为单位，可以为小数）为行间距。

图 9-35 设置相应选项

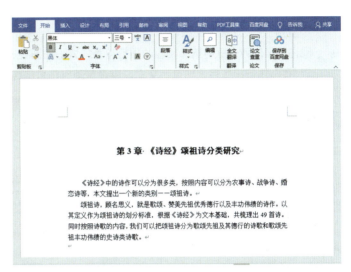

图 9-36 设置文本段落格式后的效果

9.2.5 添加项目符号

扫码看视频

使用项目符号和编号可以对论文中并列的项目进行组织，或者为有顺序的内容进行编号，以使这些项目的层次结构更清晰、更有条理。Word 提供了多种标准的项目符号和编号，并且还可以根据需要设置自定义的项目符号和编号。

下面介绍添加项目符号的操作方法。

步骤 01 选择"文件"|"打开"选项，打开一个素材文档，如图 9-37 所示。

步骤 02 在编辑区中选择需要设置项目符号的文本内容，如图 9-38 所示。

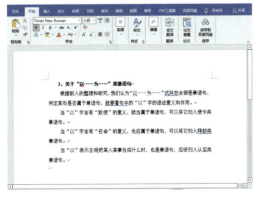

图 9-37 打开素材文档

图 9-38 选择文本内容

专家指点

在新起一个段落后,切换至"开始"面板,在"段落"选项板中单击"项目符号"按钮 ,在弹出的列表框中选择所需的项目符号,即可为本段添加项目符号,输入文字并按 Enter 键后,下一段将继续保持该项目符号格式。

步骤 03 在"开始"面板的"段落"选项板中,❶单击"项目符号" 右侧的下拉按钮 ;❷在弹出的列表框中选择相应的项目符号样式,如图 9-39 所示。

步骤 04 执行操作后,即可为文本内容设置项目符号格式,效果如图 9-40 所示。

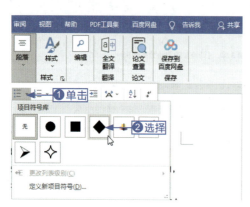
图 9-39 选择相应的项目符号样式

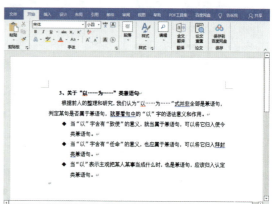
图 9-40 设置项目符号格式效果

9.3 文档的图文排版操作

使用 Word 对论文进行排版设计,不仅可以非常方便地插入文字、图片、页眉、页脚和目录等基本内容,还可以绘制一些简单的图形,以及对页边距与页面属性进行调整,以达到论文发布机构的要求。本节主要介绍 Word 文档的图文排版操作技巧,希望读者通过本节的学习,可以在文档中实现图文的混合编辑,从而美化论文版面,提升论文质量。

9.3.1 插入图片对象

扫码看视频

在 Word 文档中插入图片,既可以插入来自文件的图片,还可以插入多种不同格式的图片,如 JPEG、CDR、MBP 和 TIFF 等格式。下面介绍插入图片对象的操作方法。

步骤 01 选择"文件"|"打开"选项,打开一个素材文档,如图 9-41 所示。

步骤 02 将鼠标光标定位于要插入图片的位置,在"插入"面板的"插图"选项板中,❶单击"图片"按钮;❷在弹出的列表框中选择"此设备"选项,如图 9-42 所示。

步骤 03 执行操作后,弹出"插入图片"对话框,在其中选择需要插入的图片,如图 9-43 所示。

步骤 04 单击"插入"按钮，即可将图片插入 Word 文档中，适当拖曳图片四周的控制柄，调整其大小，效果如图 9-44 所示。

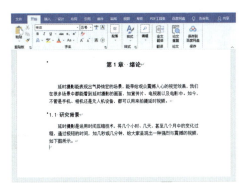

图 9-41 打开素材文档

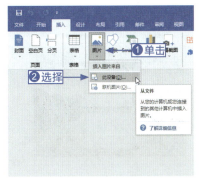

图 9-42 选择"此设备"选项

图 9-43 选择需要插入的图片

图 9-44 插入图片后的效果

扫码看视频

9.3.2 绘制图形对象

在 Word 中不但可以插入图片，还可以创建和绘制各种图形对象。Word 提供了丰富的绘图工具，包括线条、基本形状、箭头总汇以及流程图等多种类型，通过使用这些工具可以绘制各种图形效果。下面介绍绘制图形对象的操作方法。

步骤 01 选择"文件"|"打开"选项，打开一个素材文档，如图 9-45 所示。

步骤 02 在"插入"面板的"插图"选项板中单击"形状"按钮，如图 9-46 所示。

专家指点

将图形插入文档后，如果其大小、位置不能满足需求，这时还可以使用图形编辑功能对图形进行适当的处理，使文档版面更加美观。

步骤 03 在弹出的下拉列表框中选择"矩形"选项，如图 9-47 所示。

步骤 04 在图片中的合适位置按住鼠标左键并拖曳，至合适大小后释放鼠标左键，即可绘制一个矩形形状，如图 9-48 所示。

图 9-45　打开素材文档

图 9-46　单击"形状"按钮

图 9-47　选择"矩形"选项

图 9-48　绘制矩形形状

步骤 05　❶选择矩形形状，单击鼠标右键；❷在弹出的快捷菜单中选择"添加文字"选项，如图 9-49 所示。

步骤 06　执行操作后，在矩形上添加所需要的文字，设置"字体"为"黑体"、"字号"为"三号"，效果如图 9-50 所示。

图 9-49　选择"添加文字"选项

图 9-50　最终效果

9.3.3 编辑页边距样式

页边距是指文档页面四周空白位置的尺寸大小。可以在页边距范围内的可打印区域插入文本内容和图形图像，也可以将一些页面必须具备的项目置于页边距区域中，如页眉、页脚和页码等。如果页边距设置得太窄，打印机将无法打印纸张边缘的文档内容，从而导致打印的内容不完整。

扫码看视频

通过编辑页边距，可以调整文档或当前小节的边距大小。Word 中预设了多种页边距样式，可以快速设置文档的页边距，从而使打印出来的文档更加吸引人。下面介绍编辑页边距样式的操作方法。

步骤 01 选择"文件"|"打开"选项，打开一个素材文档，如图 9-51 所示。

步骤 02 切换至"布局"面板，在"页面设置"选项板中单击"页边距"按钮，如图 9-52 所示。

图 9-51　打开素材文档

图 9-52　单击"页边距"按钮

步骤 03 在弹出的列表框中选择"常规"选项，如图 9-53 所示。

步骤 04 执行操作后，即可编辑页边距样式，效果如图 9-54 所示。

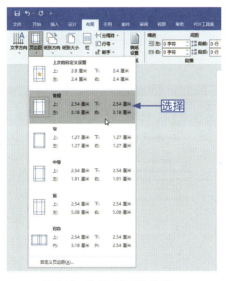

图 9-53　选择"常规"选项

图 9-54　编辑页边距后的打印效果

专家指点

页边距太窄会影响文档的装订，太宽则影响美观且浪费纸张。一般情况下，如果使用 A4 纸张进行打印，可使用 Word 提供的默认值。

9.3.4 插入文档页码

Word 提供了多种页码编号的样式库，可以直接从中选择合适的样式，将其插入页面顶端、页面底端、页边距或当前位置等。下面介绍插入文档页码的操作方法。

扫码看视频

步骤 01 选择"文件"|"打开"选项，打开一个素材文档，如图 9-55 所示。

步骤 02 切换至"插入"面板，在"页眉和页脚"选项板中单击"页码"按钮，如图 9-56 所示。

图 9-55　打开素材文档

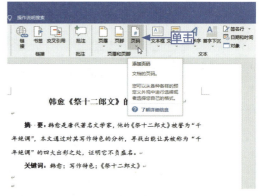

图 9-56　单击"页码"按钮

步骤 03 在弹出的下拉列表框中选择"页面底端"|"滚动"选项，如图 9-57 所示。

步骤 04 执行操作后，单击"关闭页眉和页脚"按钮 ✖，即可在文档中插入页码，效果如图 9-58 所示。

图 9-57　选择"滚动"选项

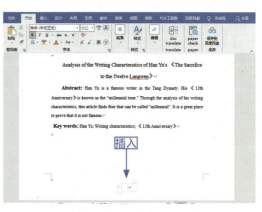

图 9-58　插入页码效果

9.3.5 创建文档目录

在 Word 文档中，目录就是一篇论文的纲要，通过它可以很方便地查找文章中的某一部分内容，还可以纵览全文的结构。在 Word 中，系统提供了一个目录样式库，其中有多种目录样式可供选择，并且目录中包含了标题和页码，可以根据需要创建、插入和修改目录。

扫码看视频

下面介绍创建文档目录的操作方法。

步骤 01 选择"文件"|"打开"选项，打开一个素材文档，如图 9-59 所示。

步骤 02 将光标定位在需要插入目录的位置，在"引用"面板的"目录"选项板中，❶单击"目录"按钮；❷在弹出的列表框中选择"自定义目录"选项，如图 9-60 所示。

图 9-59 打开素材文档

图 9-60 选择"自定义目录"选项

步骤 03 弹出"目录"对话框，在"目录"选项卡中选中"使用超链接而不使用页码"复选框，如图 9-61 所示。

步骤 04 单击"确定"按钮，即可创建目录，效果如图 9-62 所示。

图 9-61 选中"使用超链接而不使用页码"复选框

图 9-62 目录效果

实战案例——Word 论文排版设计 第 10 章

对于每一个大学生来说，都会经历撰写毕业论文的过程，而毕业论文的排版美观度，会直接影响毕业答辩成绩的高低，因此论文排版至关重要。本章就通过一个综合实例，具体介绍使用 Word 进行毕业论文排版设计的操作技巧。

本章重点

- 论文开头的排版设计
- 论文正文的排版设计
- 论文结尾的排版设计

10.1 论文开头的排版设计

毕业论文的开头部分包括封面、摘要、英文摘要（Abstract）以及目录等页面，每个页面中的内容元素都需要进行单独设置，本节将介绍具体的操作方法。

10.1.1 设置封面的格式

扫码看视频

毕业论文的封面元素通常包括学校标题、论文标题以及作者的相关信息。下面介绍设置论文封面格式的操作方法。

步骤 01 选择"文件"|"打开"选项，打开一个素材文档，如图 10-1 所示。

步骤 02 选择学校标题段落，在段前输入 3 个空行，如图 10-2 所示。

图 10-1 打开素材文档

图 10-2 输入 3 个空行

步骤 03 在"开始"面板的"字体"选项板中，设置"字体"为"黑体"、"字号"为"二号"，调整学校标题的字体和大小，效果如图 10-3 所示。

步骤 04 在"段落"选项板中单击"居中"按钮，设置学校标题为居中对齐方式，效果如图 10-4 所示。

图 10-3　设置"字体"和"字号"选项

图 10-4　单击"居中"按钮

步骤 05 在"课题名称"段落前输入 8 个空行，❶选择相应段落；❷设置"字体"为"宋体（中文标题）"、"字号"为"四号"，效果如图 10-5 所示。

步骤 06 在相应段落前输入 4 个空格，并为后面的文字内容添加下画线，同时用空格来保持每行下画线长度一致，效果如图 10-6 所示。

图 10-5　设置相应段落的格式

图 10-6　添加下画线效果

步骤 07 选择"日期"段落，在段前输入多个空行，将其移至封面的最后一行，设置"对齐方式"为"居中"，并为相应空格添加下画线，效果如图 10-7 所示。

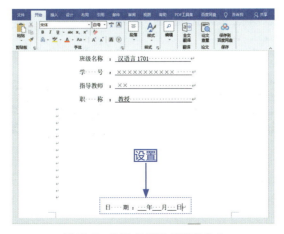

图 10-7　设置"日期"段落的格式

步骤 08 执行操作后，即可完成论文封面的格式设置，排版效果如图 10-8 所示。

图 10-8　论文封面排版效果

10.1.2　设置页眉的格式

扫码看视频

下面主要对论文的页眉格式进行设置，并插入相应的页脚内容，具体操作方法如下。

步骤 01 选择"文件"|"打开"选项，打开一个素材文档，如图 10-9 所示。

步骤 02 在"插入"面板的"页眉和页脚"选项板中单击"页眉"按钮，如图 10-10 所示。

图 10-9　打开素材文档

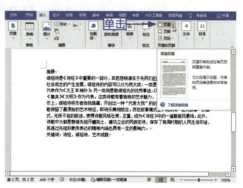
图 10-10　单击"页眉"按钮

步骤 03 在弹出的列表框中选择"空白"选项，如图 10-11 所示。

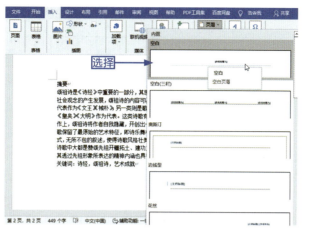

图 10-11　选择"空白"选项

步骤 04　❶输入相应的页眉文字；❷设置"字体"为"宋体"、"字号"为"五号"，如图 10-12 所示。单击"关闭页眉和页脚"按钮，即可插入页眉。

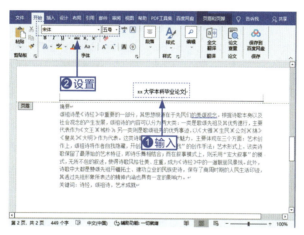

图 10-12　输入相应的页眉文字

步骤 05　使用相同的操作方法，在页脚的中间插入相应页码，效果如图 10-13 所示。

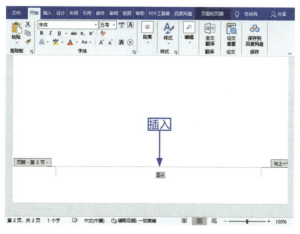

图 10-13　插入页脚内容

步骤 06 执行操作后，即可完成页眉和页脚的设置，效果如图10-14所示。

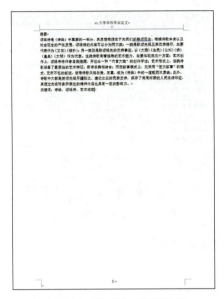

图10-14 设置页眉和页脚效果

扫码看视频

10.1.3 设置中文摘要格式

摘要是一篇论文的精华所在，内容包括撰写目的、方法和结论等。下面介绍设置中文摘要格式的操作方法。

步骤 01 以上一例效果为例，选择摘要标题，设置"字体"为"黑体"、"字号"为"三号"、"对齐方式"为"居中"，效果如图10-15所示。

步骤 02 在"开始"面板的"段落"选项板中，单击"段落设置"按钮，弹出"段落"对话框，设置"段前"为3行、"段后"为2行、"行距"为"1.5倍行距"，如图10-16所示。

图10-15 设置摘要标题的字体格式效果

图10-16 设置段落格式

步骤 03 单击"确定"按钮，即可设置摘要标题的段落格式，效果如图 10-17 所示。

步骤 04 选择摘要的正文内容，设置"字体"为"宋体"、"字号"为"小四"、"首行 - 缩进值"为 2 字符、"行距"为"多倍行距"（值为 1.25），效果如图 10-18 所示。

 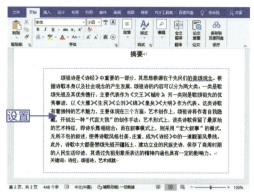

图 10-17　摘要标题的段落格式效果　　　　图 10-18　摘要正文的格式效果

步骤 05 在关键词与摘要之间空一行，各关键词之间用分号（；）间隔，末尾不加标点，设置"字体"为"黑体"、"字号"为"小四"，如图 10-19 所示。

步骤 06 为关键词添加加粗效果，并设置"字体颜色"为"蓝色"（标准色），完成论文摘要的格式设置，效果如图 10-20 所示。

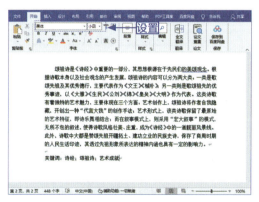 

图 10-19　设置关键词的格式效果　　　　图 10-20　摘要格式效果

10.1.4　设置 Abstract 的格式

Abstract 是论文的英文摘要，即简短地对所写的论文进行一个总结。下面介绍设置 Abstract 格式的操作方法。

扫码看视频

步骤 01 选择"文件"|"打开"命令，打开一个素材文档，如图 10-21 所示。

步骤 02 选择 Abstract 的标题，设置"字体"为 Times New Roman、"字号"为"三号"、"对齐方式"为"居中"、"段前"为 3 行、"段后"为 2 行、"行距"为"1.5 倍行距"，效果如图 10-22 所示。

图 10-21　打开素材文档

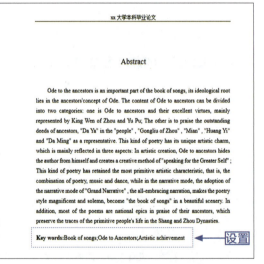

图 10-22　设置标题格式效果

步骤 03 选择 Abstract 的正文内容，设置"字体"为 Times New Roman、"字号"为"小四"、"首行 - 缩进值"为 2 字符、"行距"为"多倍行距"（值为 1.25），效果如图 10-23 所示。

步骤 04 选择 Key words 的内容，与 Abstract 之间空一行，各关键词之间用分号（；）间隔，末尾不加标点，设置"字体"为 Times New Roman、"字号"为"小四"，并将 Key words 加粗，效果如图 10-24 所示。

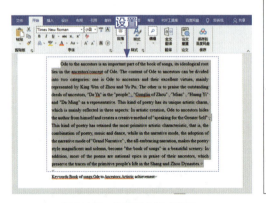

图 10-23　设置正文格式效果

图 10-24　Abstract 排版效果

扫码看视频

10.1.5　设置目录的格式

毕业论文写完后，即可根据内容插入目录，并设置相应的字体和段落格式进行排版。下面介绍设置目录格式的操作方法。

步骤 01 选择"文件"｜"打开"选项，打开一个素材文档，如图 10-25 所示。

步骤 02 选择目录的标题，设置"字体"为"黑体"、"字号"为"小三"、"颜色"为"黑色，文字 1"、"对齐方式"为"居中"、"段前"为 3 行、"段后"为 2 行、"行距"为"最小值"（值为 20 磅），效果如图 10-26 所示。

图 10-25　打开素材文档

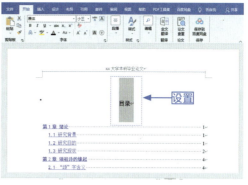
图 10-26　设置目录标题格式效果

步骤 03 选择整个目录内容，单击"下画线"按钮 U 去除下画线格式，选择目录的章标题，设置"字体"为"宋体"、"字号"为"小四"、"颜色"为"黑色，文字 1"，并添加加粗效果，如图 10-27 所示。

步骤 04 选择目录的节标题，设置"字体"为"宋体"、"字号"为"小四"、"颜色"为"黑色，文字 1"，最终排版效果如图 10-28 所示。

图 10-27　设置章标题格式效果

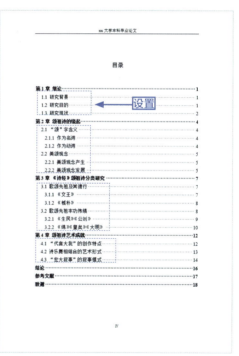
图 10-28　目录排版效果

10.2　论文正文的排版设计

在进行毕业论文排版时，可以多使用 Word 的"样式"功能，快速设置标题、正文等样式效果，同时也可以设置自定义的格式。本节主要介绍论文正文的排版设计技巧。

10.2.1 设置绪论的格式

扫码看视频

绪论也可以称为序、序言、前言、引言、绪章等，是论文正文的开头部分，主要用于说明本篇论文的研究背景、研究目的和研究现状等内容。下面介绍设置绪论格式的操作方法。

步骤 01 选择"文件"|"打开"选项，打开一个素材文档，如图10-29 所示。

步骤 02 选择绪论的章标题，设置"字体"为"黑体"、"字号"为"三号"、"对齐方式"为"居中"、"大纲级别"为 1 级、"段前"为 3 行、"段后"为 2 行、"行距"为"最小值"（值为 20 磅），并添加加粗效果，如图 10-30 所示。

图 10-29　打开素材文档

图 10-30　设置绪论标题格式效果

步骤 03 选择绪论正文中的节标题，设置"字体"为"黑体"、"字号"为"四号"、"大纲级别"为 2 级、"段前"为 0.8 行、"段后"为 0.2 行、"行距"为"最小值"（值为 20 磅），效果如图 10-31 所示。

步骤 04 选择绪论的正文内容，设置"字体"为"宋体"、"字号"为"小四"、"首行-缩进值"为 2 字符、"行距"为"最小值"（值为 20 磅），最终排版效果如图 10-32 所示。

图 10-31　设置节标题格式效果

图 10-32　绪论排版效果

10.2.2 设置论文正文的格式

通常情况下，不论是撰写学术论文还是毕业论文，相应的杂志社或学校机构等都会根据其具体要求，给论文撰写者一个基本的格式要求，便于论文的编写和排版。下面介绍自定义设置论文正文格式的操作方法。

扫码看视频

步骤 01 选择"文件"|"打开"选项，打开一个素材文档，如图10-33所示。

步骤 02 选择正文的章标题，设置"字体"为"黑体"、"字号"为"三号"、"对齐方式"为"居中"、"大纲级别"为1级、"段前"为3行、"段后"为2行、"行距"为"最小值"（值为20磅），并添加加粗效果，如图10-34所示。

图10-33　打开素材文档

图10-34　设置章标题格式效果

步骤 03 选择正文中的节标题，设置"字体"为"黑体"、"字号"为"四号"、"大纲级别"为2级、"段前"为0.8行、"段后"为0.2行、"行距"为"最小值"（值为20磅），效果如图10-35所示。

步骤 04 选择正文中的小节标题，设置"字体"为"黑体"、"字号"为13、"大纲级别"为3级、"段前"为0.8行、"段后"为0.2行、"行距"为"最小值"（值为20磅），效果如图10-36所示。

图10-35　设置节标题格式效果

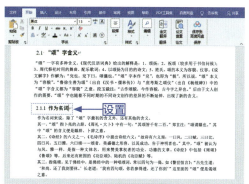

图10-36　设置小节标题格式效果

步骤 05 选择正文内容，设置"字体"为"宋体"、"字号"为"小四"、"首行-缩进值"为2字符、"行距"为"最小值"（值为20磅），效果如图10-37所示。

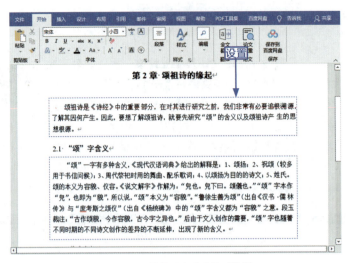

图 10-37　设置正文内容格式效果

步骤 06　在"布局"面板的"页面设置"选项板中，❶单击"纸张大小"按钮；❷在弹出的列表框中选择 A4 选项，如图 10-38 所示。

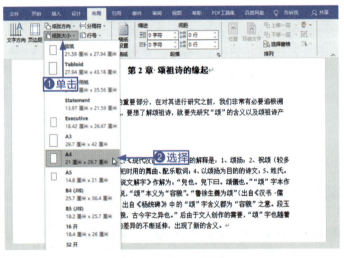

图 10-38　选择 A4 选项

专家指点

在排版时，可以根据论文发布的杂志社或学校机构的版式要求，对相关的字体、字号、段落格式以及页面等进行统一设置。

步骤 07　在"页面设置"选项板中，单击"页边距"按钮，在弹出的列表框中选择"自定义页边距"选项，弹出"页面设置"对话框，在"页边距"选项卡中设置"上"为 2.8 厘米，其余方向的页边距均为 2.4 厘米，如图 10-39 所示。

步骤 08　单击"确定"按钮，即可完成正文的排版设计，效果如图 10-40 所示。

图 10-39 设置页边距

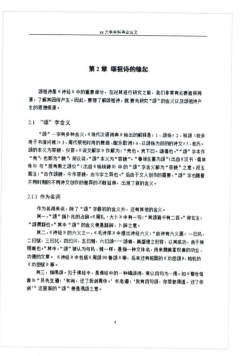
图 10-40 正文排版效果

10.2.3 设置正文中的编号

扫码看视频

在使用 Word 编辑论文正文的过程中，除了可以使用软件本身自带的编号以外，还可以自己设置一些自定义的编号格式，这样即可更加符合论文的输出要求。下面介绍设置正文中的编号的操作方法。

步骤 01 以上一例效果为例，选择要设置编号的相应段落，如图 10-41 所示。

步骤 02 在"开始"面板的"段落"选项板中单击"编号"按钮 ，如图 10-42 所示。

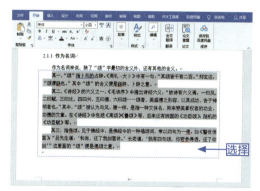
图 10-41 选择相应段落

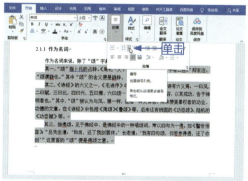
图 10-42 单击"编号"按钮

步骤 03 在弹出的"编号"列表框中的"编号库"选项区中选择相应的编号样式，如图 10-43 所示。

步骤 04 执行操作后，即可添加编号效果，如图 10-44 所示。

 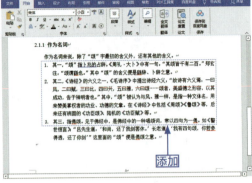

图 10-43　选择相应的编号样式　　　　图 10-44　添加编号效果

专家指点

选择"定义新编号格式"选项，弹出"定义新编号格式"对话框，在其中可以设置自定义编号的样式、格式和对齐方式。

10.2.4　设置正文的引用脚注

扫码看视频

毕业论文和学术论文通常都会涉及引用，此时可以在文档里插入脚注，起到对原文解释说明的作用，方便读者阅读和理解其中的内容。下面介绍设置正文中的标注引用(脚注)的操作方法。

步骤 01　以上一例效果为例，将鼠标光标定位到需要添加脚注的文字结尾处，如图 10-45 所示。

步骤 02　切换至"引用"面板，在"脚注"选项板中，单击"插入脚注"按钮，如图 10-46 所示。

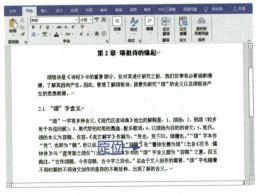 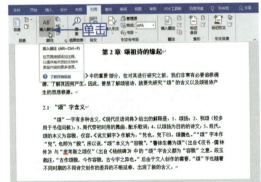

图 10-45　定位鼠标光标　　　　图 10-46　单击"插入脚注"按钮

步骤 03　执行操作后，即可插入一个脚注，如图 10-47 所示。

步骤 04　❶输入相应的脚注内容；❷并设置"字体"为"宋体"、"字号"为"小五"，如图 10-48 所示。

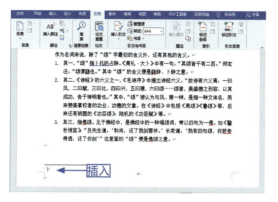

图 10-47　插入一个脚注

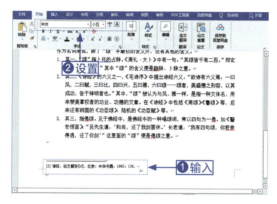

图 10-48　设置脚注格式效果

专家指点

注意，在设置正文内容的"宋体"格式时，主要针对的是中文字体和标点符号，对于英文字体来说，需要单独将其设置为 Times New Roman。

步骤 05 在文中的脚注编号左右输入一个中括号，❶选择中括号和脚注编号；❷在"字体"选项板中单击"上标"按钮，将其设置为上标格式，效果如图 10-49 所示。

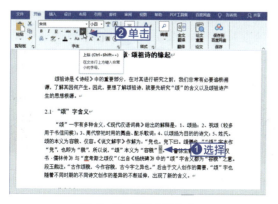

图 10-49　设置上标格式

步骤 06 使用同样的操作方法，添加其他的脚注，最终排版效果如图 10-50 所示。

图 10-50　添加脚注的排版效果

10.2.5　设置论文插图的格式

扫码看视频

论文并不是单纯的文字这么简单，通常还需要插入合适的图片。下面介绍设置论文插图格式的操作方法。

步骤 01 选择"文件"|"打开"选项，打开一个素材文档，如图 10-51 所示。

步骤 02 选择图片，设置"对齐方式"为"居中"、"段前"为 0.8 行、"段后"为 0.2 行、"行距"为"最小值"（值为 20 磅），效果如图 10-52 所示。

图 10-51　打开素材文档

图 10-52　设置图片的格式效果

步骤 03 选择图题,设置"字体"为"宋体"、"字号"为"五号"、"对齐方式"为"居中"、"段前"为 0 行、"段后"为 0.8 行、"行距"为"最小值"(值为 20 磅),效果如图 10-53 所示。

图 10-53 设置图题的格式效果

步骤 04 注意图片和其图题要放在同一页中,不能跨接两页,论文插图的最终排版效果如图 10-54 所示。

图 10-54 插图排版效果

扫码看视频

10.2.6 设置各章之间的分节符

如果要在一篇论文中为每个章节设置不同的页眉、页脚或页码格式,可以插入分节符来实现。下面介绍设置各章之间的分节符的操作方法。

步骤 01 选择"文件"|"打开"选项,打开一个素材文档,将鼠标光标定位到第 3 章的标题前,如图 10-55 所示。

步骤 02 在"布局"面板的"页面设置"选项板中，❶单击"分隔符"按钮；❷在弹出的列表框中选择"分节符"选项区中的"下一页"选项，效果如图10-56所示。

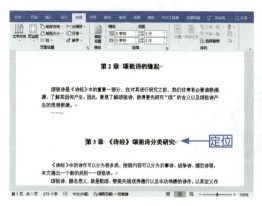
图10-55 定位鼠标光标

图10-56 选择"下一页"选项

步骤 03 执行操作后，即可插入分节符，同时将第3章的正文内容自动移至下一页中，效果如图10-57所示。

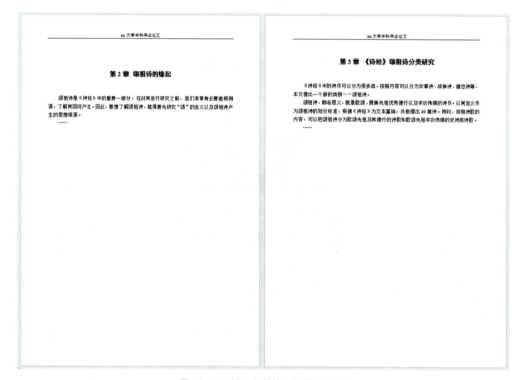
图10-57 插入分节符后的排版效果

专家指点

毕业论文的页面通常比较多，建议将每章保存为一个子文档，这样不仅编辑速度快，而且就算文档损坏，也只有一章的损失，不至于整个论文都受损。

10.3 论文结尾的排版设计

以毕业论文为例，其结尾部分通常包括参考文献、结论和致谢等内容。本节将介绍使用 Word 对这些页面的内容格式进行排版设计的操作技巧，希望对大家有所帮助。

10.3.1 设置结论的格式

扫码看视频

结论是一篇论文的精髓所在，通过分析、概括正文中的重点内容来突出作者的观点。下面介绍设置论文结论格式的操作方法。

步骤 01 选择"文件"|"打开"选项，打开一个素材文档，如图 10-58 所示。

步骤 02 选择结论的标题，设置"字体"为"黑体"、"字号"为"三号"、"对齐方式"为"居中"、"大纲级别"为 1 级、"段前"为 3 行、"段后"为 2 行、"行距"为"最小值"（值为 20 磅），并添加加粗效果，效果如图 10-59 所示。

图 10-58 打开素材文档

图 10-59 设置结论标题的格式效果

步骤 03 在"开始"面板的"样式"选项板中单击"样式"下拉按钮，如图 10-60 所示。

图 10-60 单击"样式"下拉按钮

步骤 04 在弹出的列表框中，选择"创建样式"选项，如图 10-61 所示。

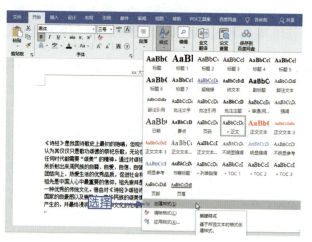

图 10-61 选择"创建样式"选项

步骤 05 在弹出的"根据格式化创建新样式"对话框中,❶设置"名称"为"章标题";❷单击"确定"按钮即可,如图 10-62 所示。

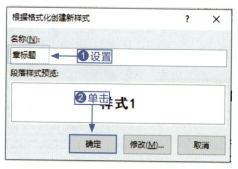

图 10-62 设置名称

步骤 06 选择结论的正文内容,设置"字体"为"宋体"、"字号"为"小四"、"首行-缩进值"为 2 字符、"行距"为"固定值"(值为 20 磅),最终排版效果如图 10-63 所示。

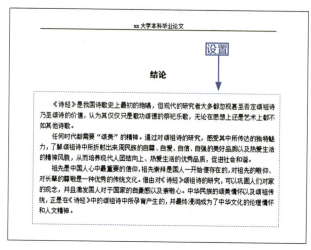

图 10-63 结论排版效果

10.3.2 设置参考文献的格式

扫码看视频

参考文献主要是指论文写作过程中参考过的文献信息来源。下面介绍设置论文参考文献格式的操作方法。

步骤 01 选择"文件"|"打开"选项，打开一个素材文档，如图10-64所示。

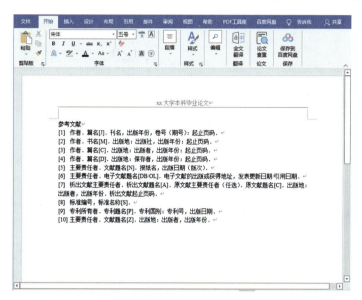

图 10-64　打开素材文档

步骤 02 ❶选择参考文献的标题；❷在"开始"面板的"样式"选项板中单击"样式"设置按钮，如图10-65所示。

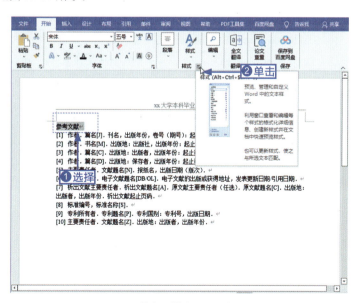

图 10-65　单击"样式"设置按钮

步骤 03 打开"样式"窗口，在下拉列表框中选择"章标题"选项，即可自动设置参考文献的标题格式，效果如图10-66所示。

步骤 04 选择参考文献的正文,设置"字体"为"宋体"、"字号"为"小四"、"行距"为"固定值"(值为 20 磅),最终排版效果如图 10-67 所示。

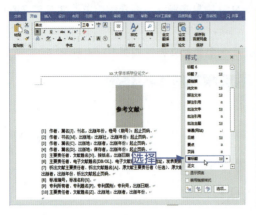

图 10-66　选择"章标题"选项

图 10-67　参考文献的排版效果

10.3.3　设置致谢的格式

通常情况下,在论文的最后都必须要写致谢,用以感谢论文写作过程中导师对于自己的培养和帮助。下面介绍设置论文致谢格式的操作方法。

扫码看视频

步骤 01 选择"文件"|"打开"选项,打开一个素材文档,如图 10-68 所示。

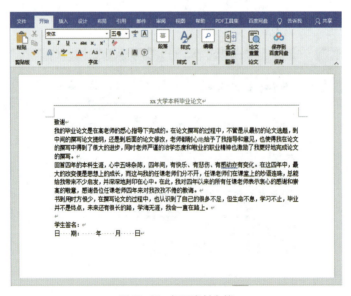

图 10-68　打开素材文档

步骤 02 ❶选择致谢的标题;❷在"开始"面板的"样式"选项板中单击"样式"下拉按钮,如图 10-69 所示。

步骤 03 在弹出的列表框中选择"章标题"样式,如图 10-70 所示。

图 10-69　单击"样式"下拉按钮

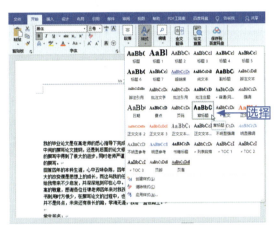

图 10-70　选择"章标题"样式

步骤 **04** 执行操作后，❶即可在标题上应用"章标题"样式效果；❷同时设置正文的"字体"为"宋体"、"字号"为"小四"、"首行 - 缩进值"为 2 字符、"行距"为"固定值"（值为 20 磅），效果如图 10-71 所示。

图 10-71　设置标题和正文格式效果

步骤 05 选择日期一行，设置"字体"为"宋体"、"字号"为"小四"、"对齐方式"为"右对齐"、"段前"为 1 行、"行距"为"固定值"（值为 20 磅），效果如图 10-72 所示。

步骤 06 选择学生签名一行，在段前输入多个空格，使其首行缩进与日期行一致，同时设置"字体"为"宋体"、"字号"为"小四"、"段前"为 12 行、"行距"为"固定值"（值为 20 磅），最终排版效果如图 10-73 所示。

图 10-72 设置日期行的格式效果

图 10-73 致谢的排版效果